चीन

एक आर्थिक व

भू-राजनैतिक चुनौती

चीन
एक आर्थिक व
भू-राजनैतिक चुनौती

प्रो. भगवती प्रकाश शर्मा

प्र
प्रभात
प्रकाशन

प्रकाशक • **प्रभात प्रकाशन प्रा. लि.**
4/19 आसफ अली रोड,
नई दिल्ली–110002

संस्करण • 2025
मूल्य • चार सौ रुपए
मुद्रक • नरुला प्रिंटर्स, दिल्ली

CHINA : EK ARTHIK VA BHOO-RAJNEETIK CHUNAUTI
by Shri Bhagwati Prakash Sharma ₹ 400.00
Published by Prabhat Prakashan, 4/19 Asaf Ali Road, New Delhi-2
e-mail: prabhatbooks@gmail.com ISBN 978-93-5266-934-9

भूमिका

चीन आज भारत के लिए एक बाह्य सुरक्षा संकट होन के साथ ही आतंकवाद का पोषक व गंभीर आर्थिक चुनौतियों का कारण भी बनता जा रहा है। देश पर सन् 1962 में आक्रमण करके हमारे 38,000 वर्ग किमी. क्षेत्रफल के अक्साई चीन के पठार पर अधिकार कर लेने के बाद आज भी वह भारत की और 90,000 वर्ग किमी. भूमि को जब चाहे अपना कहकर हमारी सीमा में घुसपैठ भी करता रहता है। पिछले दिनों डोकलाम में भारत के सैन्य बलों के पूरे 72 दिन तक उसके साथ तनावपूर्ण संघर्ष की स्थिति में उलझे रहे हैं।

भारत के संरक्षित देश (protectorate) भूटान के डोकलाम क्षेत्र में उसका सड़क निर्माण का उद्देश्य भारत के सिलीगुड़ी क्षेत्र की उस संकड़ी पट्टी के लिए सुरक्षा संकट खड़ा करना था, जो शेष भारत को पूर्वोत्तर से जोड़ती है। भारतीय सैन्य बलों के दृढ़तापूर्वक डटे रहने के फलस्वरूप ही उसे 72 दिन बाद अपनी सेना को डोकलाम से पीछे लेना पड़ा है। इस दौरान उसकी खुले युद्ध की सारी धमकियों की हमारे द्वारा अनदेखा कर, वहाँ अडिग रहने पर ही उसे अंतत: अपनी सेना को 28 अगस्त, 2017 को पीछे लेना पड़ा था। इसके पूर्व चीन सन् 1967, 1982, 1986 व 1987 में स्थानीय स्तर पर कई बार भारतीय क्षेत्र में घुसकर कई स्थानों पर खुले संघर्ष को आमंत्रण दे चुका है, जहाँ हर बार उसे मुँह की खानी पड़ी है। इन झड़पों में दोनों ओर से न्यूनाधिक संख्या में सैन्य बल भी हताहत हुए हैं।

चीन ने आतंकवाद के मामलों में तो आज तक संयुक्त राष्ट्र संघ में 16 बार भारत के प्रस्तावों को अवरुद्ध किया है। इनमें से किसी में भी उसका कोई प्रत्यक्ष हित नहीं था। केवल भारत को आहत व अपमानित करने के लिए ही

उसने बार-बार वीटो का उपयोग किया है। आणविक आपूर्ति समूह में भी भारत के प्रवेश का उन 48 देशों के समूह में से केवल चीन भारत का विरोध कर रहा है। यह हमारी अतीत की भूलों, राष्ट्र हित की अनदेखी और स्थापित अंतरराष्ट्रीय मूल्यों से परे जाकर चीन को दिए अनुचित सहयोग का ही दुष्परिणाम है। भारत, सन् 1950 में चीन में कम्युनिस्ट शासन की स्थापना के समय से ही कम्युनिस्ट चीन का अनुचित पक्ष लेता रहा है। जब सन् 1950 में चीन ने तिब्बत पर आक्रमण कर दिया था और 23 नवंबर, 1950 को तिब्बत ने संयुक्त राष्ट्र संघ में चीन के विरुद्ध शिकायत प्रस्तुत की थी तब हमारे तत्कालीन प्रधानमंत्री जवाहरलाल नेहरू ने अपने कम्युनिस्ट प्रेमवश और उनके वामपंथी मित्रों, श्री के.एम. पन्नीकर व कृष्णा मेनन के दबाव में उस शिकायत को संयुक्त राष्ट्र के एजेंडे में नहीं आने दिया। इसी कारण तिब्बत को मई 1951 के उस सत्रह सूत्रीय समझौते में चीन के आधिपत्य स्वीकारने को बाध्य होना पड़ा, जिससे तिब्बत की स्वतंत्रता विनष्ट हुई और अंतत: तिब्बत पर चीन की संप्रभुता को तक को मान्यता दे दी। भारत विश्व के गैर-कम्युनिस्ट देशों में ऐसा प्रमुख देश था, जिसने सन् 1950 से ही कम्युनिस्ट चीन को संयुक्त राष्ट्र संघ में सदस्य बनाने का सर्वाधिक आग्रह किया। तिब्बत पर चीन के आधिपत्य का विरोध न करना तब, स्थापित अंतरराष्ट्रीय मूल्यों का उल्लंघन ही था। अक्तूबर 1950 में अल साल्वाडोर द्वारा प्रस्तुत प्रस्ताव प्रारूप को चर्चा में लाने पर स्थगन के स्थान पर चर्चा की माँग करनी थी। चीन के स्थान पर 1950 के दशक में कथित रूप से भारत को सुरक्षा परिषद् की स्थायी सदस्यता के अमेरिकी व रूसी प्रस्तावों को भी तब जवाहरलाल जी द्वारा चीन-प्रेम में की गई दूसरी बड़ी गलती थी। वस्तुत: चीन में गृह युद्ध से बनी साम्यवादी सरकार के विरुद्ध वहाँ के मूल शासकों ने रिपब्लिक ऑफ चाइना के नाम से ताईवान में अपना शासन बनाए रखा था। आज भी रिपब्लिक ऑफ चाइना के नाम से ताईवान एक अलग राष्ट्र है, जिसे चीन हस्तगत करने के सभी हथकंडे अपनाता रहता है। ताईवान के होते साम्यवादी चीन अर्थात् पीपुल्स रिपब्लिक ऑफ चाइना को सन् 1971 तक संयुक्त राष्ट्र संघ की सदस्यता नहीं मिल पाई थी। वस्तुत: सन् 1950 से 1955 के बीच अमेरिकी विदेश विभाग एवं रूस, उसके प्रधानमंत्री निकोलाई बुल्गानिन के माध्यम से अलग-अलग अवसरों पर यह प्रस्ताव कर चुके बताए जाते हैं

कि भारत संयुक्त राष्ट्र संघ की सुरक्षा परिषद् की स्थायी सदस्यता ग्रहण कर ले और साम्यवादी चीन को संयुक्त राष्ट्र संघ का साधारण सदस्य बना लिया जाए; लेकिन राष्ट्रहित की अनदेखी करते हुए, कहा जाता है कि जवाहरलाल नेहरूजी ने चीन से अपने साम्यवादी जुड़ाव के चलते सुरक्षा परिषद् में स्थायी सदस्य बनने का अवसर खो दिया। उनकी इस कथित अदूरदर्शिता के कारण भारत आज तक वह स्थान नहीं पा सका है। आज वही चीन संयुक्त राष्ट्र सुरक्षा परिषद् में भारत की स्थायी सदयस्ता के प्रस्ताव का पुरजोर विरोध कर रहा है। इसके अतिरिक्त, यदि भारत ने सन् 1950 से तिब्बत का पक्ष लिया होता और तिब्बत की स्वतंत्रता का पक्ष लेने पर यदि तिब्बत स्वतंत्र राष्ट्र बना रहता तो वह भारत व चीन की सीमाओं के बीच एक स्वतंत्र राष्ट्र होता, जिससे हम उत्तर की ओर से पूरी तरह सुरक्षित रहते। भूटान की भाँति तिब्बती लामा, तिब्बत को भारत का संरक्षित राष्ट्र बनाने को उत्सुक थे।

यहाँ पर यह भी उल्लेखनीय है कि आज चीन व पाकिस्तान मिलकर भारत की घेराबंदी करने में इसलिए सफल हो रहे है कि सन् 1947 में कश्मीर में तेजी से आगे बढ़ रहे भारतीय सैनिकों के कदम भी जवाहरलालजी ने युद्ध विराम की घोषणा कर रोक दिए थे और कश्मीर के 68,000 वर्ग किमी. क्षेत्र को पाकिस्तान के नियंत्रण में छोड़ दिया था। उस पाक अधिकृत कश्मीर में होकर ही पाकिस्तान व चीन के बीच धरातलीय संपर्क और काराकोरम राजमार्ग का निर्माण संभव हुआ है। उस पाक अधिकृत कश्मीर में से होकर ही चीन ग्वाडर के बंदरगाह तक पहुँचा है, जिससे उसने (चीन ने) अरब सागर में अपनी नौसैना की उपस्थिति बना ली है। उस पाक अधिकृत कश्मीर में से ही 'चीन-पाक आर्थिक कॉरिडोर' बनाना संभव हुआ है और वही से चीन वन बेल्ट वन रोड (OBOR) का निर्माण कर रहा है। भारत के कड़े विरोध के बाद भी चीन भारत के पाक अधिकृत कश्मीर से ग्वाडर तक तीन संपर्क सड़कों, चीन-पाक आर्थिक कॉरिडोर व ओबोर का निर्माण कर रहा है। वहाँ पर वह पक्के निर्माण कर रहा है और वहाँ उसके सैन्य बल भी रहने लगे हैं।

चीन की ऐसी सारी भारत विरोधी व शत्रुतापूर्ण गतिविधियों के उपरांत भी जिस प्रकार भारत के बाजारों में आज सब प्रकार के चीनी उत्पादों की बाढ़-सी आई हुई है, यह और भी अधिक चिंताजनक है। एक ओर चीन से बढ़ रहे सुरक्षा

संकट और दूसरी ओर देश में चीनी वस्तुओं की उत्तरोत्तर बढ़ रही बिक्री व देश में चीन को प्राप्त हो रही उत्तरोतर अधिकाधिक व्यापार व निवेश सुविधाओं से हो रहे चीन के आर्थिक सशक्तीकरण के प्रति देश का प्रत्येक सजग नागरिक अत्यंत चिंतित है। चीन द्वारा की जा रही अनवरत शत्रुतापूर्ण कार्रवाइयों के उपरांत भी भारत में चीन को इतनी व्यापार सुविधाएँ व बाजार प्राप्त हो जाना, गंभीर रूप से चिंताकारक है। देश का वर्ष 2015-16 में सर्वाधिक 52 अरब डॉलर व वर्ष 2016-17 में 51 अरब डॉलर का व्यापार घाटा केवल चीन के साथ ही है। आवश्यकता इस बात की है कि हम चीन से जो 4-5 लाख करोड़ रुपए का माल देश में आयात करते हैं, उसे हमें खरीदना तत्काल बंद करना चाहिए। लगभग इतना ही माल छिपे रूप में भी आ रहा है। इस पर यदि चीन को 10 प्रतिशत कर राजस्व (टेक्स रेवेन्यू) मिलता होगा, तो आज हम चीनी माल खरीदकर सीधे चीन की सरकार को 70-80 हजार करोड़ रुपए का कर राजस्व या आय प्रदान कर रहे हैं।

आज चीन ने तो भारत को उद्योग विहीन करने के लिए एक नए प्रकार का व्यापारिक व आर्थिक युद्ध छेड़ रखा हो, ऐसा प्रतीत होता है। देश के एक-एक करके कई उद्योग व उद्योग संकुल (इंडस्ट्री क्लस्टर्स) चौपट होते जा रहे हैं। देश में साइकिल उद्योग, खिलौना उद्योग, फर्नीचर उद्योग, स्टेशनरी उद्योग और काँच के उद्योगों से लेकर इलेट्रॉनिक व विद्युत् उपकरण पर्यंत अनगिनत व लगभग सभी प्रकार के उद्योग चीनी आयातों व राशिपतन (डंपिंग) से प्रभावित हो रहे हैं। हजारों कारखाने बंद होते चले जा रहे हैं और उनमें लाखों श्रमिक निरंतर बेरोजगार हो रहे हैं। बंद होते कारखानों में बैंकों का ऋण भी अटक कर डूब रहा है। ऐसे में, यदि देश के नागरिक भारत से घोर शत्रुता पाल रहे चीन के उत्पादों का पूरी तरह से परित्याग कर दें, तब यह हमारी अपनी अर्थव्यवस्था देश के प्रति श्रेष्ठ निठाभिव्यक्ति होगी और हमारी अर्थव्यवस्था तब ही प्रगति कर पाएगी। आज आम जनता में जो लोग चीनी फर्नीचर, विद्युतीय साज-सामान, इलेक्ट्रॉनिक सामान यथा टेक्सन का चीनी केल्कुलेटर या लेनोवो का कंप्यूटर व चीनी मोबाइल फोन, बल्ब आदि जो हजारों उत्पाद खरीदते जा रहे हैं, उन्हें भी इसे बंद करने पर विचार करना चाहिए। आज चीन का 60 प्रतिशत से अधिक औद्योगिक उत्पादन निर्यात पर आधारित है। ऐसे में उसके निर्यात के प्रभावित

होने पर उसकी अर्थव्यवस्था चौपट हो ही जाएगी चीन के द्वारा अपने देश (चीन) सहित, तिब्बत व अफ्रीका में कई देशों के साथ औपनिवेशिक व्यवहार एवं अनेक स्थानों पर मानवाधिकारों का हनन किया जा रहा है या उसे प्रोत्साहन दिया जा रहा है और सर्वाधिक ग्रीन हाउस के उत्सर्जन से जिस प्रकार वह विश्व के लिए गंभीर पर्यावरण संकट उत्पन्न कर रहा है, उन सबके आधार पर, यदि उसके विरुद्ध, देश में व विश्व समुदाय के बीच चीनी माल के बहिष्कार का आह्वान किया जाए तो विश्व के लिए सुरक्षा संकट के रूप में उभर रहे चीन पर अंकुश लगाया जा सकता है। अस्तु, इन्हीं सारे विषयों पर यह लघु पुस्तिका प्रकाशित की जा रही है। आशा है, पाठकों को पसंद आएगी।

—प्रो. भगवती प्रकाश शर्मा

उदयपुर

bpsharma131@yahoo.co.in

अनुक्रम

1

चीन की शत्रुतापूर्ण कार्रवाइयाँ

देश के लिए चीन से बढ़ता सुरक्षा संकट व उसकी भारत विरोधी गतिविधियाँ आज अत्यंत चिंताजनक हैं। इसके साथ ही देश में चीनी वस्तुओं के बढ़ते आयात, उनकी उत्तरोत्तर बढ़ रही बिक्री और उसके बढ़ते निवेश से फैलती उद्यमबंदी व बेरोजगारी से आज देश का प्रत्येक सजग नागरिक अत्यंत चिंतित है। चीनी वस्तुओं के बढ़ते आयात से फैलती उद्यमबंदी से आज भारत ही नहीं, अफ्रीका, एशिया, लैटिन अमेरिका, यूरोप व उत्तरी अमेरिका तक में सर्वत्र बेरोजगारी व आर्थिक मंदी का संकट बढ़ रहा है। भारत व अमेरिका सहित कई देश आज चीन के साथ व्यापार में भारी घाटे का सामना कर रहे हैं। विश्व की आधी से अधिक ग्रीन हाउस गैसों का उत्सर्जन कर चीन संपूर्ण विश्व के लिए पर्यावरण संकट भी उत्पन्न कर रहा है। भारत के लिए तो सीमा पर भी चीन नित नए संकट खड़े कर रहा है। पाकिस्तान भी आज चीन के बल पर व चीनी रणनीति के अधीन भारत के विरुद्ध चीन का एवजी युद्ध अर्थात् प्रॉक्सीवॉर लड़ रहा है। भारत के लिए एक गंभीर रक्षा चुनौती बनकर उभर रहे चीन के साथ, आज हमारा 51 अरब डॉलर (3.35 लाख करोड़ रुपयों) का विदेश व्यापार घाटा भी है। हम आज जो 62 अरब डॉलर के उत्पाद बिल पर व लगभग इतनी ही मात्रा में जो माल बिना बिल से आयात कर रहे हैं, उससे आज हमारे विरुद्ध सर्वाधिक शत्रुतापूर्ण कार्रवाई में लिप्त चीन का 7-8 लाख करोड़ रुपयों से वार्षिक आर्थिक सशक्तीकरण कर रहे हैं। चीनी आयातों से आज हमारे साइकिल, फर्नीचर काँच के सामान व स्टेशनरी उत्पादों से लेकर इलेक्ट्रॉनिक्स व विद्युत् उपकरण पर्यंत अनेक उद्योग तेजी से रुग्ण एवं बंद भी हो रहे हैं। इसके कारण, देश में भारी बेराजगारी फैल रही है और बंद होते

उद्योगों में बैंकों के ऋण भी डूब रहे हैं। आर्थिक क्षेत्र में चीन ने भी हमारे देश को उद्योग विहीन करने के लिए एक प्रकार का व्यापार युद्ध भी छेड़ रखा है। वह प्रारंभ में उसकी लागत से भी अल्प मूल्य पर वस्तुएँ बेचकर हमारे उस उद्योग को चौपट कर देता है। उसके बाद महँगे उत्पाद बेचकर हमारा शोषण करता है। चीन से मिल रही ऐसी प्रमुख आर्थिक चुनौतियों का विवेचन आगे तृतीय अध्याय में किया जा रहा है।

चीन का अनवरत शत्रुतापूर्ण व्यवहार

चीन में सन् 1949 में कम्युनिस्ट शासन की स्थापना के समय से ही चीन की साम्यवादी सरकार भारत के विरुद्ध शत्रुतापूर्ण कार्रवाइयों में लिप्त रही है। चीन ने सन् 1962 में तो भारत पर आक्रमण करके लगभग पूरे भूटान के क्षेत्रफल (38,000 वर्ग किमी.) या स्विट्जरलैंड के क्षेत्रफल (41,000 वर्ग किमी.) से थोड़े कम, 38,000 वर्ग किमी. क्षेत्रफल के अक्साई-चिन पर बलात् अधिकार कर लिया था, जो आज तक उसी के अधिकार में है। इसके साथ ही विगत 10 वर्षों से तो वह प्रतिवर्ष 150 से 400 बार तक हमारी सीमा में घुसपैठ करता रहा है और इन्हीं घुसपैठों के माध्यम से इंच-दर-इंच आगे बढ़ते हुए हमारे कई अत्यंत उर्वरा चारागाह क्षेत्रों व ऊँचाई वाले सामरिक महत्त्व के क्षेत्रों पर अधिकार करता चला आ रहा है। चीन की ये भारत विरोधी कार्रवाइयाँ बढ़ती ही जा रही हैं। हाल ही में भी चीन ने जून 2017 में तो सिक्किम में भारतीय सीमा में घुसकर, बुलडोजरों से भारतीय सेना के दो बंकर भी तोड़ दिए थे व 72 दिन तक डोकलाम में भारत व चीन के सैन्य बल आमने-सामने उलझते रहे हैं। इसी प्रकार चीन द्वारा इन विगत 10 वर्षों में अनेक अवसरों पर आतंकवादियों के संबंध में भारत द्वारा लाए प्रस्तावों का संयुक्त राष्ट्र में विरोध करता रहा है। इसी प्रकार आणविक आपूर्ति समूह (न्यूक्लिअर सप्लायर ग्रुप) में भारत के प्रवेश का विरोध, ब्रह्मपुत्र का जल रोकना व आए दिन की घुसपैठ आदि सभी भारत के विरुद्ध घोर शत्रुतापूर्ण कार्रवाइयाँ हैं। वस्तुत: चीन में सन् 1949 में साम्यवादी सरकार के बनने के बाद से ही भारत के प्रति वह निरंतर शत्रुतापूर्ण व्यवहार करता रहा है। आज वह भारत के विरुद्ध आर्थिक, सामरिक, आतंकवाद के संपोषण जैसी अनेक द्वेषपूर्ण कार्रवाइयों में लिप्त होकर प्रत्यक्ष व परोक्ष रूप से भारत को

सब प्रकार से हानि पहुँचाने के कार्य कर रहा है। स्वयं चीन की भारत विरोधी गतिविधियाँ तो चरम पर हैं ही, वह पाकिस्तान को भी हर प्रकार की भारत विरोधी कार्रवाई के लिए सभी वैध व अवैध तरीकों से निरंतर सहयोग कर रहा है।

चीन की हाल की ताजा घुसपैठों एवं ब्रह्मपुत्र नदी का जल अवरुद्ध कर लेना, संयुक्त राष्ट्र संघ में भारत के प्रस्तावों पर वीटो का उपयोग और आणविक आपूर्ति समूह में भारत के प्रवेश का विरोध आदि सभी घोर शत्रुतापूर्ण कार्रवाइयाँ हैं तथापि आज हम बड़ी मात्रा में चीनी उत्पाद खरीदकर एक ओर चीन का आर्थिक सशक्तीकरण कर रहे हैं और देश में उद्यमबंदी व बेरोजगारी को निमंत्रण दे रहे हैं।

चीन ने सन् 1962 में ही भारत पर आक्रमण करके अक्साई चीन में भारत की जो 38,000 वर्ग किमी. भूमि बलात् हड़प ली थी, उसी क्षेत्र से आगे, उसने वर्ष 2013 में 14-15 अप्रैल की रात्रि में 40-50 सैनिकों के एक प्लाटून व कुछ कुत्तों के बल पर, 'दौलत बेग ओल्डी' के अत्यंत रणनीतिक महत्त्व के क्षेत्र पर 21 दिन तक अतिक्रमण कर लिया था। तब यू.पी.ए. सरकार ने उन 40-50 घुसपैठियों को सैन्य बलों की सहायता से निकाल बाहर करने के स्थान पर, चीन की अनेक अपमान जनक शर्तें मानकर, उन्हें वहाँ से वापस जाने पर सहमत किया था। यू.पी.ए. सरकार का वह निर्णय अत्यंत दुर्भाग्यपूर्ण था। उसके बाद भी चीनी राष्ट्रपति शी. जिनपिंग की वर्ष 2014 की यात्रा के अवसर पर सितंबर 17-19 की त्रि-दिवसीय यात्रा के दौरान 16 सहमति पत्रों पर हुए हस्ताक्षरों से चीन को जो 20 अरब डॉलर के विदेशी प्रत्यक्ष निवेश व दो औद्योगिक पार्कों की स्थापना की सुविधा मिल गई है। भारत से मिल रहे अनेक आर्थिक व व्यापारिक लाभों के बाद भी उसने अभी वर्ष 2017 में डोकलाम में तनाव खड़ा कर ही दिया था। इस प्रकार भारत से चीन को कितनी ही आर्थिक सुविधाएँ मिल जाएँ, वह भारत विरोधी रुख बदलने को तैयार ही नहीं है।

वर्ष 2013 के तनाव के समय तो सीमा पर इस गंभीर तनाव की स्थिति में भी गृह मंत्रालय ने सीमा की रक्षा व प्रबंध का कार्य सेना को सौंपने से मना कर दिया था जो अत्यंत चिंताजनक था। वस्तुतः भारत-तिब्बत सीमा पर सीमा की रक्षा व उसका प्रबंध चाहे भारत-तिब्बत सीमा पुलिस करे, लेकिन यह गृह मंत्रालय के नियंत्रण के स्थान पर सेना के निर्देशन में होना चाहिए। यू.पी.ए.

सरकार में गृह मंत्रालय द्वारा तब सीमा रक्षा के संबंध में सेना के लिए इस तरह का गतिरोध उत्पन्न करना कतई उचित नहीं था। दुर्भाग्यवश तब यू.पी.ए. सरकार ने अकारण ही डरकर इन 40-50 चीनी सैनिकों से ब्लैकमेल होकर समझौते में अपनी सेना को सीमा रेखा से 38 किमी. पीछे हटाने और चुमार क्षेत्र में भारतीय सीमा में स्थित अपने ही बंकर तोड़ने को सहमत होने जैसी शर्तों पर चीन से समझौता करके देश की भावी सुरक्षा के लिए एक गंभीर चुनौती को आमंत्रण दिया था। वस्तुतः सरकार को चीनी घुसपैठ के विरुद्ध सीमा रक्षण का कार्य सेना को देकर तब चीन से आक्रांत, दौलत बेग ओल्डी को मुक्त करने का ही निर्णय लेना चाहिए था। अभी जून 2017 में डोकलाम में एन.डी.ए. सरकार द्वारा अपनाए कड़े रुख के कारण ही चीन को बिना शर्त पीछे हटना पड़ा है। डोकलाम में भारत ने भारत, तिब्बत व भूटान की सीमाओं के त्रिकोण पर भूटान के क्षेत्रीय अखंडता की रक्षा के लिए ही हमने अपने मित्र भूटान की समयोचित सहायता की थी, जबकि वर्ष 2013 में दौलत बेग आल्डी में तो वह भारत का भू-भाग था, उसकी रक्षा तब परम आवश्यक थी।

चीन द्वारा विगत साढ़े छह दशकों से अनवरत की जा रही इन शत्रुतापूर्ण कार्रवाइयों के उपरांत भी, आज भारत द्वारा चीन को इतना बड़ा बाजार उपलब्ध कराना एक आत्मघाती कदम ही है। देश का आज सर्वाधिक 51 अरब डॉलर का व्यापार घाटा केवल चीन के साथ ही है। आवश्यकता इस बात की है कि चीन का जो आज देश में हम 5-6 लाख करोड़ रुपए का माल आयात करते हैं, उसे हमें तत्काल बंद करना चाहिए। देश की जनता आज चीनी माल खरीदना बंद कर दे तो यह घाटा सर्वथा समाप्त हो जाएगा और हमारा चीन के विरुद्ध सर्वोत्तम कदम सिद्ध होगा।

आज हम जो चीनी फर्नीचर, विद्युतीय साज-सामान, टेक्सन का चीनी केल्कुलेटर, लेनोवो का कंप्यूटर, चीनी मोबाइल फोन, बल्ब आदि अनगिनत उत्पाद देश में खरीदते रहे हैं, उन्हें हमें तत्काल बंद करना चाहिए। आज चीन का 60 प्रतिशत औद्योगिक उत्पादन निर्यात आधारित है। ऐसे में, चीन के द्वारा अपने देश सहित तिब्बत व अफ्रीका में कई स्थानों पर जो मानवाधिकारों का हनन किया जा रहा है और सर्वाधिक ग्रीन हाउस गैसों के उत्सर्जन से विश्व के लिए पर्यावरण संकट उत्पन्न किया जा रहा है, इन सबके आधार पर यदि उसके विरुद्ध संपूर्ण विश्व समुदाय को भी चीनी माल के बहिष्कार का आह्वान किया

जाए तो विश्व के लिए सुरक्षा संकट के रूप में उभर रहे चीन को अच्छा पाठ पढ़ाया जा सकता है। चीन किस प्रकार संपूर्ण विश्व के लिए संकट उत्पन्न कर रहा है, इसका विवेचन आगे किया जा रहा है।

चीन की प्रमुख शत्रुतापूर्ण कार्रवाइयाँ

विगत 60 वर्षों से जारी चीन की शत्रुतापूर्ण कार्रवाइयों की ही चर्चा की जाएगी। हाल ही में तो उसने भारत की सीमा में अरुणाचल व उत्तराखंड तक में हमारी नहरों आदि के निर्माण को बाधित किया है। वह वर्ष में 300-400 बार हमारी सीमा का अतिक्रमण करता है। संयुक्त राष्ट्र संघ में भी चीन आतंकवाद के मामलों में भारत के प्रस्तावों के विरुद्ध वीटो का उपयोग कर रहा है। उसने भारत के आणविक आपूर्ति समूह (Nuclear Suppliers Group) में प्रवेश का विरोध किया है। पाक अधिकृत कश्मीर में भारत के विरोध के बाद भी वह व्यापक स्तर पर निर्माण कर वहीं से 46 अरब डॉलर के चीन-पाक आर्थिक गलियारे का विकास कर रहा है। भारत में जल संकट उत्पन्न करने के लिए ब्रह्मपुत्र नदी का पानी रोक रहा है। सिंधु नदी का अतिरिक्त जल हम पाकिस्तान में निर्बाध जाने दें, इसके लिए भी वह हमें धमकियाँ देता रहा है। हाल ही में 3 नवंबर, 2016 को तो उसने अरुणाचल में हमारी सीमा से 29 किमी. अंदर तक हमारा नहर निर्माण का कार्य रुकवाने तक का दुस्साहस कर दिया था।

इस प्रकार चीन का आर्थिक व सामरिक सशक्तीकरण भारत के लिए सर्वाधिक चुनौतीपूर्ण होगा और हमें अपने संसाधन विकास के स्थान पर चीन-पाक से सुरक्षा में लगाने होंगे। इसके लिए भारत के विकास के लिए चीन पर आर्थिक अंकुश सर्वाधिक आवश्यक है। अतएव आज जब चीन एक आर्थिक, वित्तीय बैंकिंग व कॉर्पोरेट संकट के ज्वालामुखी पर बैठा है, चीनी वस्तुओं का परित्याग ही इस संकट के विस्फोट की संभावना निश्चित करेगा। चीन की प्रमुख भारत विरोधी शत्रुतापूर्ण कार्रवाइयाँ अग्रलिखित हैं—

I. घुसपैठ व बार-बार सीमा का अतिक्रमण कर भारत की सामरिक घेराबंदी

चीन द्वारा निरंतर एवं बार-बार घुसपैठ के माध्यम से उत्तरोत्तर नए-नए

क्षेत्रों में भारतीय भू-भाग पर अनवरत अतिक्रमण, जल व थल सीमा पर चारों ओर से अमित्रतापूर्ण घेराबंदी, वायु सीमा का आए दिन अतिक्रमण, हमारे दक्षिणी तटीय क्षेत्र में उसका दबदबा बढ़ाने के लिए और वियतनाम में तेल खोज से दूर रहने की चेतावनी देने के उद्देश्य से श्रीलंका के बंदरगाहों पर अकारण आणविक पनडुब्बियों की कवायद आदि जैसी अनगिनत शत्रुवत् कार्रवाइयाँ जारी हैं, तथापि हमारे द्वारा चीन को अनवरत व बिना किसी पारस्परिक आर्थिक प्रति-लाभ के व्यापार व निवेश की सुविधाएँ देते चले जाने की नीति, आत्महीन समर्पण से कम नहीं है। चीन के साथ हमारे विवादों की सूची अत्यंत लंबी है। चीन ने सन् 1962 में अक्साई चीन के जिस 38,000 भू-भाग को आक्रमण करके हस्तगत कर लिया था, उसके अतिरिक्त पाक अधिकृत जम्मू-कश्मीर का भी 5,180 वर्ग किमी. भारतीय भू-भाग को उसने पाकिस्तान से ले लिया था, जहाँ से ही चीन व पाक के बीच काराकोरम राजमार्ग निकालना संभव हुआ है। शेष पाक अधिकृत कश्मीर में भी चीन उसकी सैन्य उपस्थिति के साथ निर्माण कार्य कर रहा है। चीन-पाक आर्थिक गलियारे (चीन-पाक इकोनॉमिक कॉरीडार) का भी आज वह भारत में स्वामित्व वाले पाक अधिकृत कश्मीर में, भारत के विरोध के उपरांत भी निर्माण कर रहा है। भारत के स्पष्ट औपचारिक विरोध के बाद भी आज चीन उसकी 'वन बेल्ट वन रोड' परियोजना को भारत के स्वामित्व वाले पाक अधिकृत जम्मू-कश्मीर के गिल्गिट बाल्टीस्तान क्षेत्र से निकाल रहा है। इसके अतिरिक्त चीन 90,000 वर्ग किमी. भू-भाग पर अपना और दावा जताकर, वहाँ बार-बार घुसपैठ कर छुट-पुट नए क्षेत्रों में अतिक्रमण कर रहा है।

वस्तुतः चीन जब तक उसके द्वारा किए जा रहे 150-400 से अधिक वार्षिक अतिक्रमण बंद न करे तो भारत को उसे प्रदान की गई व्यापार व निवेश सुविधाएँ निलंबित कर देनी चाहिए। हाल ही में चीन के साथ जो 16 सहमति पत्र हमने हस्ताक्षरित किए हैं, उनमें देश में रेलों के आधुनिकीकरण से लेकर प्रत्यक्ष निवेश आदि की जो सुविधाएँ उसे भारत में मिल रही हैं, उन पर भी पुनर्विचार आवश्यक है। द्रुतगामी रेलों से संबंधित आज जो साज-सामान चीन से आएँगे, उनका उत्पादन वहाँ होने पर रोजगार सृजन वहीं होगा, प्रौद्योगिकी समुन्नयन उनके वहाँ होगा, कंपोनेंट निर्माता सहायक उद्योग उनके ही विकसित

होंगे, जबकि यदि ये साज-सामान हम विकसित करेंगे तो इससे देश का रेल संबंधी उत्पादन तंत्र व प्रौद्योगिकी विकसित होगी और उन साज-सामानों का मूल्य व उन पर अर्जित लाभ देश से बाहर चीन के हाथ नहीं लगेगा। आज सामान्य उपभोक्ता के रूप में भी जो भारतवासी कंप्यूटर लेनोवो, जियोनी या मोटो स्मार्टफोन, टी.एस.एल. के टी.वी., टेक्सन के केल्कुलेटर, जेड.टी.ई. या हुवाई के सामान और पेन से लेकर बड़े विद्युतीय यंत्र आदि खरीदते हैं, उन्हें बंद कर दें तो भी देश के हजारों करोड़ रुपए बचेंगे। इसलिए चीन द्वारा हाल ही में निरंतर किए जा रहे सीमा के अतिक्रमणों को देखते हुए देशवासियों को चीन के उत्पादों का पूर्ण बहिष्कार कर देना चाहिए। चीन ने इतने बड़े भारत जैसे बाजार के व्यापक लाभों की भी परवाह न करते हुए हमें **आलसी** तक कह दिया कि ये आलसी लोग क्या अपनी जरूरत के उत्पाद बना पाएँगे। इसलिए भारत में चीनी वस्तुओं के बहिष्कार के कोई आह्वान सफल नहीं होंगे। आज इतने बड़े स्तर पर आर्थिक लाभों के उपरांत भी जिस प्रकार उसने उसकी घुसपैठ की आवृत्तियाँ व उसके पैमाने में वृद्धि की है, उससे यह लगता है कि वह हमें सैन्य घुसपैठों से डराकर अधिक-से-अधिक सुविधाएँ हथियाने की रणनीति अपना रहा है। इसलिए भारत की जनता को चीनी उत्पादों का पूर्ण बहिष्कार कर उसे करारा उत्तर देना चाहिए। हाल ही की कुछ घुसपैठ की बड़ी घटनाएँ यही दर्शाती हैं। इनमें से कुछ का उल्लेख यहाँ किया जा रहा है—

1. सीमा पर 60 वर्षों से तनाव एवं जून 2017 में बुलडोजर से भारत के दो बंकर तोड़ना : चीन ने वर्ष 1957 से ही भारतीय सीमा पर तनाव बनाए रखा है। सन् 1962 में युद्ध कर हमारी 38,000 वर्ग किमी. भूमि पर अधिकार कर रखा है। वह वर्ष भर में 150-400 बार तक सीमा का अतिक्रमण करता रहा है। अभी जून 2017 में ही चीन की आर्मी ने सिक्किम सेक्टर में घुसकर भारतीय जवानों से हाथापाई की थी। इस दौरान चीन के सैनिकों ने हमारे 2 बंकर भी बुलडोजर लगा कर तोड़ दिए। चीनी सैनिकों को रोकने के लिए भारतीय सैनिकों को काफी जद्दोजहद करनी पड़ी। भारतीय सैनिकों ने लाइन ऑफ एक्चुअल कंट्रोल के पास ह्यूमन चेन बनाकर चीनियों को रोकने की कोशिश की, लेकिन वे धक्का-मुक्की करते रहे। उधर, चीन ने 26 जून, 2017 को देर रात उलटे भारतीय सैनिकों पर ही बॉर्डर क्रॉस करने का आरोप लगा दिया। पिछले 10 दिनों

से सिक्किम के दोका ला जनरल इलाके में चीन की सेना घुसपैठ की कोशिश कर रही है। सीमा पर इस तनाव के चलते चीनी जवानों ने कैलाश मानसरोवर की यात्रा पर जा रहे श्रद्धालुओं के जत्थे को भी रोक दिया। चीन की यह हरकत जून के पहले हफ्ते में दोका ला जनरल एरिया की लालटेन पोस्ट के पास हुई। वहाँ इंडियन आर्मी और पीपुल्स लिबरेशन आर्मी के जवान आपस में उलझ गए। इस हाथापाई के बाद चीन की आर्मी के जवान भारतीय इलाके में घुसे और आर्मी के दो बंकर्स बुलडोजर्स लगा कर तोड़ दिए। आज जब दोनों देशों के रिश्तों में तल्खी चरम पर है, भारत का चीन की वन बेल्ट वन रोड (ओबीओआर) समिट से बायकॉट और चीन द्वारा एनएसजी में भारत की एंट्री रोकने जैसे मुद्दों पर गंभीर मतभेद है।

चीन का उल्टा मिथ्या आरोप—चीन ने भारतीय सेना पर ही सिक्किम में बॉर्डर क्रॉस करने का आरोप लगाया है। उसने भारत से सैनिकों को फौरन वापस बुलाने की माँग की है। चीन ने इसी कारण नाथु ला दर्रे से कैलास मानसरोवर यात्रा को भी रोककर इसके पीछे बॉर्डर पर जारी गतिरोध को ही वजह बताया है।

2008 में इसी इलाके में चीनी सैनिकों ने तोड़े थे बंकर—वहाँ नवंबर 2008 में भी चीनी सैनिकों ने इसी इलाके में घुसकर भारतीय सेना के कुछ अस्थायी बंकर ध्वस्त कर दिए थे। वैसे 1962 के भारत-पाक युद्ध के बाद से यह इलाका भारतीय सेना और आईटीबीपी के नियंत्रण में रहा है। हमारे सुरक्षा बलों का कैंप अंतरराष्ट्रीय बॉर्डर से 15 किमी. दूर है। चीन ने पहले भारतीय सीमा के पास भूटान की सीमा में डोकलाम में सड़क निर्माण प्रारंभ कर दिया था, जिसे भूटान के आग्रह पर हमारे सैनिकों ने रुकवाया था। इसलिए पहले चीन की डिफेंस मिनिस्ट्री ने भारतीय सैनिकों के उसकी सीमा में घुसने और वहाँ बनाई जा रही सड़क का काम रोकने का आरोप लगाया था। चूँकि भूटान भारत का संरक्षित मित्र राष्ट्र है व उसके साथ इस आशय की हमारी मैत्री संधि है, उसी के अधीन डोकलाम में भारत ने हस्तक्षेप किया था।

चीन की डिफेंस मिनिस्ट्री के प्रवक्ता रेन ग्यूकियांग ने यह भी स्वीकार करते हुए कहा है कि हाल ही में चीन के डोंगलांग इलाके में रोड बनाने का काम शुरू किया था, जिसे लाइन ऑफ एक्चुअल कंट्रोल (एलएसी) क्रॉस करके आए भारतीय सैनिकों ने रोक दिया। इस सड़क के निर्माण की वजह से

ही चीन ने नाथु ला पास से मानसरोवर यात्रा पर जा रहे 47 भारतीयों के दल को रोका था। इस पर भारत-चीन के बीच फ्लैग मीटिंग भी हुई। बॉर्डर पर तनाव कम करने के लिए भारतीय सेना ने दो बार चीन को फ्लैग मीटिंग में हिस्सा लेने के लिए कहा, लेकिन उन्होंने अस्वीकार कर दिया।

20 जून, 2017 को चीनी सेना मीटिंग के लिए तैयार हुई, जिसमें उसने कहा कि कैलाश मानसरोवर जानेवाले भारतीय श्रद्धालुओं को तिब्बत से होकर जाने की परमीशन नहीं दी जाएगी। उन्हें 23 जून तक वहीं रखा गया और इसके बाद उन्हें गंगटोक वापस भेज दिया गया। मानसरोवर के लिए सिक्किम रूट, जो तिब्बत से गुजरता है, उसे 2015 में ही खोला गया था। इसके पूर्व 1954 में जवाहरलाल नेहरू द्वारा चीन के साथ की संधि के पूर्व मानसरोवर के रास्ते पर, तिब्बत में भारतीय रक्षा चौकियाँ व डाक-तार कार्यालय रहे हैं। भारतीय यात्रियों की सहायतार्थ ये सुविधाएँ हमने तिब्बत के साथ पूर्व में किए समझौतों के अधीन विकसित कर रखीं थीं (देखें परिशिष्ट-2)। पाकिस्तान भी आज चीन के बल पर व चीनी रणनीति के अधीन भारत के विरुद्ध चीन का एवजी युद्ध अर्थात् प्रॉक्सी वार लड़ रहा है। चूँकि 1949 तक तिब्बत स्वतंत्र राष्ट्र रहा है, उसके पूर्व रामायण व महाभारत काल से तिब्बत (त्रिविष्टप) भारत का भाग रहा है। पांडवों के कैलाश पर्वत गमन के महाभारत के विवरण इसके प्रमाण हैं। कनिष्क (122-125 ईसवी) व कुषाणों (30-375 इस्वी) के शासनकाल में चीन का सिकयांग प्रांत, त्रिविष्टप, अफगानिस्तान, उज्बेकिस्तान, तजिकिस्तान, किर्गीजिस्तान व नेपाल उनके अधीन थे। इस प्रकार प्राचीनकाल में तो तिब्बत सांस्कृतिक भारत या तत्कालीन हिंदू राष्ट्र का अंग था। तब इस्लाम व ईसाइयत का उद्‌भव नहीं हो पाया था। यदि हमने तिब्बत पर चीन को नियंत्रण स्थापित करने में अनुचित सहयोग नहीं किया होता व अपना कैलाश मानसरोवर के मार्ग पर हमारे तीर्थ यात्रियों के संरक्षण का यह पारंपरिक अधिकार 1954 के पंचशील के समझौते में छोड़ा नहीं होता तो आज हमारी बेहतर स्थिति होती। हमारे प्रथम प्रधानमंत्री जवाहरलाल नेहरू की ये **2** बड़ी गलतियाँ थीं। यदि हमने तिब्बत पर चीन के आधिपत्य की स्थापना में तब सहयोग नहीं किया होता तो हमारी चीन के साथ कहीं साझी सीमा ही नहीं होती। उल्टा, तिब्बत तो भूटान की तरह भारत का संरक्षित राष्ट्र (प्रोटेक्टोरेट नेशन) बनने को उत्सुक था। इसकी चर्चा आगे

की जाएगी। डोकलाम पर भी चीन का दावा है कि 22 मार्च, 1959 को भारतीय प्रधानमंत्री जवाहरलाल नेहरू के सन् 1809 के तिब्बत-सिक्किम समझौते को व्यक्त रूप से स्वीकार किया था। वैसे उस पत्र में नेहरू ने 1842 के लद्दाख पर हुए समझौते व 1914 के मेक्मोहन रेखा के समझौते को भी उद्धृत किया था, जिसे चीन अब नकार रहा है। उसके अनुसार, अक्साई चीन भारत का क्षेत्र बनता है।

2. नवंबर 3 को अरुणाचल में भारतीय सीमा निर्माण में बाधा डालना : चीनी सैनिकों ने 3 नवंबर को एलएसी (वास्तविक नियंत्रण रेखा) के करीब भारतीय इलाके में चल रहे नहर के निर्माण को रुकवा दिया। आईटीबीपी के 70 और चीन के 55 सैनिक कई घंटे तक आमने-सामने रहे। इस बीच, भारतीय वायुसेना ने अरुणाचल प्रदेश में चीन सीमा से 29 किलोमीटर के नजदीक दुनिया का सबसे बड़ा मिलिट्री एयरक्राफ्ट सी-17 ग्लोबमास्टर उतार दिया। ग्लोबमास्टर को 6,200 फीट की ऊँचाई पर सिर्फ 4,200 फीट लंबे इलाके में उतरना पड़ा। वहाँ चीनी सैनिकों ने कहा कि भारत को लद्दाख में सब के पास निर्माण से पहले इजाजत लेनी चाहिए थी। इस घटना में दोनों देशों के सैनिकों ने फ्लैग लगाकर पोजीशन ले ली थी। भारतीय जवानों ने चीनी सैनिकों को आगे नहीं बढ़ने दिया। इसी प्रकार 19 जुलाई को उत्तराखंड के चमोली में भी चीनी सैनिक नहर का काम रुकवा चुके हैं। तब भी भारतीय जवानों ने उन्हें वापस भेज दिया था। वर्ष 2014 में भी लद्दाख के निलुंग नाले का काम चीनी सैनिकों ने रुकवाकर मजदूरों के टेंटों को नुकसान पहुँचाया था।

3. अरुणाचल में 9 सितंबर, 2016 को घुसपैठ : चीन पहले भारतीय सीमा में स्थानीय लोगों को आतंकित कर पलायन को विवश करता है। उसके बाद ऐसे निर्जन क्षेत्रों में घुसपैठ कर वहाँ अपने सुरक्षा बलों के अस्थायी कैंप बना लेता है। ऐसी ही उसने अभी अरुणाचल प्रदेश के अंजा जिले की प्लम चौकी तक एक निर्जन क्षेत्र में सीमा पार 45 किमी. भारतीय सीमा में घुसकर अस्थायी कैंप व आशियाने भी बना लिए। सीमा में इतनी गहराई तक आने के बाद भारतीय सुरक्षा बलों द्वारा क्षेत्र खाली करने को कहने पर इस क्षेत्र को अपना (चीनियों का) बताया। भारतीय सुरक्षा बलों द्वारा चीनी सैनिकों को अत्यंत कड़ा रुख अपनाने पर चीनी सैनिकों को 4 दिन बाद यानी 13 जून को इस क्षेत्र को खाली करना पड़ा।

4. 10 जून, 2016 को 250 सैनिकों की घुसपैठ : अरुणाचल प्रदेश के ही कामेंग जिले के यागत्से क्षेत्र में 10 जून, 2016 को चीन की पीपुल्स लिबरेशन आर्मी के 250 जवानों ने घुसपैठ कर ली। वहाँ सीमा क्षेत्र में गश्त का काम चीनी बॉर्डर गाड्र्स का है। चीनी सैनिकों का वहाँ आना सुनियोजित घुसपैठ ही कही जा सकती है। भारत-तिब्बत सीमा पुलिस के जवानों द्वारा कड़ा रुख अपनाने के बाद ही वे लौटे हैं। इसी अवधि में चीन 48 सदस्यीय आणविक आपूर्ति समूह में भारत के प्रवेश के विरोध में भी लगा हुआ था।

5. 8 मार्च, 2016 को फिंगर VIII- सिरजेप-I से 5.5 किमी. की घुसपैठ : इसी प्रकार के लेह-लद्दाख क्षेत्र की ओर भारत ठाकुग चौकी से 5.5 किमी. अंदर तक चार वाहनों व भारी शस्त्रास्त्रों के साथ चीनी प्लाटून ने घुसपैठ कर के भारतीय बलों पर भारी दबाव उत्पन्न किया। इनमें एक कर्नल व दो मेजर रैंक के अधिकारी दो हल्के वाहन एक मध्यम व एक भारी वाहन था। यह क्षेत्र पेगांग झील के पास पड़ता है, जहाँ वे आए दिन तनाव पैदा करते रहते हैं।

6. जुलाई 2016 को उत्तराखंड में घुसपैठ : चीनी सैनिकों ने उत्तराखंड के चमोली जिले के बारहोती क्षेत्र में 80 वर्ग किमी. के चारागाह क्षेत्र में घुसपैठ कर वहाँ भी तनाव उत्पन्न करने का प्रयास किया। चीन के साथ तनाव न हो, इसलिए वहाँ भारतीय सुरक्षा बल बिना शस्त्र व बिना गणवेश के ही गश्त करते हैं। वैसे भारत का इतना संकुचित व सिमटा रहना भी उचित नहीं है। इस क्षेत्र में चीन ने वर्ष 2013 व 2014 में भी कई बार घुसपैठ की है और हमारी वायु सीमा का भी अतिक्रमण किया है।

इस प्रकार से चीन वर्ष में कुल 300-400 बार तक घुसपैठ कर लेता है। अनेक क्षेत्रों में वह इंच-दर-इंच करके कई क्षेत्रों में स्थायी रूप से भी आगे बढ़ रहा है। ऐसी घुसपैठों व दौलत बैग ओल्डी में 21 दिन तक रहकर भारत की ब्लैकमेलिंग की समीक्षा का उल्लेख लेखक ने अपनी तीन अन्य पुस्तकों में किया है।

भारत के सीमा क्षेत्र में विकास की आवश्यकता : चीन ने पूरी 4,057 किमी. लंबी भारत-तिब्बत सीमा पर अत्यंत व्यवस्थित सड़कें रेलमार्ग, विद्युतीकरण व संचार साधनों का विकास कर लिया है। वह जब चाहे, बड़े पैमाने पर सैन्य बल जमा कर सकता है, लेकिन अब वह भारतीय सीमा में किसी

भी प्रकार की गतिविधि या हलचल होने पर वहाँ अड़ंगा लगा देता है। इसलिए वहाँ के ग्रामीणों को भारी असुविधा होती है। सर्दी में रास्तों से बर्फ हटाने तक की व्यवस्था नहीं होने से ग्रामीण परेशानी में पलायन करने तक को विवश हो जाते हैं। इन सबसे चीन वहाँ के निवासियों को बताना चाहता है कि यदि वे अपने क्षेत्र में चीन का स्वागत करें तो ही उनके वहाँ सारी नागरिक सुविधाएँ विकसित होंगी।

II. भारत में आंतकवादी गतिविधियों के लिए पाकिस्तान व पाक आंतकियों को समर्थन

चीन लगभग 10 वर्षों से भारत द्वारा विविध जेहादी आंतकवादी संगठनों व आतंकवादियों को अंतरराष्ट्रीय आतंकवादी घोषित करने के लिए संयुक्त राष्ट्र सुरक्षा परिषद् में लाए गए प्रस्तावों का निरंतर विरोध करता रहा है। हाल ही में ताजा घटनाक्रम के अधीन 1 अक्तूबर को पाकिस्तान के लश्कर-ए-तैयबा के आतंकवादी, मौलाना मसूद अजहर, जिसने 'जेश-ए-मोहम्मद' आतंकवादी संगठन की स्थापना की थी, को अंतरराष्ट्रीय आतंकवादी घोषित करने के प्रस्ताव का चीन ने अकारण पुन: विरोध किया। संयुक्त राष्ट्र संघ में निरंतर व अकारण विरोध व वीटो वह केवल भारत को अपमानित व आहत करने व कूटनीतिक पराजय का अनुभव कराने के लिए कर रहा है। वह केवल भारत में हिंसा व जेहादी आतंक फैलाने के दोषी आतंकवादी संगठनों व आतंकवादियों को बढ़ावा देने और पाकिस्तान को भारत में आतंक व हिंसा फैलाने में सहयोग देने हेतु ही, संयुक्त राष्ट्र संघ में विगत 10 वर्षों में अनेक बार भारत के प्रस्तावों का विरोध व उस पर वीटो करता रहा है। इस प्रकार के भारत विरोधी और भारत के विरुद्ध आतंकवाद को बढ़ावा देने हेतु चीन द्वारा वीटो किए जाने के अनेक उदाहरण हैं। इनमें से कुछ अग्रलिखित हैं—

1. मौलाना मसूद अजहर के बचाव में भारत के प्रस्ताव पर अनेक बार वीटो : मौलाना मसूद अजहर एक खतरनाक आतंकवादी है। वर्ष 1990 में एयर इंडिया का विमान अपहरण हो जाने पर विमान के कंधार में बंधक बनाए भारतीय यात्रियों को आतंकवादियों के चंगुल से बचाने के बदले में उसे छोड़ना पड़ा था। वह 'लश्कर ए तैयबा' का आतंकवादी रहा है। उसने ही 'जैश ए मोहम्मद' नामक आतंकी संगठन बनाया था। वर्ष 2009 से भारत द्वारा बार-

बार उसे अंतरराष्ट्रीय आतंकवादी घोषित करने के प्रस्ताव पर प्रत्येक बार चीन ने संयुक्त राष्ट्र सुरक्षा परिषद् में वीटो किया है। पठानकोट आक्रमण के बाद भारत द्वारा हाल ही में मार्च 2016 को संयुक्त राष्ट्र संघ की प्रस्ताव क्रमांक 1,267 के अधीन एक आतंकवादी के रूप में सूचीबद्ध करने का नए सिरे से पुनः आवेदन किया था। उस पर 31 मार्च को चीन ने वीटो का उपयोग कर उसे अवरुद्ध कर दिया था। सुरक्षा परिषद् के 15 सदस्यों में से अकेला चीन भारत को आहत व अपमानित करने के लिए भारत के प्रस्ताव के विरुद्ध बार-बार वीटो करता रहा है। इसी क्रम में 1 अक्तूबर, 2016 को हमारे प्रधानमंत्री नरेंद्र मोदी ने 'चीनी दिवस 1 अक्तूबर' पर चीन व उसके नागरिकों की मंगल कामना करते हुए उनकी चतुर्विध प्रगति का संदेश दिया था। उसी दिन चीन ने एक बार फिर 'जैश-ए-मोहम्मद' के सरगना मसूद अजहर को संयुक्त राष्ट्रसंघ द्वारा आतंकवादी घोषित किए जाने से बचा लिया। उसने मसूद अजहर को संयुक्त राष्ट्र द्वारा आतंकवादी घोषित कराने के भारत के प्रस्ताव को फिर से वीटो कर दिया। चीन की ओर से मार्च 2016 में लगाए गए वीटो की समय-सीमा सितंबर में खत्म हो रही थी और अगर चीन ने फिर से वीटो नहीं किया होता तो भारत का प्रस्ताव स्वतः पारित हो गया होता।

लेकिन पुनः वीटो करने से तब चीन की यह रोक अगले छह महीने के लिए फिर बढ़ गई है। चीनी विदेश मंत्रालय के प्रवक्ता गेंग शुआंग ने कहा, "भारत की ओर से मार्च, 2016 में 1,267 समिति को सौंपे गए आवेदन पर तकनीकी रोक को पहले ही आगे बढ़ा दिया गया है।" उन्होंने कहा, "भारत के आवेदन पर अब भी मतभेद हैं।" तकनीकी रोक के आगे बढ़ जाने के बाद समिति को इस मामले पर विचार करने और संबंधित पक्षों को आगे विचार-विमर्श के लिए समय मिल जाएगा। इसी साल 31 मार्च को भी चीन ने पठानकोट हमले के मास्टरमाइंड इसी मसूद अजहर को आतंकवादी घोषित कराने के कदम पर रोक लगा दी थी। सुरक्षा परिषद् में स्थायी सदस्य होने की वजह से चीन को यह वीटो का अधिकार है। सुरक्षा परिषद् के 15 सदस्य देशों में चीन ही इकलौता देश रहा, जिसने भारत के आवेदन का विरोध किया, जबकि 14 अन्य देशों ने भारत के प्रस्ताव का समर्थन किया था।

यदि संयुक्त राष्ट्र 1,267 समिति की सूची में अजहर का नाम शामिल हो

जाए तो उसकी संपत्तियाँ जब्त हो जाएँगी और उसकी यात्राओं पर भी रोक लग जाएगी। वस्तुतः संयुक्त राष्ट्र सुरक्षा परिषद् की 1,267 समिति ही आतंकवादियों और आतंकी संगठनों पर प्रतिबंध लगाने का फैसला करती है। अक्तूबर 1999 में सुरक्षा परिषद् ने ही यह 1,267 रेजॉलूशन पास किया था, जिसके अधीन ओसामा बिन लादेन को आतंकवादी घोषित कर उसके और 'अलकायदा' पर प्रतिबंध लगाया था।

अर्थात 1 अक्तूबर, 2016 को उसने छठी बार भारत के विरुद्ध वीटो करने की अवधि बढ़ाने जैसा कदम उठाया है। इसके भी दो दिन बाद ही चीन ने जले पर नमक छिड़कते हुए भारत पर उल्टा यह आरोप जड़ दिया कि भारत आतंकरोधी अभियान के नाम पर अपने राजनैतिक फायदे निकाल रहा है। मौलाना मसूद अजहर के मामले में एक ही वर्ष में दूसरी बार वीटो करके चीन ने यह स्पष्ट कर दिया है कि वह घोर भारत विरोधी और एक प्रबल पाकिस्तान परस्त देश है। फरवरी 2017 व अगस्त 2017 में पुनः उसने क्रमशः सातवीं व आठवीं बार यह रोक लगाई है।

अपनी पाकिस्तान परस्ती और भारत विरोधी रुख को सुदृढ़ता से ही नहीं, निर्लज्जतापूर्वक व्यक्त करते चीनी विदेश मंत्रालय ने भारतीय प्रधानमंत्री नरेंद्र मोदी द्वारा पाकिस्तान को एक अंतरराष्ट्रीय आतंक प्रायोजक देश के रूप कहने पर तो चेतावनी ही दे डाली कि भारत पाकिस्तान को 'आतंकवाद की माँ' कहने से बाज आए। गोवा में हुए ब्रिक्स समूह के 5 देशों के सम्मेलन में भारत द्वारा पाकिस्तान को 'आतंकवाद की जननी' कहा गया था। उस पर चीनी विदेशी मंत्रालय के प्रवक्ता हुवा चुनयिंग ने स्पष्ट शब्दों में कह दिया की चीन किसी भी देश के समुदाय या सांस्कृतिक समूह को आतंकवाद से जोड़ने के विरुद्ध है। उसने यहाँ तक भी कह दिया कि भारत–पाकिस्तान दोनों आतंकवाद के बराबर के शिकार हैं और विश्व समुदाय द्वारा पाकिस्तान के आतंकनिरोधी कदमों व त्याग का सम्मान किया जाना चाहिए।

2. लखवी के मामले में वीटो : ताज होटल के हमलावर लखवी की जमानत के मामले में भी चीन ने भारत के प्रस्ताव पर वीटो का उपयोग किया था। भारत के विरुद्ध मुंबई में वर्ष 2008 में ताज होटल पर हमले के प्रायोजक रहमान लखवी की पाकिस्तान में जेल से रिहाई के विरुद्ध भारत द्वारा लाए प्रस्ताव का

चीन ने अकारण विरोध कर दिया। वर्ष 2008 में मुंबई में हुए आतंकवादी हमले में 166 लोग मारे गए थे। इस हमले का सरगना, उसके विरुद्ध पाए गए प्रमाणों के आधार पर पाकिस्तान के सड़ियाला जेल में बंद था, लेकिन उसे 10 अप्रैल, 2015 को जेल से रिहा कर दिया गया। इस पर भारत ने पाकिस्तान से इस बात पर सवाल कर लिया कि लखवी घोषित आतंकवादी है, जिस पर संयुक्त राष्ट्र संघ के प्रस्ताव क्रमांक 1267 के अधीन प्रतिबंध लगे हुए हैं। ऐसे में उसको जमानत की राशि कहाँ से आई ? लखवी ने जमानत के लिए 5 लाख रुपए कैसे चुकाए ? उसकी जमानत के लिए दो मुचलकों पर भी 10–10 लाख रुपए जमा किए गए थे। भारत सरकार ने कूटनीतिक नोट के जरिए यह भी जानना चाहा कि यह सारी राशि किसने चुकाई है ? भारतीय खुफिया एजेंसी 'रॉ' के अनुसार, यह राशि आई.एस.आई. द्वारा चुकाई गई थी। इसलिए भारत के संयुक्त राष्ट्र के प्रतिनिधि अशोक मुखर्जी ने 3 मई, 2015 को संयुक्त राष्ट्र संघ की 'प्रस्ताव 1267 समिति' से इस संपूर्ण प्रकरण की जाँच का आग्रह किया। संयुक्त राष्ट्र के प्रस्ताव 1267 के अधीन प्रतिबंधों के अंतर्गत ही लखवी की सारी संपत्ति व धन जब्त किया जा चुका था। ऐसे में यह 25 लाख रुपए की राशि कहाँ से आई, इसके जाँच करने का आग्रह किया था। भारत द्वारा इस संपूर्ण प्रकरण की जाँच की माँग पर भी चीन ने 25 जून, 2016 को वीटो कर दिया। वीटो का उपयोग कर इसे टेक्नीकल होल्ड पर रखवा दिया।

3. जमात उद दावा, लश्कर ऐ तैयबा व अल अख्तर ट्रस्ट के मामलों में वीटो : भारत द्वारा जब भी किसी आतंकवादी या आतंकी संगठन के विरुद्ध संयुक्त राष्ट्र सुरक्षा परिषद् प्रस्ताव 1267 के अधीन प्रस्ताव लाया गया, तब केवल 2008 के मुंबई आक्रमण के अत्यंत वीभत्स मामले को छोड़कर चीन ने प्रत्येक बार वीटो किया है। मुंबई आक्रमण में 166 लोगों की मृत्यु व संपूर्ण विश्व में इसकी निंदा के कारण चीन ने जमात उल दावा, हाफिज सईद और लखवी को आतंकवादी घोषित किए जाने के मामले में इस मुंबई आक्रमण के बाद 1267 के अधीन लाए प्रस्ताव पर वीटो नहीं किया था। स्मरण रहे कि 'जमात उद दावा' को आतंकी संगठन घोषित करने के प्रस्ताव पर इसके पूर्व चीन 3 बार वीटो कर चुका था। चीन ने 'लश्कर ए तैयबा' व 'जैश ए मोहम्मद' के अगुआ संगठन 'अल अख्तर ट्रस्ट' पर प्रतिबंध के भारत के प्रस्ताव को भी

भारत पर यह आरोप लगाकर, संयुक्त राष्ट्र सुरक्षा परिषद् में अवरुद्ध कर दिया कि भारत पर्याप्त प्रमाण प्रस्तुत करने में विफल रहा है।

4. वर्ष 2010 में भी 'जैश ए मोहम्मद' के मौलाना मसूद अजहर और लश्कर के आतंकी अब्दुर रहमान मक्की व आजम चीमा पर प्रतिबंध के प्रस्ताव पर भी चीन ने पुनः वीटो का उपयोग किया था। इस प्रकार वर्ष 2016 में मसूद अजहर के मामले में वह लंबे समय से वीटो उपयोग कर रहा है।

5. वर्ष 2015 के प्रारंभ में ही चीन ने हिजबुल मुजाहिदीन के आतंकवादी सैयद सलाउद्दीन को आतंकी घोषित करने के भारत के प्रस्ताव पर भी वीटो किया था।

भारत का अवमाननाकारक उपहास

भारत के प्रधानमंत्री की मई 2015 में चीन यात्रा के दौरान दोनों देशों (भारत व चीन) ने आतंकवाद के विरुद्ध मिलकर लड़ने की प्रतिबद्धता अभिव्यक्त करनेवाला संयुक्त वक्तव्य जारी कर सब देशों व संगठनों से आतंकवादियों के जाल को नष्ट करने उनके वित्तीय व देशों के बीच सीमा पार आने-जाने पर पूर्ण रोक का आह्वान किया था। उसके अगले ही महीने जून में लखवी के मामले में और उसके ठीक पहले मार्च में मसूद अजहर व पुनः 1 अक्तूबर, 2015 को भी मसूद अजहर के मामले में वीटो किया। यह 1 अक्तूबर का वीटो तो ठीक उसी दिन किया, जिस दिन भारतीय प्रधानमंत्री नरेंद्र मोदी ने 'चीन दिवस' पर चीन की सरकार व चीन की जनता को अभिनंदन संदेश दिया। प्रधानमंत्री की शुभकामनाओं का उपहास ही उड़ाया गया है। ये सभी आतंकवादी न तो चीन के नागरिक हैं, न उनके संगठन चीन में स्थित हैं और न ही इनका चीन से कोई संबंध है। केवल भारत के विरुद्ध आतंकवाद, उत्तरोत्तर अधिकाधिक बलवान बने और पाकिस्तान को भारत के विरुद्ध आतंकी लड़ाई जारी रखने में कठिनाई नहीं हो, इसलिए ही वह बार-बार वीटो कर रहा है। वीटो के साथ उसने भारत के प्रधानमंत्री द्वारा पाकिस्तान को इंगित करते हुए गोवा में ब्रिक्स देशों के सम्मेलन के समय आतंकवाद के मुद्दे पर राजनीति नहीं करने की चेतावनी तक दे दी। इससे अधिक शत्रुतापूर्ण व्यवहार और क्या हो सकता है?

III. पाकिस्तान के पक्ष में दबाव बनाने के लिए ब्रह्मपुत्र नदी का जल रोकना

भारत की सेना द्वारा पाक अधिकृत कश्मीर में आतंकवादी शिविरों को नष्ट करने की प्रतिक्रिया में एवं सिंधु नदी जल बँटवारे की भारत द्वारा पुनर्समीक्षा व उसे निरस्त करने की चेतावनी देने के विरुद्ध पाकिस्तान को भारत विरोधी कार्रवाइयों में संबल देने की गरज से ब्रह्मपुत्र की सहायक नदी जेंगपो के जल को अवरुद्ध कर चीन ने भारत के विरुद्ध बदले की कार्रवाई के रूप में जल संकट उत्पन्न करने की चेतावनी दे दी है। अंतरराष्ट्रीय कानूनों के अंतर्गत भारत को अपने पारंपरिक रूप से प्राप्त जल से वंचित करना अवैधानिक है, लेकिन केवल पाकिस्तान को खुश करने के लिए चीन ने यह भारत विरोधी कदम उठाया है। चीन का प्रत्यक्ष रूप में भारतीय सेना के द्वारा सितंबर 28–29 की रात को पाकिस्तान पोषित आतंकवादियों के विरुद्ध पाक अधिकृत कश्मीर में की गई 'सर्जिकल' कार्रवाई के विरुद्ध पाकिस्तान के पक्ष में उठाया गया यह भारत विरोधी कदम है। चूँकि भारत ने सन् 1960 के अयूब समझौते के अधीन पाकिस्तान के हिस्से के जल से, पाकिस्तान में अतिरिक्त मात्रा में जा रहे जल को रोकने की चेतावनी दी थी। इसके विरुद्ध भारत तो जब जल रोकेगा तब रोकेगा, पर चीन ने तो पाक समर्थन में यह गैर–कानूनी कदम उठा ही लिया है।

वस्तुतः उड़ी में आतंकवादी आक्रमण के बाद भारतीय सेना की पाकिस्तान समर्थित आतंकवादियों के विरुद्ध शल्य क्रिया जैसी सीमित सैन्य कार्रवाई (Surgical Strikes) के विरोध में पाकिस्तान के प्रति अपनी मित्रता का प्रदर्शन करते हुए चीन ने ब्रह्मपुत्र की जेंगबो नामक सहायक नदी का पानी अवरुद्ध कर भारत को परोक्ष में यह चेतावनी दी है कि भारत द्वारा पाकिस्तान के विरुद्ध आतंकवाद विरोधी कार्रवाई करने पर या सिंधु नदी के जल से पाकिस्तान को वंचित करने पर वह ब्रह्मपुत्र नदी के जल से भारत को वंचित कर देगा। चीन तिब्बत में ब्रह्मपुत्र नदी की उपरोक्त सहायक नदी का पानी रोकने के लिए ही वहाँ एक हाईड्रो प्रोजेक्ट लगा रहा है। भारत के लिए यह भारी चिंता की बात है, क्योंकि चीन के इस कदम से भारत समेत कई देशों में ब्रह्मपुत्र के पानी के बहाव पर असर पड़ सकता है। इससे भारत की 10 करोड़ से अधिक आबादी को जल संकट का सामना करना पड़ सकता है।

चीन ने यह काम ऐसे वक्त में किया है, जब उड़ी हमले के बाद भारत के प्रधानमंत्री मोदी ने सिंधु जल समझौते से अतिरिक्त पाकिस्तान में जा रहे जल को रोकने हेतु यह बैठक की थी। साथ ही, इस समझौते की समीक्षा करने का भी फैसला किया था। भारत ने समीक्षा का यह निर्णय और सर्जिकल स्ट्राइक का निर्णय केवल पाक पर आतंकवाद को बढ़ावा देने के विरुद्ध दबाव बनाने के लिए किया था। ऐसे में चीन, पाकिस्तान के साथ मिलकर भारत का जल अवरुद्ध करनेवाला यह कदम उल्टे भारत पर दबाव बढ़ाने की धमकी के रूप में उपयोग कर रहा है।

पठानकोट व उड़ी में आतंकवादी आक्रमणों के विरुद्ध पाकिस्तान को चेतावनी देने के लिए ही पाक के साथ हुए सिंधु समझौते पर मोदी बोले थे कि पानी और खून एक साथ नहीं बह सकता। भारत-पाक के बीच सन् 1960 में सिंधु जल समझौता हुआ था। उड़ी हमले के बाद भारत पाकिस्तान पर हर तरफ से दबाव बनाने की कोशिश के क्रम में ही प्रधानमंत्री नरेंद्र मोदी ने सिंधु जल समझौते पर रिव्यू मीटिंग की थी। इसमें विदेश सचिव एस जयशंकर नेशनल सिक्युरिटी एडवाइजर अजीत डोभाल और पीएम प्रिंसिपल सेक्रेटरी नृपेंद्र मिश्र शामिल थे। 1960 के सिंधु जल समझौते के मुताबिक, पाकिस्तान को भारत से बहनेवाली छह नदियों का पानी मिलता है। इसी पानी से पाकिस्तान में कई प्रॉजेक्ट चल रहे हैं और सिंचाई की जा रही है लेकिन भारत द्वारा अपने हिस्से के जल का पूरा उपयोग नहीं कर पाने से ही पाकिस्तान को अतिरिक्त पानी मिल रहा है। इसलिए प्रधानमंत्री मोदी की मौजूदगी में हुई मीटिंग में यह फैसला हुआ कि भारत झेलम सहित पाक के हिस्से में बहनेवाली नदियों के पानी का ज्यादा-से-ज्यादा इस्तेमाल करेगा। विशेषज्ञों के अनुसार, भारत सिंधु जल समझौते के अधीन पश्चिमी नदियों के पानी से 18 हजार मेगावाट बिजली बना सकता है। नेहरू-अयूब समझौते के अधीन भारत के अधिकारों की पहचान करने के लिए एक इंटर मिनिस्टीरियल टास्क फोर्स बनाने का भी निर्णय लिया गया था। अधिकारियों ने यह भी कहा कि तुलबुल प्रोजेक्ट का भी रिव्यू किया जाएगा, जिस पर वर्ष 2007 में काम बंद हो गया था। भारत ने इस नेहरू-अयूब समझौते को निरस्त करने तक की धमकी भी दे दी थी।

इस समझौते के तहत छह नदियों—व्यास, रावी, सतलज, सिंधु, चिनाब

और झेलम का पानी भारत और पाकिस्तान को मिलता है। पाकिस्तान आरोप लगाता रहा कि भारत उसे समझौते की शर्तों से कम पानी देता है। वह दो बार इंटरनेशनल ट्रिब्यूनल में शिकायत भी कर चुका है। समझौते के अनुसार, सतलज, व्यास और रावी का अधिकांश पानी भारत के हिस्से में रखा गया था जबकि सिंधु, झेलम और चिनाब अधिकांश पानी पाकिस्तान के हिस्से में दिया गया था। यदि यह समझौता रद्द हुआ तो पाकिस्तान प्यासा रह जाएगा। सिंधु और बाकी पाँच नदियाँ पाकिस्तान के एक बड़े हिस्से की प्यास बुझाती हैं। पाकिस्तानी अखबार 'ट्रिब्यून' ने भी पिछले दिनों कहा था कि सिंधु के पानी के बगैर देश का एक हिस्सा रेगिस्तान बन जाएगा। सिंधु, झेलम और चिनाब में वॉटर बेस्ड इलेक्ट्रिसिटी प्रोजेक्ट चल रहे हैं। पाकिस्तान में बिजली की वैसे ही भारी परेशानी है। अगर यह समझौता रद्द हो गया तो पाकिस्तान में बिजली संकट भी खड़ा हो सकता है। इसके अलावा, इन तीनों नदियों से पाकिस्तान के एक बड़े क्षेत्र में सिंचाई भी की जाती है। इसलिए इसकी संवेदनशीलता व गंभीरता को दखते हुए ही पाकिस्तान को बल देने के लिए चीन ने पाकिस्तान की ओर से यह बदले की कार्रवाई करने जैसा कदम उठाया। ब्रह्मपुत्र नदी के जल को रोकने का काम चीन में वर्ष 2008 से ही चल रहा है, लेकिन अभी जेंगपो नदी का पानी रोककर उसने एक नई चेतावनी दी है।

तिब्बत में यारलुंग जेंगपो नाम से जानी जानेवाली ब्रह्मपुत्र की इस सहायक नदी पर चीन ने इस प्रोजेक्ट पर करीब 75 करोड़ डॉलर (5,100 करोड़ रुपए तुल्य) का निवेश केवल इसलिए किया है कि वह पाकिस्तान से अपनी मित्रता दृढ़ करने हेतु भारत को क्षति पहुँचाकर दंडित करे। चीन का यह प्रोजेक्ट तिब्बत के जाइगस क्षेत्र में है, जो सिक्किम के निकट पड़ता है। वस्तुत: जाइगस से ही ब्रह्मपुत्र नदी अरुणाचल प्रदेश में बहते हुए प्रवेश करती है। इसलिए यहाँ बाँध बनाकर भारत का सर्वाधिक पानी रोक भी सकता है और जब चाहे तो जल प्लावन करके वहाँ कृत्रिम बाढ़ का प्रकोप भी पैदा कर दे। पूर्व में वर्ष 2000, 2001 और 2005 में चीन, हिमाचल में अचानक भारी मात्रा में पानी छोड़कर बाढ़ का संकट पैदा कर चुका है। चीन द्वारा वर्ष 2000 में अचानक सतलुज के बेसिन में बिना किसी पूर्व सूचना के पानी छोड़ने से हिमाचल में बाढ़ का संकट पैदा होने से 100 लोग मारे गए थे। वर्ष 2000 के मध्य में अरुणाचल

में भी अचानक बिना पूर्व सूचना के ब्रह्मपुत्र में बाँधों का पानी छोड़ देने से ब्रह्मपुत्र का जल स्तर 30 मीटर चढ़ गया, जिसमें अरुणाचल में 26 लोग मारे गए व 35,000 लोग बेघर हो गए। भारत में प्रवेश के पूर्व ब्रह्मपुत्र के तिब्बत के ऊपरी भाग के प्रवाह में जल स्तर चढ़ने के समाचारों को भी उसने वहाँ के संचार माध्यमों में आने से भी केवल इस कारण रोक दिया, ताकि भारत को उस कृत्रिम बाढ़ की अग्रिम सूचना न हो सके। हिमाचल में बाढ़ का संकट खड़ा करने के लिए ही छोड़ा था, जिसकी उसने भारत को कोई अग्रिम सूचना नहीं दी। दूसरी ओर, पाकिस्तान व बांग्लादेश में भारत से जानेवाली नदियों में जब भी जल स्तर बढ़ता है तो भारत उसकी हाइड्रोलॉजिकल सूचनाएँ तत्काल उन्हें देता है। इस प्रकार चीन भारत के विरुद्ध यह नए प्रकार के युद्ध की तैयारी कर रहा है। इन बाँधों के निर्माण से वह भारत के विरुद्ध बनावटी अकाल व बाढ़ के द्वारा आक्रमण कर सकेगा।

चीन अपने इस अत्यंत महँगे प्रोजेक्ट को वर्ष 2019 में पूरा कर लेना चाहता है। यह पानी रोकने से भारत और बांग्लादेश जैसे देशों में ब्रह्मपुत्र के बहाव पर भी व्यापक असर पड़ेगा। पिछले वर्ष भी चीन ने तिब्बत में ब्रह्मपुत्र में डेढ़ अरब डॉलर की लागत वाला सबसे बड़ा हाइड्रोपॉवर प्रोजेक्ट शुरू किया था। इस पर भी भारत ने चिंता जताई थी, लेकिन चीन ने इसकी अनदेखी कर दी है। चीन की 12वीं पंचवर्षीय योजना से इस बात के संकेत मिलते हैं कि तिब्बत के स्वायत क्षेत्र में चीन 3 और जल विद्युत् परियोजनाएँ (हाइड्रोपॉवर प्रोजेक्ट) केवल भारत का जल हड़पने के लिए लानेवाला है। इससे संपूर्ण पूर्वोत्तर में गंभीर जल संकट पैदा होगा और चीन इन बाँधों का पानी कभी भी छोड़कर पूर्वोत्तर में जल प्लावन का संकट खड़ा कर सकेगा। आज चीन ब्रह्मपुत्र नदी का पानी मोड़ने की कोशिश केवल इसलिए कर पा रहा है, क्योंकि 1951 में चीन को तिब्बत को हड़प लेने में भारत ने सहयोग किया था। ब्रह्मपुत्र सहित तिब्बत से 10 बड़ी नदियाँ निकलती हैं और जिनसे 11 देशों को जलापूर्ति जलापूर्ति होती है, चीन उन नदियों के जल को मनचाहे ढंग से मोड़ रहा है। यदि जवाहरलाल नेहरू ने 1951 में समझौता करा कर तिब्बत पर चीन को अधिकार करने में सहयोग नहीं दिया होता और वह स्ततंत्र देश बना रहता तो यह जल संकट ही नहीं उपजता। उत्तर पूर्वी चीन में जलापूर्ति के लिए उसका तीन घाटियोंवाला

बाँध पहले से ही है, तब भी वह बड़ी मात्रा में जल को तिब्बत से उल्टी दिशा में इसलिए मोड़ रहा है, ताकि वह उधर से भारत का पानी रोक सके। इस हेतु उसने ब्रह्मपुत्र नदी को व्यापक स्तर पर अवरुद्ध करने के लिए अनेक बाँध बनाने शुरू कर दिए हैं। उन बाँधों से उसने सुरंगों (टनल्स), पाइप लाइनों और नहरों का निर्माण शुरू कर दिया है। उपग्रहों के चित्रों, अंतरराष्ट्रीय प्रेक्षकों, अंतरराष्ट्रीय पत्रिकाओं व चीनी समाचार पत्रों के अनुसार, वहाँ व्यापक स्तर पर निर्माण कार्य चल रहे हैं। स्मरण रहे, मेकॉन्ग नाम की नदी भी वहीं तिब्बत से निकलती है, जिससे लाओस, कंबोडिया, वियतनाम और थाइलैंड—इन चार देशों को जलापूर्ति होती रही है। उसके प्रवाह को चीन ने अवरुद्ध किया है। वहाँ उन देशों में बड़ी मात्रा में भू-भाग सूखे में बदल रहा है, क्योंकि चीन ने मेकॉन्ग नदी का पानी रोक दिया है। इसी विवाद के चलते पाँच देशों का मेकान्ग नदी आयोग बना हुआ है। चीन या तो उसकी बैठकों में जाता नहीं है और जाता है तो कहता है कि हमने तो आपका कोई पानी नहीं रोका है, कोई डाईवर्जन नहीं किया है। चीन इस बात को स्वीकारने को तैयार नहीं है कि उसने इन देशों का जल प्रवाह रोका है, जबकि ये चार देश बहुत परेशान हैं। आज जब हमारे देश के 10 करोड़ लोगों का जीवन ब्रह्मपुत्र नदी पर निर्भर है, हमको इस विवाद को अंतरराष्ट्रीय नदी जल विवाद के रूप में उठाना चाहिए। ब्रह्मपुत्र का जल अवरुद्ध होने से बांग्लादेश भी प्रभावित होगा। इसलिए हमें उसे भी साथ लेना चाहिए। चीन को इस बात के लिए बाध्य करना चाहिए तथा उसकी प्रतिबद्धता लेनी चाहिए कि वह ब्रह्मपुत्र के जल को मोड़े नहीं (डाईवर्ट नहीं करे) अन्यथा अरुणाचल प्रदेश और असम सूखे में बदल जाएँगे। ब्रह्मपुत्र नदी में सवा लाख क्यूबिक फीट पानी प्रति सेकंड बहता है, ग्लेशियरों का एकदम विशुद्ध जल। बाढ़ के समय तो 10 लाख क्यूबिक फीट पानी उसमें प्रति सेकंड बहता है। ब्रह्मपुत्र को मोड़ देने से सारी जल राशि हमको मिलनी बंद हो जाएगी और स्थिति यह हो जाएगी कि ब्रह्मपुत्र नदी मौसमी नाले में बदल सकती है।

IV. आणविक आपूर्ति समूह में विरोध

भारत ने 48 देशों के आणविक आपूर्ति समूह (न्यूक्लिअर सप्लायर्स गुप) की सदस्यता चाही थी। उस समूह के अधिकांश राष्ट्रों ने भारत की सदस्यता के

पक्ष में प्रबल समर्थन दिया लेकिन चीन ने भारत का प्रबल विरोध कर भारत की सदस्यता के प्रस्ताव को इसी वर्ष 2016 के जून में अवरुद्ध कर दिया। उसके दोनों ही विरोध के बिंदु अत्यंत हास्यास्पद थे। उसके द्वारा भारत व पाकिस्तान को समान धरातल पर रखना भी अव्यावहारिक था। केवल चीन के विरोध के कारण ही भारत इस समूह की सदस्यता से वंचित रहा है। यह चीन का भारत विरोधी व भारत के प्रति द्वेषपूर्ण व्यवहार का एक बड़ा उदाहरण है। आज भी जून 2017 में भी उसने यही दोहराया है कि वह भारत की सदस्यता का विरोध जारी रखेगा।

V. संयुक्त राष्ट्र सुरक्षा परिषद् की स्थायी सदस्यता का विरोध

भारत संयुक्त राष्ट्र संघ की सुरक्षा परिषद् की स्थायी सदस्यता का इच्छुक है। विश्व के अधिकांश देश भारत के इस दावे का समर्थन कर रहे हैं, लेकिन चीन ही इसका विरोध कर रहा है। स्मरण रहे, जब चीन को संयुक्त राष्ट्र संघ में सदस्यता नहीं मिल पा रही थी, तब 1950 में साम्यवादी देशों को छोड़कर अन्य देशों में भारत ही एक मात्र ऐसा देश था, जिसने चीन की सदस्यता के लिए सर्वाधिक सशक्त आग्रह किया था।

VI. पाक अधिकृत कश्मीर में सैन्य उपस्थिति व निर्माण

भारत के सतत विरोध के बाद भी चीन की पीपुल्स लिबरेशन आर्मी के सैन्य प्लाटून व वरिष्ठ अधिकारी वहाँ बड़ी संख्या में रह रहे हैं। चीन वहाँ स्थायी निर्माण कर रहा है और वहाँ से राजमार्ग भी निकाल रहा है। आज पाकिस्तान व चीन के पास कुल मिलाकर भारत की 1,06,000 वर्ग किमी. भूमि अवैध नियंत्रण में है। इसमें 68,000 वर्ग किमी. कश्मीर की भूमि पाकिस्तान के अवैध नियंत्रण में व 38,000 किमी. भूमि चीन के पास है। चीन 'चीन-पाक आर्थिक गलियारे' (China Pak Economic Corridor) का 46 अरब डॉलर अर्थात् 3 लाख करोड़ की लागत से विकसित कर रहा है। वह पाक अधिकृत कश्मीर के भारतीय भू-भाग से निकल रहा है। ऐसे में भारत की आपत्ति को उसने ठुकरा दिया। वहाँ ये सारे निर्माण अवैध हैं, क्योंकि उस क्षेत्र की स्थिति को 1947 में पाकिस्तानी आक्रमण से पुरानी स्थिति में लौटाने का संयुक्त राष्ट्र

संघ का भी प्रस्ताव है। अब तो उसका 'वन बेल्ट वन रोड' नाम वाला नया सिल्क रूट भी वहीं से निकल रहा है।

VII. भारत के आर्थिक हितों को हानि पहुँचाने के लिए चीन ने अफ्रीका में 'मेड इन इंडिया' ब्रांड की वस्तुएँ, विशेषकर दवाइयाँ भी प्रवेश कराने का दुस्साहस किया था। इसका स्पष्ट उद्‌देश्य अफ्रीका में भारतीय वस्तुओं को बदनाम करना था।

VIII. चीन ने 2011 में भारत के सूती वस्त्र उद्योग को चौपट करने के लिए देश में उत्पन्न अधिकांश कपास को अत्यंत ऊँचे दाम पर खरीद लिया था। जब देश में कपास का मूल्य 4,000/- रुपए क्विंटल था, तब उसने 7,000/- रुपए प्रति क्विंटल खरीदकर भारतीय वस्त्र उद्योग को चौपट करने का प्रयत्न किया था।

IX. चीन द्वारा जम्मू-कश्मीर को अपने नक्शों में भारत का अंग नहीं दिखाया जाता है। अरुणाचल प्रदेश को चीन का अंग दिखाकर वहाँ के नागरिकों को बिना पासपोर्ट वीजा के चीन आने का आमंत्रण दिया जाता है।

X. पूर्व प्रधानमंत्री मनमोहन सिंह द्वारा अरुणाचल को 'हमारे सूरज का प्रदेश' कहने पर चीन हमारी महिला राजदूत को रात्रि 2 बजे उठाकर कड़ा विरोध व्यक्त करते हुए चेतावनी देता है। भारत के पूर्व प्रधानमंत्री मनमोहन सिंह के अरुणाचल प्रदेश के तवांग जिले में प्रवेश नहीं करने की धमकी देता है और मनमोहन सिंह वहाँ की यात्रा निरस्त कर देते हैं।

XI. चीन ने भारतीय सीमा पर परमाणु मिसाइलें तैनात कर दी हैं, जिनके मारक क्षेत्र में संपूर्ण भारत आता है।

XII. भारत की चारों ओर से घेराबंदी की दृष्टि से चीन ने पाकिस्तान (ग्वादर बंदरगाह), नेपाल, म्याँमार, बांग्लादेश (चटगाँव बंदरगाह) एवं श्रीलंका में सैन्य गतिविधियों का विस्तार किया।

XIII. चीन का रक्षा बजट 200 अरब डॉलर है, जबकि भारत का रक्षा बजट मात्र 40 अरब डॉलर है। इसे हम भारतीय माल खरीदकर, अपना कर राजस्व बढ़ा कर ही बढ़ा सकेंगे।

XIV. 14 अप्रैल, 2013 की रात्रि में बिना टैंकों या तोपखाने के 40 चीनी सैनिकों ने हमारी सीमा में 19 किमी. तक घुसपैठ कर दौलत बेग ओल्डी में तंबू

गाड़ दिए। भारत सरकार उन्हें बाहर धकेलने के स्थान पर उनसे ब्लैकमेल होती चली गई और उन्हें बाहर जाने को मनाने के लिए हमारे द्वारा अपनी ही सीमा में अपनी सेना को सीमा में 38 किमी. पीछे ले जाना पड़ा और हमें हमारी सीमा में अपनी रक्षा संरचनाएँ यथा सेना के बंकर आदि अपने ही हाथों से तोड़ने पड़े थे। □

2

डोकलाम व कुछ अन्य संघर्ष एक सिंहावलोकन

जून 2017 से डोकलाम में भारत व चीन की सेना 72 दिन तक आमने सामने रही है। चीन हठपूर्वक हमारी सिक्किम, भूटान व तिब्बत सीमा के मध्य बिंदु पर बलात् सड़क निर्माण कर रहा था। वहाँ से वह सिलीगुड़ी स्थित हमारी उस 27 किमी. चौड़ी पट्टी, जो पूर्वोत्तर के राज्यों को शेष भारत से जोड़ती है, के लिए भी नया जोखिम उत्पन्न करना चाहता था। उसने वहाँ पास ही हमारी सिक्किम सीमा में घुस कर सेना के 2 बंकर तक बुलडोजर लगाकर ध्वस्त कर दिए थे। भारत इस गतिरोध को सुलझाने हेतु निरंतर वार्त्ता का प्रस्ताव करता रहा है, लेकिन चीन निर्लज्जतापूर्वक किसी प्रकार की वार्त्ता करने से मना कर यह धमकी देता रहा कि भारत एकतरफा अपनी सेना पीछे ले ले अन्यथा पूरी 4057 किमी. लंबी भारत-तिब्बत सीमा पर युद्ध के लिए तैयार हो जाए, लेकिन भारत की सेना भी पूरी तरह से सन्नद्ध हो डटी रही है। सीमा विवाद पर सिक्किम में सीमा पर जून 2017 के उपजे तनाव के बीच भारत के सख्त रुख से चीन बौखला गया था।

चीन की गीदड़ भभकी—1962 से भी बुरा हाल करेंगे

इसी बौखलाहट में 5 जुलाई, 2017 बुधवार को चीन के विदेश मंत्रालय ने भारत को एडवाइजरी जारी कर सिक्किम के सीमांत इलाकों से सेना हटाने को कह दिया। चीन ने कहा है कि भारत लोगों में यह संदेश देकर भ्रम फैला रहा है कि चीनी सैनिक सिक्किम सेक्टर से सटी सीमा में सड़क निर्माण का काम कर

रहे हैं। चीन के सरकारी अखबार 'ग्लोबल टाइम्स' ने चेतावनी देते हुए यहाँ तक लिख दिया कि भारत को एक बार फिर से सबक सिखाने का समय आ गया है। इस बार भारत का 1962 से भी ज्यादा बुरा हाल किया जाएगा। संपादकीय में यहाँ तक लिखा है, 'भारतीय सेना चाहे तो सम्मान के साथ अपनी सीमा में लौट सकती है, वरना चीन के सैनिक उसे खदेड़ देंगे।' अखबार ने कहा है कि यदि विवाद का उचित तरीके से समाधान नहीं तलाशा तो दोनों देशों के बीच युद्ध हो सकता है। भारत ने भी कड़ा रुख अपनाते हुए कहा है कि चीनी सैनिक जहाँ पहले थे, वही स्थिति बनी रहे और उन्हें भूटान के क्षेत्र में भी आगे नहीं बढ़ना चाहिए। अंततः चीन को डोकलाम से 28 अगस्त को उसकी सेना को हटना पड़ा। यह भारत की सेना के वहाँ दृढ़तापूर्वक हटे रहने से ही संभव हुआ है। वस्तुतः 1949 की भारत-भूटान संधि व 2007 की संधि के अंतर्गत भूटान के साथ मैत्री के चलते ही भारत को भूटान के आग्रह पर वहाँ सैन्य हस्तक्षेप कर भूटान की सीमा को रक्षा की थी। भूटानी सैन्यबल चीन सेना को नहीं हटा पा रहे थे। चीन इसी प्रकार की घुसपैठों में भूटान के बड़े भू-भाग को पहले भी हथियाता रहा है। भूटान का क्षेत्रफल 1949 में 41,000 वर्ग किमी. से कुछ अधिक था, जो अब चीनी अतिक्रमणों के बाद लगभग 38,000 वर्ग किमी. ही रह गया है।

डोकलाम विवाद, उसका घटनाक्रम व परिणति

भारत और चीन के बीच 17 जून से पूरे 72 दिन, 28 अगस्त तक डोकलाम में चला आ रहा सैन्य टकराव अंततः 28 अगस्त को समाप्त हो कर सुलझ पाया। भारत व चीन, दोनों देशों के बीच कूटनीतिक वार्त्ताओं के बाद ही सेनाएँ हटाने जाने पर सहमति बन पाई थी। यह विवाद प्रारंभ से ही लगातार अंतरराष्ट्रीय स्तर पर चर्चा में बना हुआ था। डोकलाम, जिस पर भारत और चीन के बीच यह विवाद हुआ, वह भूटान के स्वामित्व में एक पठार है, जो भारत, भूटान व चीन की सीमा के त्रिकोण स्थान पर भूटान के हा-घाटी, भारत के सिक्किम प्रदेश और चीन के यदोंग काउंटी के बीच में है। इस ट्राई-जंक्शन (तिराहे) पर भारत, चीन और भूटान की सीमाएँ मिलती हैं। यह ट्राई-जंक्शन भारत के नाथुला दर्रे से मात्र 15 किलोमीटर की दूरी पर है। डोकलाम का क्षेत्र भूटान का है, जिस पर आजकल चीन ने अपना दावा करने लगा है। भारत भी

डोकलाम को भूटान का ही हिस्सा मानता है। भारत ने वहाँ भूटान की सरकार के आग्रह पर ही उसकी (भूटान की) क्षेत्रीय अखंडता की रक्षार्थ हस्तक्षेप किया था। भूटान व भारत के बीच सन् 1949 से ऐसी संधि है, जिसका 2007 में नवीनीकरण हुआ था, जिसके भारत भूटान की सुरक्षा का दायित्व लिये हुए है। भूटान का वर्ष 1988 और 1998 में चीन के साथ समझौता भी हुआ था कि दोनों देश डोकलाम क्षेत्र में शांति बनाए रखने की दिशा में काम करेंगे, लेकिन इस समझौते की अनदेखी कर वर्ष 1988 के बाद से ही चीन भूटान के कुछ क्षेत्रों पर अतिक्रमण करता आ रहा है, तथापि डोकलाम में अभी तक कभी भी चीन की सेना (पीपुल्स लिबरेशन आर्मी) की कभी स्थायी उपस्थिति नहीं रही है। पहली बार ही अभी चीन ने डोकलाम से जूमली में, भूटान आर्मी शिविर की ओर सड़क का निर्माण शुरू किया है। भूटान इस सड़क निर्माण का सैन्य तरीके से विरोध करने में सक्षम नहीं है। इसलिए प्रारंभ में चीन को जमीनी और राजनयिक चैनलों के माध्यम से उसने विरोध जता दिया कि चीन द्वारा भूटानी क्षेत्र के अंदर सड़क का निर्माण, पहले के चीन-भूटान समझौतों का उल्लंघन है।

लेकिन डोकलाम में चीन द्वारा स्थायी सड़क निर्माण का विरोध करने के बाद भी जब चीन नहीं माना तो उसने अपनी 2007 की भारत-भूटान संधि के अधीन भारत से सैन्य सहायता माँगी। इससे डोकलाम में भारत और चीन के बीच टकराव की शुरुआत हुई और 18 जून, 2017 को करीब 300 भारतीय सैनिकों ने दो बुलडोजर्स के साथ डोकलाम में चीन की पीपुल्स लिबरेशन आर्मी (पीएलए) को सड़क बनाने से रोक दिया।

डोकलाम विवाद में भारत का हित

भारत का स्वयं का इस क्षेत्र पर अपना कोई दावा नहीं है। इस क्षेत्र को लेकर चीन-भूटान के बीच ही क्षेत्रीय विवाद है। भारत और भूटान के बीच वर्ष 1949 में एक संधि हुई थी, जिसमें तय हुआ था कि भारत अपने पड़ोसी देश भूटान की विदेश नीति और रक्षा मामलों का मार्गदर्शन करेगा। भारत और भूटान के बीच वर्ष 2007 में नया सैन्य सहयोग समझौता हुआ था, जिसके अनुच्छेद 2 में कहा गया है कि भूटान और भारत के बीच घनिष्ठ मैत्री और सहयोग के संबंधों को ध्यान में रखते हुए भूटान और भारत सरकार अपने राष्ट्रीय हितों से

संबंधित मुद्दों पर एक-दूसरे का सहयोग करेगी। भूटान के डोकलाम क्षेत्र में चीन का सड़क निर्माण भारत के लिए सीधी चिंता का भी कारण था। वहाँ से सिलीगुड़ी स्थित उस 27 किमी. लंबी 'चिकन्स नेक' कही जानेवाली भारत को पूर्वोत्तर से जोड़नेवाली पट्टी असुरक्षित हो जाती है। भारत इसे 2012 के एक आपसी समझौते का भी स्पष्ट उल्लंघन मानता है, जो भारत की सुरक्षा के लिए भी गंभीर चिंता का विषय है।

डोकलाम तक चीन की आवाजाही हो जाने पर वह भारत को पूर्वोत्तर राज्यों से जोड़नेवाली उस 27 किलोमीटर चौड़ी पट्टी के लिए चीन से गंभीर संकट खड़ा हो जाता। भारतीय सेना की भाषा में इलाके को 'चिकन्स नेक' कहा जाता है। चीन से कभी युद्ध की स्थिति में डोकलाम में कब्जा होने का चीन को भारी लाभ मिलता और सिलीगुड़ी से लेकर उसके आसपास हमारे क्षेत्र असुरक्षित हो जाते। अगर चीन डोकलाम में अपनी तोपें तैनात करता तो उसकी मार के क्षेत्र में भारत का चिकन्स नेक वाला इलाका आ सकता था, जिससे पूर्वोत्तर से शेष भारत के कटने का खतरा बन जाता।

भारत की बड़ी जीत

करीब 72 दिनों तक चले डोकलाम विवाद के 28 अगस्त को सुलझ जाने से दोनों देशों के बीच चल रही कूटनीतिक वार्त्ताओं का भारत के लिए सुखद परिणाम रहा। इस विवादित क्षेत्र में चीनी सेना द्वारा सड़क बनाकर इस त्रिकोणीय सीमा क्षेत्र में जो इकतरफा नियंत्रण का प्रयास चीन कर रहा था, उसे रोकने के लिए भारतीय सेना ने 16 जून को आगे बढ़कर चीनी सेना को रोक लिया था। इस गतिरोध के बाद 28 अगस्त को दोनों देशों की सेनाएँ वापस लौट गईं और इस प्रकार से 16 जून के पहले की स्थिति बहाल हो गई। यह भारत की निश्चित बड़ी कूटनीतिक विजय है।

भूटान ने चीनी सेना के इस कदम को उसकी जमीन को चीन द्वारा हड़पे जाने का जो विरोध किया, वह प्रशंसनीय है। चीनी सैनिकों द्वारा पीछे धकेले गए भूटानी सैनिकों ने मदद के लिए भारतीय सेना को बुलाया था। भारत एवं भूटान के बीच रक्षा संबंधी समझौते के आधार पर भारत ने चीनी सेना को जो चुनौती दी थी, वह भारत-भूटान मैत्री के लिए मील का पत्थर सिद्ध होगी।

भारतीय सैन्य बलों के दम पर इस विवाद के निपटारे से क्षेत्रीय सुरक्षा और शांति की स्थापना में भारत का नेतृत्व सुदृढ़ होगा। चीन की ओर से जिस तरह से लगातार युद्ध की गीदड़ भभकी दी जा रही थी, उससे माहौल काफी तनावपूर्ण हो गया था, लेकिन भारत द्वारा लगातार अपनी ओर से दृढ़तापूर्ण संयम बनाए रखा गया।

डोकलाम पर अंतरराष्ट्रीय प्रतिक्रिया भारतीय दृष्टिकोण के अनुरूप

विश्व के सभी देशों (पाकिस्तान को छोड़कर) ने वही मत व्यक्त किया था, जो भारत कहता रहा है। यथा—अमेरिका ने कहा कि तीनों देशों की सीमाओं के तिराहे पर पूर्ववत स्थिति बहाल करनी चाहिए, उसने चीन के सड़क निर्माण का स्पष्ट विरोध किया। जापान तो डोकलाम विवाद पर खुलकर भारत के पक्ष में आया। चीन की धमकियों पर भारत में जापान के राजदूत ने कहा था कि किसी को भी बल प्रयोग कर यथास्थिति को नहीं बदलना चाहिए। भूटान के संबंध में चीन ने षड्यंत्रपूर्वक झूठ फैलाया कि भूटान ने डोकलाम को चीन का हिस्सा मान लिया है, लेकिन भूटान के विदेष मंत्रालय ने तुरंत स्पष्ट कहा कि चीन द्वारा वहाँ सड़क का निर्माण भूटान के साथ हुई संधियों का खुलकर उल्लंघन है। नेपाल भी इस मुद्दे पर तटस्थ रहा व नेपाल के उप प्रधानमंत्री कृष्ण बहादुर महारा ने कहा था कि सीमा विवाद पर नेपाल न ही इस पक्ष में रहेगा और न ही उस पक्ष में। भारत और चीन शांतिपूर्ण तरीके से हल खोजें। पाकिस्तान ने अवश्य अफवाहें फैलाने का काम किया और 18 जुलाई को पाक मीडिया ने दावा कर दिया कि चीनी सेना ने डोकलाम में आक्रमण कर 158 भारतीय सैनिकों को मार दिया। इस झूठी खबर से पाक बेनकाब हुआ।

संक्षिप्त डोकलाम घनाक्रम बिंदुवार

- 16 जून : डोकलाम में चीन द्वारा सड़क निर्माण प्रारंभ करने पर भारत और चीन के बीच भारत की सेना की ओर से इसका तत्काल विरोध किया गया।
- 18 जून : भारतीय सेनाओं ने इस सीमा को पार करके वहाँ पर हो रहे सड़क निर्माण के कार्य को बलात् रोक दिया।

- 19 जून : भारत ने डोकलाम में सड़क निर्माण को चीन द्वारा शांति समझौते का उल्लंघन बताया। चीन ने भी भारत पर इसकी सीमा को पार करने का आरोप लगाया।
- 20 जून : भूटान के राजदूत ने चीन की घुसपैठ का विरोध दर्ज कराया।
- 23 जून : चीन ने कैलाश मानसरोवर की यात्रा पर जानेवाले भारतीय तीर्थयात्रियों को रोक दिया।
- 28 जून : सेना प्रमुख जनरल बिपिन रावत ने सिक्किम का दौरा किया और डोकलाम ट्राइ जंक्शन पर स्थिति की समीक्षा।
- 29 जून : चीन के 35 टन के मिलिट्री टैंक को नाथूला बॉर्डर के पास।
- 30 जून : रक्षामंत्री अरुण जेटली ने चीन को चेतावनी देकर कहा, "चीन अब जान ले कि आज का भारत सन् 1962 के भारत से काफी अलग है।" चीन ने प्रतिक्रिया में कहा, "चीन भी 1962 वाला चीन नहीं है।"
- 6 जुलाई : मनोवैज्ञानिक दबाव बनाने हेतु चीन ने जी-20 शिखर सम्मेलन में होनेवाली प्रधानमंत्री नरेंद्र मोदी और चीनी राष्ट्रपति शी जिनपिंग की मीटिंग को निरस्त किया।
- 20 जुलाई : चीनी मीडिया ने पूरी भारत-तिब्बत सीमा पर युद्ध की धमकी दी और कह दिया कि यह 'हिंदू राष्ट्रवाद' ने पीएम नरेंद्र मोदी की चीन नीति को प्रभावित किया है। यह भी कहा कि चीन किसी भी स्थिति में डोकलाम से अपनी सेना नहीं हटाएगा।
- 20 जुलाई : विदेश मंत्री सुषमा स्वराज ने स्पष्ट किया कि भारत-चीन के साथ सीमा-विवाद का हल राजनयिक बातचीत के माध्यम से ही करना चाहता है। जिसके लिए पहले दोनों देशों को डोकलाम से अपनी सेनाओं को पीछे हटाना ही होगा।
- 27 जुलाई : भारत के राष्ट्रीय सुरक्षा सलाहकार (एनएसए) अजीत डोवाल ने ब्रिक्स देशों के शीर्ष सुरक्षा अधिकारियों की बैठक हेतु अपनी चीन यात्रा में अलग से चीनी एनएसए और स्टेट काउंसलर यांग जेची से चीन में बातचीत की थी।
- 2 अगस्त : चीनी विदेश मंत्रालय ने 22 मार्च, 1959 को जवाहरलाल

नेहरू द्वारा चाउ एन लाइ को सन् 1890 के एंग्लो-चीनी समझौते के समर्थन में लिखे पत्र का हवाला देते हुए कहा है कि डोकलाम पर भारत तब चीन का दावा मान चुका है।

- 8 अगस्त : रक्षामंत्री जेटली ने दृढ़तापूर्वक घोषित कर कहा कि भारत की सेनाएँ किसी भी प्रकार के युद्ध के लिए तैयार हैं।
- 10 अगस्त : भूटान के झूठ का निवारण कर डोकलाम को चीन का हिस्सा माननेवाले चीन के बयान को गलत करार दिया। चीनी विदेश मंत्रालय की ओर से झूठा दावा किया गया था कि सिक्किम सेक्टर में पड़नेवाले डोकलाम को भूटान ने चीन का हिस्सा मानने को तैयार हो गया है। उससे भूटान ने इनकार किया।
- 15 अगस्त : पेंगोंगत्से झील के उत्तरी किनारे पर चीनी सेना ने भारतीय सीमा में घुसपैठ की। वहाँ चीनी सैनिकों ने पत्थरबाजी भी की। भारतीय सेना ने वहाँ भी उसे कड़ा जवाब दिया। तब चीन ने कह दिया कि उसे इस घटना की कोई जानकारी नहीं।
- 28 अगस्त को भारत व चीन ने साथ वहाँ से सेना हटाकर शांति स्थापित करना स्वीकार किया। चीन ने अपने बुलडोजर आदि भी हटाए, जिन्हें वह सड़क निर्माण हेतु वहाँ लाया था।

भारत की दृढ़ता के आगे चीन सदैव पीछे हटा

वस्तुत: 1962 के युद्ध में प्रधानमंत्री नेहरू की अदूरदर्शिता, वामपंथी विचारधारावाले रक्षामंत्री का संदिग्ध आचरण, उत्तर-पूर्व क्षेत्र के कमांडर का अनुत्तरदायी व्यवहार, उस युद्ध का दोषपूर्ण उच्च स्तरीय निदेशन और वायुसेना का जानबूझ कर भी उपयोग नहीं करने जैसे कई कारण थे। तब कई मोरचों पर तो हमारी सेना ने नीचा स्थान चुन लिया व कई मोरचों पर सेना लड़ी ही नहीं, ऐसा भी आरोप ले. कर्नल जे.आर. सहगल ने अपनी पुस्तक 'दी अनफॉट वार ऑफ 1962' में लगाया है।

अन्यथा उसके बाद व डोकलाम से पूर्व चार बार चीन की सेना को भारतीय सुरक्षा बलों ने पीछे हटने पर बाध्य किया है। ये घटनाएँ भी यहाँ उल्लेखनीय हैं। इनका संक्षिप्त विवेचन अग्रानुसार है—

1967 का प्रथम संघर्ष

चीनी सैन्य बलों से 1967 में टकराव के दौरान भारत की 2 ग्रेनेडियर्स बटालियन के जिम्मे नाथू ला दर्रे की सुरक्षा का दायित्व था। तब नाथु ला दर्रे पर सैन्य गश्त के दौरान दोनों देशों के सैनिकों के बीच अकसर धक्का-मुक्की होती रहती थी। इसलिए 11 सितंबर, 1967 को धक्का-मुक्की की एक घटना का गंभीर संज्ञान लेते हुए सरकार ने नाथू ला से सेबु ला के बीच में तार बिछाने का कार्य शुरू किया। इस पर चीनियों ने मीडियम मशीनगनों से गोलियाँ बरसानी शुरू कर दीं। प्रारंभ में तो भारतीय सैनिकों को कुछ नुकसान उठाना पड़ा और पहले 10 मिनट में 70 सैनिक मारे गए; लेकिन इसके बाद भारत की ओर से किए कई जवाबी हमलों से चीन घबरा गया। भारत ने सेबू ला एवं कैमल्स बैक से अपनी मजबूत रणनीतिक स्थिति का लाभ उठाते हुए जमकर तोपखाने की शक्ति (आर्टिलरी पॉवर) का उपयोग कर कई चीनी बंकर ध्वस्त कर दिया। चीनी आकलन के अनुसार, तब भारतीय सेना के हाथों उनके 400 से अधिक सैनिक मारे गए। भारत की ओर से लगातार तीन दिनों तक दिन-रात फायरिंग जारी रखकर चीन की मशीन गन यूनिट को पूरी तरह तबाह कर दिया गया था। अंततः 15 सितंबर को वरिष्ठ भारतीय सैन्य अधिकारियों की मौजूदगी में दोनों पक्ष के शवों की भी अदला-बदली की गई थी।

1967 का दूसरा संघर्ष

उसी वर्ष 15 दिन बाद 1 अक्तूबर, 1967 को चीन की पीपुल्स लिबरेशन आर्मी ने चाओ ला इलाके में भारत के क्षेत्र में धोखे से आक्रमण कर दिया। इसका 7/11 गोरखा राइफल्स एवं 10 जैक राइफल्स ने कड़ा उत्तर दिया। चीन ने सितंबर के संघर्ष विराम को तोड़कर हमला इसलिए किया था कि सर्दी शुरू होते ही भारतीय सेना करीब 13 हजार फीट ऊँचे चो ला पास कर अपनी चौकियों को खाली कर देती थी। गरमियों में जाकर सेना दोबारा तैनात होती थी। इसलिए चीन ने 1 अक्तूबर का हमला यह सोचकर किया था कि चौकियाँ खाली होंगी, लेकिन गुप्तचर सूचना के कारण हमारी सेना ने सर्दी में भी उन चौकियों को खाली नहीं किया था और हमारी सेना ने भी गोलाबारी कर चीन को मुँहतोड़ जवाब दिया। इस लड़ाई के चलते नाथू ला और चो ला दर्रे की सीमा पर बाड़

लगाने का काम भी पूरा हो गया और चीन फिर इस इलाके में घुसपैठ नहीं कर सका। इस युद्ध में घायल कर्नल राय सिंह को महावीर चक्र, इसमें वीरगति पाने वाले कैप्टन डागर को वीर चक्र और मेजर हरभजन सिंह को महावीर चक्र से सम्मानित किया गया।

1982 का संघर्ष : पुनः 1982 में चीन के घुसपैठ का दुस्साहस करने पर तत्कालीन थल सेनाध्यक्ष जनरल कृष्णाराव ने प्रधानमंत्री श्रीमती इंदिरा गांधी को कड़ी जवाबी कार्रवाई के लिए तैयार किया व तवांग व चुशूल में कड़ी सैन्य कार्रवाई कर सेना को आगे बढ़ने के आदेश दिए तो चीनी सेना तेजी से पीछे हटी और अगले 4 वर्षों में वहाँ प्रचुर मात्रा में सैन्य बल लगा दिए।

1986 का टकराव : पुनः 1986 में वांगडुंग क्षेत्र में 2013 की तरह अपने तंबू गाड़ दिए। तब जनरल के सुंदरजी ने त्वरित कार्रवाई कर चीनी सैन्य बलों को खदेड़ दिया। तवांग के उत्तर में स्थित इस क्षेत्र में की इस कार्रवाई के बारे में ऐसे भी समाचार हैं कि प्रतिकूल राजनैतिक निर्णय के बाद भी जन. सुंदरजी ने देश हित में यह सैन्य कार्रवाई की थी। 1986 में सर्दी का लाभ उठाते हुए चीन ने समदुरोग चु में अपनी सेना तैनात कर दी व वांगमय में एक हैलीपेड बना दिया। तब जनरल सुंदरजी ने कठोर निर्णय लेते हुए एक पूरी ब्रिगेड एअर लिफ्ट (हवाई मार्ग से ले जा) कर तैनात की और उसे आगे बढ़ कर चीनी सेना को खदेड़ने का आदेश दिया। तब वह उस घाटी क्षेत्र से दो भागों में बँटकर ठग ला की चढ़ाई की ओर हटती गई।

1962 में पराजय के कतिपय कारण

जवाहरलाल नेहरू यह कल्पना ही नहीं कर पाए थे कि चीन ने आक्रमण की तैयारी कर ली है। तब प्रधानमंत्री हमारी गुप्तचर एजेंसी व उसके मुखिया मलिक भी चीन के सैन्यबल की गतिविधियों व सीमा पर तैनाती का वांछित प्रसंज्ञान लेने में विफल रहे।

रक्षामंत्री कृष्णा मेनन अपने विद्यार्थी काल से ही वामपंथी विचारधारा के थे। तब देश में कम्युनिस्ट पार्टी सहित कई वामपंथी चीन को सही ठहराते रहे थे। इसलिए चीन की वामपंथी सत्ता के प्रति उनका नरम रुख कोई आश्चर्य नहीं था। रक्षामंत्री ने ले. जनरल बी.एम कौल को तब उत्तर-पूर्वी क्षेत्र का कमांडर

बना दिया था, जिन्हें इस प्रकार के युद्ध का कोई अनुभव नहीं था। सबसे बड़ी त्रुटि तब भारत द्वारा जानबूझ कर वायु सेना का उपयोग ही नहीं करना कहा जा सकता है। तब दौलत बेग ओल्डी समेत ऊँचाई वाले कई क्षेत्रों में देश की हवाई पट्टियाँ व विमान पत्तन थे। वहाँ से युद्ध क्षेत्र में हम सहजता से हवाई आक्रमण कर सकते थे। चीन तब अपनी हवाई सुरक्षा करने में सक्षम नहीं था। तब चीन का तिब्बत में कोई वायु सैनिक अड्डा व विमान पत्तन नहीं था। उस समय के चीन के युद्धक विमान बिना ईंधन पुनर्भरण के पूरा तिब्बत का पठार पार कर चीनी सेना को वायु आक्रमण से सुरक्षा (एयर डिफेंस) दे ही नहीं सकते थे। ऐसे में भारत द्वारा हवाई आक्रमण किए जाने पर युद्ध का निर्णय एकतरफा भारत के पक्ष में आ सकता था। महीना भर चले युद्ध में सहज संभव होने पर भी वायु सेना का उपयोग न करने का निर्णय गंभीर राजनैतिक भूल या देश विरोधी कृत्य ही कहा जा सकता है।

□

3

चीनी वस्तुओं से बढ़ती उद्यमबंदी व बेरोजगारी

चीनी आयातों से देश को गंभीर आर्थिक क्षति

आज ऐसी सब प्रकार की घोर शत्रुतापूर्ण कार्रवाइयों में लिप्त चीन से हम प्रति वर्ष 63 अरब डॉलर (4.25 लाख करोड़ रुपए तुल्य) मूल्य की वस्तुओं का ज्ञात रूप में एवं बड़ी मात्रा में छद्म रूप में बिना बिल या अल्प मूल्य के बिलों पर वस्तुएँ, जिनका कुल मूल्य 6 लाख करोड़ रुपयों से भी अधिक है, का आयात कर उसका (चीन का) आर्थिक सशक्तीकरण कर रहे हैं। आज 2015-16 में भारत के 27 देशों के साथ कुल 106 अरब डॉलर के घाटे में सर्वाधिक 52 अरब डॉलर का अर्थात् लगभग आधा घाटा केवल चीन से ही अंधाधुंध आयात किए जा रहे उत्पादों के कारण रहा है। वर्ष 2016-17 में भी चीन के साथ हमारा व्यापार घाटा 51 अरब डॉलर का रहा है। इससे देश में उद्यमबंदी व बेरोजगारी का संकट बढ़ रहा है। इसी घाटे के कारण रुपए की कीमत जो वर्ष 2011 में 50 रुपए प्रति डॉलर थी, वह घटकर आज 67 रुपए प्रति डॉलर ही रह गई है। यदि हम केवल चीनी वस्तओं का अंधाधुंध आयात नहीं करते, तो भारतीय रुपए की कीमत आज 50 रुपए ही बनी रह सकती थी और देश में जो कई हजार उद्यम बंद हुए एवं एक करोड़ से अधिक श्रमिक बेरोजगार हुए, वे नहीं होते। यदि आज भी हमने सचेत होकर चीन की वस्तुओं का बहिष्कार नहीं किया तो भविष्य में चीन भारत को हर प्रकार से आहत करता रहेगा और देश के उद्योग, व्यापार व वाणिज्य पर गंभीर व स्थायी दुष्प्रभाव बने होंगे।

कुछ वर्ष पूर्व ही फेडरेशन ऑफ इंडियन चैंबर्स ऑफ कॉमर्स ऐंड इंडस्ट्री

(फिक्की) ने लघु और मध्यम उद्योगों का एक सर्वे किया था। उसमें व्यक्त संभावनाओं के अनुसार ही आज देश में व्यापक स्तर पर उद्यमबंदी के रूप में उसके परिणाम सामने आ रहे हैं। इस सर्वेक्षण में 74 प्रतिशत उद्यमियों ने तब यह कहा कि उनको चीन के उत्पादों से कड़ी स्पर्द्धा का सामना करना पड़ रहा है और 62 प्रतिशत ने यह संभावना व्यक्त की कि चीन के सस्ते उत्पादों के कारण संभव है कि आनेवाले 3-4 वर्षों में हमें किसी भी दिन अपना कारखाना बंद करना पड़े, क्योंकि चीन के अत्यंत सस्ते उत्पाद देश में आ रहे है। आज वह सही हो रहा है। अब चाहे वे प्रिंटिंग मशीनें या अभियांत्रिकी के व इलेक्ट्रॉनिक उत्पाद हों या कोई रसायन व औषधियाँ हों, लगभग सभी प्रकार के चीनी उत्पाद इतने सस्ते आ रहे हैं कि देश के कारखाने एक-एक कर बंद हो रहे हैं, लेकिन दुर्भाग्यवश हम संभवतः चीन को यह सोचकर अधिकाधिक व्यापारिक सुविधाएँ दे रहे हैं कि अगर हम उदार व्यापारिक सुविधाएँ देते चलेंगे तो वह सीमा पर थोड़ा कम दबाव बनाएगा, तो यह एक दिवास्वप्न है। वहीं देश के उद्यमियों ने जो संभावना व्यक्त की, वह आज सही सिद्ध हो रही है। देश के अनेक उद्योग पूरी तरह समाप्त हो गए हैं। बिजली, इलेक्ट्रॉनिक्स व कई रसायनों के उद्योग देश में बंद हो गए है। देश का रसायन उद्योग व दवा उद्योग भी चीनी स्पर्द्धा से समाप्त होता जा रहा है। देश में इलेक्ट्रॉनिक उद्योगों के बंद होते चले जाने से छात्रों ने इलेक्ट्रॉनिक इंजीनियरिंग में तो प्रवेश लेना ही कम कर दिया है। चीनी लेनोवो कंप्यूटर ही आज देश में सर्वाधिक बिकता है। इससे देश की जो मात्र 2 कंप्यूटर हार्डवेयर बनानेवाली इकाइयाँ थीं, वे भी बंद हो गईं।

देश में आज चीन के सौर ऊर्जा उपकरण, एल.इ.डी. बल्ब, दूरसंचार उपकरण, विविध इलेक्ट्रिक व इलेक्ट्रॉनिक साज-सामानों, रसायनों, औषधियों आदि उच्च प्रौद्योगिकी जन्य उत्पादों के ही नहीं जूते, फर्नीचर, वस्त्र, सेरेमिक उत्पाद, साइकिलें आदि आम उपभोक्ता उत्पादों तक के आयात बेलगाम बढ़ते ही जा रहे हैं। वर्तमान में भारत के ये आयात तो विकट आर्थिक मंदी से जूझ रहे चीनी उद्योगों व चीन अर्थव्यवस्था के लिए जीवन रेखा सिद्ध हो रहे हैं। वहीं दूसरी ओर, चीन से बढ़ते आयातों से देश में उद्योग व रोजगार दोनों, चौपट हो रहे हैं। ये बेलगाम बढ़ते आयात देश में औद्योगिक रुग्णता, उद्यमबंदी, बैंकों के अधिकाधिक ऋणों के डूबने व बैंकों की निरंतर बढ़ रही अनिष्पादनीय आस्तियों

(नॉन परफॉर्मिंग एसेट्स) का प्रमुख कारण सिद्ध हो रहे हैं। आज देश में नए निवेश व रोजगार सृजन में भी बढ़ते ये चीनी आयात सबसे बड़ी बाधा बने हुए हैं। चीन द्वारा इन उत्पादों की अपनी घरेलू कीमतों की तुलना में अल्प मूल्य पर भारत में बेचने अर्थात् राशि पतन (डंप) करने के लिए, इन पर दिए जा रहे भारी सरकारी अनुदान को देखते हुए भारत द्वारा इन चीनी उत्पादों पर सुरक्षात्मक प्रशुल्क (सेफगार्ड ड्यूटी), समतुल्यकारी प्रशुल्क (काउंटरवेलिंग ड्यूटी) एवं राशिपतन रोधी प्रशुल्क (एंटी डंपिंग ड्यूटी) लगाकर देश में उद्योगों व रोजगार को संरक्षण दिया जाना परम आवश्यक है। वर्ष 2013 में सौर उपकरणों की डंपिंग के संबंध में वाणिज्य मंत्रालय के अन्वेषणों में डंपिंग के स्पष्ट प्रमाणों के बाद भी चीनी सौर पैनलों पर एंटी डंपिंग ड्यूटी लगाने की अधिसूचना जारी नहीं होने से घरेलू सौर उपकरण उद्योगों को भारी संकट झेलने पड़ रहे हैं और दूसरी ओर चीनी उद्यमों को फलने-फूलने के भारी अवसर मिल रहे हैं। देश में धारणक्षम ऊर्जा के विकास के नाम पर किए जा रहे इस सारे निवेश का लाभ आज देश के उद्योगों के स्थान पर चीन को मिल रहा है। अमेरिका, यूरोप आदि सभी देशों ने अपने घरेलू उद्योगों को संरक्षण देने हेतु चीनी सौर पैनल आदि पर 238 प्रतिशत तक की भी एंटी डंपिंग ड्यूटी लगाई है। आज देश में इन उत्पादों की ऊँची माँग व उपभोग के दौर में भी घरेलू उद्यमों को विकास का अवसर नहीं मिला तो इन उद्यमों की संपूर्ण मूल्य शृंखला में होनेवाले कई गुने मूल्य संवर्द्धन व उसकी प्रौद्योगिकी के विकास से देश स्थायी रूप से वंचित रह जाएगा, जबकि इन सभी क्षेत्रों में देश के उद्योग न्यूनाधिक रूप में अपनी उपस्थिति भी बनाए हुए हैं और आवश्यकता बस उन्हें वांछित संरक्षण व समर्थन दिए जाने की है। केवल सौर पैनल आयात में ही देश से 42 अरब डॉलर (2.77 लाख करोड़ रुपए) की बहुमूल्य विदेशी मुद्रा व्यय होगी। दूसरी ओर, देश में ही इनके उत्पादन की दशा में संपूर्ण मूल्य शृंखला में इस राशि से कई गुना कारोबार व उत्पादन वृद्धि हो सकेगी। सौर उपकरणों के अतिरिक्त अन्य उत्पादों में भी लगभग ऐसी ही स्थिति है। विश्व के 27 देशों से हमारे व्यापार घाटे में चीन से हमें सर्वाधिक 52 अरब डॉलर का व्यापार घाटा हो रहा है। विदेश व्यापार में घाटे के कारण ही रुपए की विनिमय दर या मूल्य में गिरावट आती है। वर्ष 2011 में एक अमेरिकी डॉलर 50 रुपए के बराबर होता था, जो आज अब 66 रुपए बराबर

एक डॉलर हो गया है। अब उस घाटे के समाधान के रूप में चीन को भारत में पूँजी निवेश कर, यहीं उत्पादन करने जो का निमंत्रण दिया जा रहा है, वह संकटों को बढ़ानेवाला ही सिद्ध होगा। आयात व्यापार पर तो फिर भी अंकुश लगाया जा सकता है, निवेश को लौटाना संभव नहीं होता है। दूसरी ओर भारत में अपने निवेश पर वे भारी मात्रा में लाभ देश से बाहर ले जाएँगे व लाभों का पुनर्निवेश भी करेंगे। मध्यमावधि में यह लाभों का बहिर्गमन कहीं अधिक होगा। यहाँ चीन से हमारे कुछ प्रमुख आयातों की चर्चा भी आवश्यक है।

चीनी आयातों से कई उद्योगों में संकट

आज चीनी आयातों से देश के अनेक उद्योगों पर भारी संकट के बादल छाए हुए हैं। इससे उद्यमबंदी, बेरोजगारी, बैंक ऋणों का डूबना आदि अनेक आर्थिक संकट बढ़ रहे हैं। विश्व के सकल विनिर्माणी उत्पादन अर्थात् वर्ल्ड मेन्युफैक्चरिंग में आज भारत का अंश मात्र 2.1 प्रतिशत है, जबकि चीन का अंश 22.6 प्रतिशत है। वर्ल्ड मेन्युफैक्चरिंग में चीन ने अमेरिका को भी 17.2 प्रतिशत अंश के साथ दूसरे स्थान पर धकेल दिया है। हम यदि चीनी ब्रांड ही खरीदते चले जाएँगे तो वर्ल्ड मेन्युफैक्चरिंग में हमारा अंश और घटकर सर्वथा हास्यास्पद स्तर पर चला जाएगा।

चीन से बढ़ते आयातों से देश के पूरे-के-पूरे उद्योग वर्ग एक-एक कर चौपट हो रहे हैं। इनकी सूची ही इतनी बड़ी है, जिससे लगता है कि कुछ गिने-चुने उद्योग ही होंगे, जो चीनी आयातों से प्रभावित नहीं हुए हैं। चीनी आयातों से बहुत ही अधिक मात्रा में प्रभावित कुछ उद्योगों की निम्न सूची से ही अनुमान हो जाएगा कि इनसे देश का छोटे से छोटे व बड़े से बड़े, सभी प्रकार के उद्योग चौपट हो रहे हैं।

तालिका चीनी आयातों से चौपट होते कुछ उद्योग

- हाई टेंशन इंसुलेटर्स उद्योग
- साइकिल व साइकिल पार्ट्स उद्योग
- पी वी सी व प्लास्टिक सूटकेस उद्योग
- बिजली संयंत्र व बायलर उद्योग

- ग्लास शीट व काँच के साज-सामान के उद्योग
- मोबाइल फोन और सहायक उपकरण सहित टेलीफोन उपकरण
- मिक्सर एंड ग्राइंडर्स
- ऑटो एंसीलरी और पाट्र्स उद्योग
- पैकेजिंग मशीनरी उद्योग
- सी.आई. कास्टिंग्स
- रंग व रसायन उद्योग
- मेग्नेट उद्योग
- इलेक्ट्रिक वेल्डिंग मशीन उद्योग
- फाइबर ऑप्टिक केबल उद्योग
- पेन व स्टेशनरी उद्योग
- काँच के सजावटी सामानों का उद्योग
- सेरेमिक उद्योग
- चमड़ा उत्पाद उद्योग
- मशीन टूल उद्योग
- हैंड टूल उद्योग
- सौर ऊर्जा उपकरण उद्योग
- कंप्यूटर व कंप्यूटर हार्डवेयर उद्योग
- बायो-मेडिकल उपकरण उद्योग
- इलेक्ट्रॉनिक उद्योग
- टिन कंटेनर्स उद्योग
- इस्पात उद्योग
- इंडस्ट्रियल चेंस (चेन उद्योग)
- एयर एंड गैस कंप्रेसर्स उद्योग
- टैक्सटाइल मशीनरी उद्योग
- एल्युमीनियम शीट्स/प्लेट्स
- एग्रीकल्चर मशीनरी उद्योग
- कंस्ट्रक्शन मशीन/उपकरण उद्योग
- इंडस्ट्रियल ब्लोअर

- इस्पात संरचना उद्योग
- खाद्य संसाधन मशीनरी
- हॉस पाइप
- प्लास्टिक एवं मशीनरी, माउल्डिंग मशीनरी सहित
- एंटीबायोटिक्स और इसकी इनग्रेडिएंट्स
- क्रॉकरी उद्योग
- फर्नीचर उद्योग
- प्रिंटिंग मशीन उद्योग
- थोक दवा उत्पादन उद्योग
- पावर ग्रिड
- डीजल पंप उद्योग
- कंबल उद्योग
- वस्त्र उद्योग
- हस्तकला (हेंडीक्राफ्ट उद्योग)
- कृषि रसायन उद्योग

कुछ प्रमुख उद्योगों पर चीनी आयातों के प्रभाव

मशीन टूल्स व भारी उपकरण : मशीन टूल्स व भारी उपकरणों में जहाँ हम उदारीकरण के पूर्व एक बड़ी सीमा तक स्वावलंबी थे, वहीं इनमें हम आज बड़ी सीमा तक चीन व अन्य देशों से आयातों पर निर्भर होते जा रहे हैं। कई उद्योगों में हम 80 प्रतिशत या 100 प्रतिशत तक भी आयातों पर निर्भर होते जा रहे हैं। मशीन टूल्स व भारी उपकरण में हमारा विदेशों एवं चीन से आयातों का अनुपात तेजी से बढ़ रहा है। आज 1.5 लाख करोड़ से अधिक मूल्य के कल–पुर्जे व औद्योगिक उपकरण आदि हम आयात कर रहे है। इससे हमारा सुविकसित घरेलू कल–पुर्जे सेक्टर विनष्ट हो रहा है। चीन से लगभग 30,000 करोड़ के कल–पुर्जे व उपकरण 2014–15 में आए थे। 2016–17 में ये आयात 41,000 करोड़ रुपए के हो गए। देश का घरेलू कल–पुर्जे सेक्टर एक बार विलोपित हो जाएगा, उसके बाद उसे पुनः विकसित करना कठिन हो जाएगा। हाल ही में पिछले वर्ष कल–पुर्जे आयातों के संबंध में भारी उद्योग राज्य मंत्री

श्री जी.एम. सिद्धेश्वर का राज्यसभा में दिया लिखित उत्तर यहाँ उद्धृत किए जाने योग्य है—

Press Information Bureau
Government of India
Ministry of Heavy Industries & Public Enterprises

10-March-2016 17:55 IST

Machine tools and equipments being imported

A number of Indian users of capital goods are importing Heavy Industrial Equipment like Electrical Equipment, Machine Tools, Textile Machinery, Printing Machinery, Plastic Processing Machinery, Metallurgical Machinery, Earthmoving & Construction Machinery etc. from China.

The details of import for the last year (2014-15) from China are as under:

Sr. No.	Item	2014-15 China Import (Rs. Crore)	2014-15 Total Import (Rs. Crore)	China import Percentage on total import during 2014-15 (%)
1	Boiler, Turbine, Generator & Transformer	6297.96	16430.92	38.33
2	Construction and Mining machinery	6192.17	24245.9	25.54
3	Textile machinery	3698	10912.98	33.89
4	Printing Machinery	3167.39	7653.18	41.39
5	Machine Tool	1982.58	12218.18	16.23
6	Process Plant Equipment and Machinery including pumps & compressors	1772.62	7225.89	24.52
7	Metallurgical Machinery	1314.96	4567.81	28.78

8	Plastic Machinery	1029.14	4206.45	28.78
9	Paper and Pulp Machinery	552.57	1834.64	30.12
10	Agriculture Machinery	298.32	806.19	37
11	Leather Machinery	161.38	623.08	25.9

(Source: Department of Commerce website).

This information was given by Minister of State in the Ministry Heavy Industries and Public Enterprises, Shri G.M. Siddeshwara in a written reply in Rajya Sabha today.

सौर ऊर्जा उपकरण : देश में एक वर्ष में ही वर्ष 2014-15 की तुलना में 2015-16 में, सौर ऊर्जा सेल व मॉड्यूल का आयात तीन गुना हुआ है। आयातित सौर ऊर्जा मॉड्यूल में आज 88 प्रतिशत चीन से आ रहे हैं, जो वर्ष 2014-15 में 73 प्रतिशत ही थे एवं अब दूसरा स्थान मलेशिया का है। देश में सौर ऊर्जा उपकरणों का आयात प्रति वर्ष 40-45 प्रतिशत बढ़ रहा है और दिसंबर 2016 में तो विगत 2015 के दिसंबर की तुलना में सौर आयात 74 प्रतिशत से बढ़कर पौने दोगुने हो गए हैं। केवल भारतीय घरेलू सौर उपकरण उद्योग को चौपट करने के उद्देश्य से वह भारत में इनका निर्यात 0.40 अमेरिकी डॉलर प्रति वाट की दर से कर रहा है, जबकि उसकी बैलेंस-शीट लागत उससे 27 प्रतिशत अधिक, 0.51 डॉलर प्रतिवाट है। यही स्थिति रही तो हम स्थायी रूप से चीन पर अवलंबित हो जाएँगे। आज जापान की घरेलू लागत 0.65 डॉलर प्रतिवाट होने पर भी वह घरेलू पैनल का ही उपयोग कर रहा है। अब बाजार पर चीनी पकड़ के कारण भारतीय उद्यम भी चीनी कंपनियों से भागीदारी तक के लिए बाध्य हो रहे हैं।

सौर ऊर्जा के क्षेत्र में भारत ने विगत 10-15 वर्षों में 15-20 हजार करोड़ रुपयों का निवेश किया है। पूर्व में हम अपने उत्पादन का 70 प्रतिशत तक निर्यात भी करते रहे हैं, लेकिन आज चीनी कंपनियों द्वारा हमारे उद्यमों को रुग्ण करने के लिए अपनी लागत से अल्प मूल्य पर जो भारी मात्रा में राशि पतन अर्थात् डंपिंग की जा रही है, उससे देश के अधिकांश घरेलू सौर ऊर्जा उद्यम रुग्ण हो कर बंद

होने को हैं। अमेरिका तक ने चीनी सौर ऊर्जा उपकरणों पर 238 प्रतिशत तक की एंटी डंपिंग ड्यूटी तक लगाई है। भारत द्वारा ऐसा नहीं करने से हमारे देश में सौर ऊर्जा उपकरणों के उत्पादन संबंधी उद्योग विकसित नहीं हो पा रहे हैं। इसके विपरीत जो स्थापित उद्योग थे, वे भी रुग्ण हो रहे हैं।

दूसरी ओर सोलर पार्क लगाने के जो ठेके चीनी कंपनियों को जा रहे हैं, वे यहाँ से अनवरत पैसा देश से बाहर ले जाएँगी। उदाहरणत: मध्यप्रदेश में एक सोलर पार्क का जो काम चीनी कंपनी, हेरोन को गया है, वहाँ उसे पौने सात रुपए प्रति किलोवॉट दर मिलेगी। इसमें कुछ व्यय जो स्थानीय स्तर पर होगा। उसे छोड़ सारी राशि वर्षों तक वह इस देश से ले जाएँगी। हमारी एक पीढ़ी यह विदेशी कंपनियों द्वारा लगाए सोलर पार्कों का भुगतान करेगी, जो पैसा देश से बाहर जाएगा। आज सौर ऊर्जा की लागत 3 रुपए प्रति किलोवॉट के आस-पास आ गई है। यही 2014 में हमने 6.45 रुपए तक स्वीकृत की है।

आज यदि देश में हमें सौर ऊर्जा के लिए सिलिकॉन उत्पादन, सिलिकॉन की पतली वेफर बनाने, उनसे फोटो वॉल्टाइक सेल, मॉड्यूल व पैनल बनाने तक की संपूर्ण निम्नवर्ती मूल्य श्रृंखला में उत्पादन प्रोत्साहन व प्रौद्योगिकी विकास को प्रोत्साहन देकर भी देश में इस उद्योग का विकास करना पड़े, तब भी करना चाहिए। आगामी पूरे एक दशक में यह विश्व भर में एक उदीयमान उद्योग बना रहेगा। हम देश-विदेश में बड़ा काम कर सकेंगे।

एल.इ.डी.बल्ब : ऐसी ही स्थिति एल.इ.डी. बल्ब में भी आयातों पर निर्भरता की है। एल.इ.डी. के क्षेत्र में 50 प्रतिशत घरेलू मूल्य संवर्द्धन संभव है। आज देश इतनी भारी मात्रा में इन बल्बों का आयात करके घरेलू उद्योग के विकास का अवसर ही स्थायी रूप से खो रहा है। देश में बजाज, अजंता, विप्रो, एवरेडी, मोजर बेअर आदि 25 एल.इ.डी. बल्ब निर्माता हैं। सरकार के 'मेक इन इंडिया' अभियान में सूचीबद्ध उद्योगों में विद्युतीय उपकरण व उत्पाद भी सम्मिलित हैं। तथापि ऐसे भी समाचार प्रकाशित हुए है कि पिछले वर्ष ऊर्जा मंत्रालय के अंतर्गत कार्यरत सार्वजनिक क्षेत्र के उपक्रमों के समूह ने दो करोड़ एल.इ.डी. बल्ब चीन से उत्पादित कर (आयात कर) सरकार को आपूर्ति का आदेश फिलिप्स कंपनी को दे दिया था। स्वदेशी उद्योगों को यह क्रय आदेश दिया जाता तो देश में यह प्रौद्योगिकी विकसित होती। साथ ही, देश के उद्यम

विकसित होते और देश का धन भी बचता। आपूर्ति के आदेश में उन्हें चीन में बनवाने का लिखने का कोई औचित्य नहीं था। कंप्यूटर हार्डवेयर में भी क्रय समर्थन नहीं मिलने से विप्रो व जेनिथ जैसे घरेलू उद्यमों के बंद हो जाने से पर्सनल कंप्यूटर के क्षेत्र में हम पूर्णत: विदेशों पर निर्भर हो गए हैं। अतएव अब देश में सर्वाधिक बिकने वाला पी.सी. चीनी लेनोवो ही हो गया है। यदि हम सावधानीपूर्वक चीनी व अन्य विदेशी ब्रांड के एल.इ.डी. बल्ब खरीदना बंद कर भारतीय ब्रांडों को ही क्रय करेंगे तो देश में इनकी प्रौद्योगिकी उन्नत होगी। हम उनका अधिक मितव्ययता पूर्वक उत्पादन कर सकेंगे। ऐसा होने पर देश-विदेश में भारतीय ब्रांडों की बिक्री बढ़ेगी और बल्ब के काँच के खोल, सर्किट आदि पुर्जे भी भारत में बनेंगे, अन्यथा बल्ब के सारे भारतीय उद्यम बंद हो जाने पर तो हम बल्ब जैसे साधारण उत्पाद में भी पराश्रित हो जाएँगे। आज बिजली की सजावटी लड़ी जैसे अतिसाधारण उत्पाद में ही हम चीन पर आश्रित हो गए हैं। पूरे देश में छोटी सजावटी लड़ियों के छोटे-बड़े 40,000 उद्यम थे। आज इनमें से एक भी नहीं बचा है और हम चाहकर भी एक भी स्वदेशी सजावटी लड़ी बाजार में नहीं पाते हैं।

स्वच्छ ऊर्जा के नाम पर सौर ऊर्जा उपकरण, एल.इ.डी. बल्ब आदि के आयात में इतनी बड़ी राशि चीन के हाथों में सौंप कर उसके विकास व आर्थिक सशक्तीकरण में लगाने के स्थान पर भारत एक बार भू-गर्भिक कोयला गैसीकरण (अंडरग्राउंड कोल गैसीफिकेशन) की ओर आगे बढ़ सकता है। कोयले के गैसीकरण भू-गर्भिक से भी हम अपेक्षाकृत स्वच्छ ऊर्जा उत्पन्न कर सकते हैं। देश में 300 खरब टन कोयले के भंडार हैं। आज देश के ताप विद्युत् ग्रहों में 75 करोड़ टन वार्षिक कोयले का उपयोग होता है। भूगर्भ में कोयले को गैस में रूपांतरण करके, अल्प कोयले के दहन से अपेक्षाकृत अधिक व स्वच्छ ऊर्जा प्राप्त की जा सकती है। देश सौर उपकरण उद्योगों का विकास होने तक यह किया जा सकता है। इसी बीच हम यदि पूँजी अनुदान या सरकारी इक्वीटी व अन्य प्रकार से प्रोत्साहन देकर देश में सिलिकॉन इनगाट उत्पादन व वेफर निर्माण प्रारंभ कर दें तो चीन को भी पीछे छोड़ सकते हैं। रेत को 10,000 तापमान पर ले जाकर सिलिकॉन निर्माण व उसकी पतली वेफर बनाकर फोटोवोल्टाइक सेल व पैनल बनाए जा सकते हैं। सौर पैनल के साथ ऊर्जा संग्रहण हेतु सौर

तंत्र हेतु आवश्यक इनवर्टर के लिए घरेलू प्रौद्योगिकी विकासार्थ भी सरकार को उद्योगों को समर्थन देना होगा। प्रौद्योगिकी विकासार्थ उदार शासकीय सहयोग से स्पर्द्धा-पूर्व अनुसंधानों (Precompetitive Research) के लिए देश में 'विशिष्ट उद्योग सहायता संघ' (इंडस्ट्री कंसोर्टियम) भी विकसित करने होंगे। यूरोप, अमेरिका, जापान, ताईवान, मलेशिया आदि में प्रौद्योगिकी विकासार्थ ऐसे अनेक उद्योग सापेक्ष-उद्योग सहायता संघ हैं। अमेरिका में सुपर कंप्यूटर व नेनो टेक्नोलॉजी से लेकर जैव प्रौद्योगिकी एप्पल फोन व इलेक्ट्रॉनिक्स उद्योगों तक सभी उत्कृष्ट उत्पादों में शासकीय व्यय से संपोषित, उद्योग सहायता संघों का सर्वोच्च योगदान रहा है। अमेरिकी अर्थशास्त्री मेरियाना मेज्जुकेटो ने उनकी पुस्तक 'दी एंटरप्रिंसरिअल स्टेट : डी बंकिंग प्राइवेट वर्सस पब्लिक सेक्टर मिथ्स' में यही सब बताया है कि अमेरिकी निजी क्षेत्र की प्रौद्योगिकी व उत्पादों का विकास, किस प्रकार 90 प्रतिशत तक उद्योग सहायता संघों को प्रदत्त शासकीय सहायता से हुआ है।

बस व ट्रकों के टायर : टायरों के चीन से बढ़ते आयातों से देश में टायर उत्पादन का संपूर्ण पारिस्थितिकी तंत्र ही छिन्न-भिन्न होता जा रहा है। टायरों के चीन से बढ़ते आयात के साथ ही देश में रबर उत्पादन भी प्रभावित हो रहा है। देश में वर्ष 2009 में 82 लाख टन रबर उत्पादन होता था। वह घटकर आज 50 लाख टन से भी कम रह गया है। देश में 2013-14 में मात्र मात्र 40,000 रेडियल टायर प्रतिमाह चीन से आते थे। वर्ष 2007 के पूर्व यह संख्या शून्य थी। वही संख्या अब 1.35 लाख टायर प्रतिमाह से भी ऊपर पहुँच गई है। चीनी टायर बिना वारंटी के होते हैं। इससे वाहन दुर्घटना दर भी बढ़ती है, जान-माल का नुकसान होता है, बीमा दावों में वृद्धि होती है और कई परिवार अनाथ हो जाते हैं। टायर उत्पादन में 70 प्रतिशत रबर का उपयोग होता है। टायर उत्पादन में गिरावट के उपरांत भी टायर आयात पर मात्र 10 प्रतिशत आयात शुल्क है, जो कुछ समझौतों के अधीन 0 से 5 प्रतिशत तक ही रह जाता है। दूसरी ओर, रबर आयात पर 25 प्रतिशत आयात शुल्क है। इससे देश में टायर उत्पादन के स्थान पर आयातों को बढ़ावा मिलता है। देश का टायर उद्योग इससे रुग्ण हो रहा है। एक बार तो टायर आयात 1.5 लाख टायर प्रतिमाह से भी ऊपर निकल गया था लेकिन नोटबंदी से कुछ कम हुआ था। इनमें कर चोरी आदि की चलन अधिक

होने से इनका क्रय-विक्रय रोकड़ भुगतान से अधिक होता रहा है। इसलिए यह घटकर 1.35 लाख टायर प्रतिमाह रह गया।

आज देश में विगत 2-3 वर्षों में टायर उद्यमियों ने लगभग 35,000-40,000 करोड़ रुपयों का नया निवेश किया है। यदि देश में बस व ट्रक के ये टायर चीन से ही आयात होते रहे तो देश के रुग्ण हो रहे टायर उद्यम धीरे-धीरे बंद होते जाएँगे और उनमें भारी मात्रा में बैंकों के ऋण डूब जाएँगे। देश में व्यापक स्तर पर बेरोजगारी बढ़ेगी। हमारी टायर निर्माण की प्रौद्योगिकी विलोपित हो जाएगी। टायर उत्पादन में लगने वाले नायलॉन टायर आदि के उद्यम भी बंद होंगे।

औषधि उद्योग : औषधि उद्योग में भी घरेलू औषधि उत्पादन में अपनी बल्क ड्रग व इंटरमिजिएट्स के लिए विगत 5-6 वर्षों से हम पूरी तरह चीन पर निर्भर होते जा रहे हैं। पूर्व में हम बहुत अधिक मात्रा में आत्म निर्भर थे। भारत 'विश्व की फॉर्मेसी' कहलाता है, लेकिन आज हमारे दो तिहाई एक्टिव फार्मास्युटीकल इनगेडिएंट (ए.पी.आई.) चीन से ही आते हैं। एमॉक्सिसीलिन व पेरासिटामोल जैसी सामान्य औषधियों के ए.पी.आई. भी आज चीन से आ रहे हैं। वर्ष 2016-17 में भारत ने 9,121 करोड़ रुपए की बल्क ड्रग्स चीन से आयात की थी। आज देश की लगभग 60 प्रतिशत बल्क ड्रग्स चीन से आ रही हैं। चीन से आनेवाली दवाइयों पर पूर्व में दी जा रही आयात शुल्क छूट को समाप्त करने से इस पर थोड़ा अंकुश तो लगा है अन्यथा वर्ष 2015-16 में चीन से हमारा बल्क ड्रग्स का आयात 16,800 हजार करोड़ रुपयों का था। कुछ प्रमुख औषधियों ऑफ्लोक्सासिन और लियो फ्लॉक्सासिन जैसी दवाओं का 90 प्रतिशत बल्क चीन से आयात किया जा रहा है।

अब हमारी पूरी निर्भरता चीन पर होने के बाद चीन जब चाहे, इन बल्क ड्रग्स के दाम बढ़ाकर हमारी स्वास्थ्य सुरक्षा को चौपट कर सकता है। चीन से आयातों से पूर्व देश का बल्क ड्रग्स उद्योग अत्यंत उन्नत अवस्था में फल-फूल रहा था। दिसंबर 12, 2015 में 'इकोनॉमिक टाइम्स' की एक रिपोर्ट के अनुसार तो आज हमारा जेनेरिक दवा उद्योग अपनी थोक उत्पादित दवाओं (बल्क ड्रग्स) में मामले में 90 प्रतिशत तक चीन के सस्ते आयातों पर निर्भर हो गया है। इसके कारण पूर्व में जो हम विश्व के अत्यंत प्रतिष्ठित थोक दवा

उत्पादक देश थे, आज हमारा वह उद्योग पूरी तरह चौपट हो गया है। अनेक कंपनियाँ आज अपने बैंकों के ऋण भुगतान में भी डिफॉल्टर होती जा रही हैं। कभी चीन में 40-50 ही थोक दवा उत्पादक (Bulk Drug Producers) थे, वे आज बढ़कर 4,000 हो गए हैं। भारत जो 'विश्व की फॉर्मेसी' कहलाता था, वहीं आज 1 लाख करोड़ के दवा उद्योग में हमारी भारतीय ए.पी.आई. उत्पादकों (एक्टिव फार्मास्युटिकल्स इन्ग्रेडिएंट्स) का अंश मात्र 8 प्रतिशत रह गया है। इससे भविष्य में हमारी स्वास्थ्य रक्षा सुरक्षा भी प्रभावित होगी। एक बार देश में ए.पी.आई. व थोक दवा उद्योग के चौपट हो जाने के बाद चीन कीमतें बढ़ाकर हमारा शोषण प्रारंभ कर देगा। वर्ष 1970 से विगत 47 वर्षों के परिश्रम से हमने औषधि उद्योग में हमारी विवशता का शोषण करेंगे। उन्होंने अभी से ही हमारी विवशता का शोषण प्रारंभ कर दिया है। संक्रामकरोधी (एंटी इन्फेक्टिव) औषधियों के निर्माण में प्रयुक्त आदायों व अंतर्वर्ती सामग्रियों (इन्ग्रेडिएंट्स ऐंड इंटरमीडिएट्स) के मूल्य 1 वर्ष में ही दुगुने कर दिए हैं। मल्टी विटामिन्स के संबंध में भी उन्होंने हमारा शोषण प्रारंभ कर दिया है। **फॉलिक एसिड के मूल्य 2015 के 12 महीनों में ही उन्होंने 4,500 रुपए प्रति किलो से 11 गुना बढ़ाकर 50,000 रुपए प्रति किलो कर दिया था।** एक बार देश में घरेलू उत्पादकों के विलोपन के बाद पुनः इन उद्यमों को पुनर्जीवित करना आसान नहीं होगा। उस दिशा में हमारा अनुसंधान भी नगण्य हो जाएगा। देश की बड़ी-बड़ी स्वदेशी दवा कंपनियाँ यथा आर्क फार्मालैब्स, आर्चिड, इंड स्विफ्ट, सूर्य फार्मा, पेराबॉलिक ड्रग्स, वानबरी जैसी अनेक कंपनियों को कॉर्पोरेट डेट रीस्ट्रक्चरिंग तक का सहारा लेना पड़ रहा है। कई कंपनियाँ इस उद्योग से ही बाहर निकल रही हैं। अपनी लागत से भी अल्प मूल्यांकन पर कई दवा कंपनियाँ बिकी भी हैं। चीनी कंपनियाँ भी भारत में चलती हुई दवा कंपनियों को खरीदने के प्रयास में हैं। यथा चीनी कंपनी 'फोसन' ने भारतीय दवा कंपनी 'ग्लांड फार्मा लिमिटेड' को 126 करोड़ डॉलर (8,320 करोड़ रुपयों) में खरीदने का प्रस्ताव भी कर रखा है।

मात्रा के आधार पर (बाई वॉल्यूम) भारत में विश्व की 10 प्रतिशत औषधियों का उत्पादन होता है। इसी कारण भारत 'विश्व की फॉर्मेसी' कहलाता रहा है। अब चीन उन बल्फ ड्रग्स व उनके एक्टिव फार्मास्यूटिकल्स इनग्रेडिएंट्स

सुनियोजित तरीके से लागत से भी अल्प मूल्य पर बेचकर देश के उद्यमों को कारोबार बंद करने को विवश कर रहा है। अन्य उद्योगों की तरह औषधि उद्योग को भी चौपट करके चीन दाम बढ़ाकर हमारा शोषण आरंभ कर देगा। विगत 40 वर्षों में भारी निवेश व अनुसंधान से जो औषधि उद्योग हमने देश में खड़ा किया है, वह चौपट हो जाएगा। उच्च तकनीक आधारित होने व नए पेटेंट कानून की बाधा से इस उद्योग को पुनर्जीवित करना आसान नहीं होगा।

खिलौना उद्योग चौपट : भारत का फलता-फूलता खिलौना उद्योग चीनी आयातों से पिछले 15 वर्षों में पूरी तरह चौपट हो गया है। सर्वाधिक शिशु व बाल जनसंख्यावाले देश में चीन से आ रहे खिलौनों के कारण स्थानीय खिलौना व खेल सामग्री उद्योग विलोपन की ओर बढ़ रहा है। खिलौनों में लगभग 'मैकिंग इन चाइना-मार्केटिंग इन इंडिया' अर्थात् चीन में बनाओ, भारत में बेचो। देश का अपना खिलौना उद्योग लघु व मध्यम स्तरीय उद्योगों के क्षेत्र में था। अब वह पूरी तरह समाप्त प्राय: है। देश में खिलौने या तो चीनी हैं या फिर केवल बहुराष्ट्रीय कंपनियों के ब्रांडेड खिलौने हैं।

चीनी आयातों के कारण देश के खिलौनों के 60 प्रतिशत कारखाने बंद हो चुके हैं व 20 प्रतिशत और बंद होने को हैं। आज देश के खिलौनों के बाजार में 20 प्रतिशत से भी अल्प खिलौने देश के उत्पादक बचे हैं। कभी 85 प्रतिशत खिलौने या 90 प्रतिशत तक भी भारतीय उत्पादकों के हुआ करते थे। आज विश्व के खिलौना उत्पादन में चीन का अंश 45 प्रतिशत है, वहीं भारत का अंश मात्र 0.51 प्रतिशत रह गया है। चीनी खिलौने के रंग व प्रयुक्त सामग्री स्वास्थ्य के लिए भी सुरक्षित नहीं है।

साइकिल व साइकिल पार्ट्स : भारत साइकिल, साइकिल रिक्शों व साइकिलों व उनके पुर्जों के उत्पादन व निर्यात का एक बहुत बड़ा केंद्र था। पंजाब में लुधियाना सहित अनेक स्थानों पर साइकिल व साइकिल के पुर्जों का उद्योग फल-फूल रहा था। आज बड़ी मात्रा में साइकिलों के आयात के कारण यह विकेंद्रित उद्योग सिमटता चला जा रहा है। केंद्र सरकार द्वारा आयात शुल्क लगाने के बाद भी भारी मात्रा में चीनी साइकिलें देश में आ रही है। चीनी साइकिलें श्रीलंका, बांग्लादेश व मलेशिया के मार्ग से आ रही हैं, जहाँ आयात शुल्क कम है। उद्योग जगत् के लोग इस प्रकार अन्य देशों के रास्ते से चीन

से आ रही सस्ती साइकिलों के लिए 'एस्केप रूट' कूट शब्दों का प्रयोग करते हैं। आज भारतीय उत्पादक ही उन्नत साइकिलों व सभी प्रकार के साइकिल के कल-पुर्जों के मामले में चीन पर अवलंबित हो गए है। साइकिल के छर्रे, बास्केट, तानियाँ (स्पोक्स), एयर पंप, हब के कम व कोण, कैरियर, साइकिल चेन, हैंडल बॉल्ट, ब्रेक्स, महँगे स्टील फ्रेम आदि सब कुछ जो पंजाब में घर-घर लघु व कुटीर उद्योगों में बनते थे, वे आज चीन से आ रहे है। ये सभी सामान चीन अभी 15 प्रतिशत से 20 प्रतिशत सस्ते निर्यात कर रहा है। एक बार हमारे घरेलू उद्योग बंद हो जाएँगे, तब चीन इनकी कीमत डेढ़ गुनी कर देगा। ऐसे कई रोजगार प्रधान उद्योग देश में चौपट हो रहे हैं। एक बार इन उद्योगों के कुशल कर्मचारी और इनकी निम्नवर्ती आपूर्ति श्रृंखला समाप्त हो जाने के बाद इन उद्योगों को पुनः खड़े करना अत्यंत कठिन हो जाएगा।

विद्युत उपकरण एवं विद्युत् संयंत्र : देश में विद्युत् मशीनरी व विद्युत् जनन संयंत्र भी बड़ी मात्रा में चीन से आ रहे है। इनके कारण देश का यह रोजगार प्रधान उद्योग भी भारी मात्रा में प्रभावित हुआ है। वर्ष 1996 में मात्र 1.5 अरब डॉलर के बिजली के सामान आयात होते थे। वर्ष 2011 में विद्युत् मशीनरी का आयात 32.8 अरब डॉलर हो गया। पुनः चीनी विद्युत् जनन संयंत्रों के उपकरणों की गुणवत्ता अत्यंत संदिग्ध होने से वर्ष 2013-14 के आते-आते देश में डेढ़ से दो लाख करोड़ रुपयों के मूल्य के विद्युत् संयंत्र अत्यंत असंतोषप्रद तरीके से चल रहे हैं। इतना बड़ा निवेश व्यर्थ जाने से चीनी आयातों पर कुछ अंकुश लगा है। हाल ही में सरकार ने पारस्परिकता व सुरक्षा के आधार पर चीनी कंपनियों के विरुद्ध कुछ प्रतिबंध लगाने प्रस्तावित किए हैं। चीन अपने यहाँ विद्युत् ग्रिड में 100 प्रतिशत विदेशी निवेश की अनुमति नहीं देता है। भारत सरकार ग्रिड में 100 प्रतिशत विदेशी निवेश की अनुमति देता है। इसलिए 22 मई, 2017 के 'इकॉनोमिक टाइम्स' के अनुसार, सरकार ऐसा मेमोरेंडम जारी करनेवाली है जिसमें विद्युत् ट्रांसमिशन के क्षेत्र में उन देशों की कंपनियों पर रोक लगाएगी, जो देश अपने यहाँ पावर ट्रांसमिशन के क्षेत्र में विदेशी निवेश की अनुमति नहीं देते हैं। सुरक्षा की दृष्टि से विद्युत् ट्रांसमिशन के क्षेत्र में विदेशी निवेश उचित भी नहीं है। साइबर आक्रमण के माध्यम से पूरे देश या देश के बड़े भू-भाग में विद्युत् व्यवस्था को चौपट किया जा सकता है। पूर्व में भी उत्तर भारत में ग्रिड

फेलियोर हो चुका है। विद्युत् उपकरणों का आयात विगत 10 वर्षों में अत्यंत तेजी से बढ़ा है। चीनी उपकरणों की गुणवत्ता सर्वथा अविश्वसनीय होने से देश में 1.5 से 2 लाख करोड़ मूल्य के विद्युतीय साज-सामान और विद्युत् जनन उपकरणों के घटक असंतोषप्रद रूप से चल रहे हैं।

कृषि रसायनों में चीन पर बढ़ती निर्भरता घातक : भारत विश्व का सबसे चौथा बड़ा कृषि रसायनों के उत्पादन का देश है। वर्ष 1970 में पेटेंट बदलाव के कानून के साथ ही उत्पादन मात्रा के बदलाव के आधार पर एक बार तो भारत विश्व के तीन प्रमुख देशों में एक हो गया था, लेकिन आज भारत कृषि रसायनों के अपने टेक्नीकल पदार्थों के दो तिहाई चीन से आयात कर रहा है। चीन आज विश्व के कृषि रसायनों के तकनीकी पदार्थों की माँग का 90 प्रतिशत उत्पादन करता है। ऐसे में हमें चीनी आयातों से अपने देश के कृषि रसायन उद्योग को भी बचाना होगा। हम धीरे-धीरे जैविक कृषि की तरह बढ़ें, यह आवश्यक है लेकिन रासायनिक खाद व कृषि रसायनों के मामले में चीन पर निर्भर होते चले जाना सुरक्षित नहीं है। इन उत्पादों की गुणवत्ता ठीक नहीं होने पर इनसे देश में जल व मिट्टी का प्रदूषण एवं कैंसर जैसी बीमारियाँ तेजी से फैल सकती हैं।

टैक्सटाइल मशीनरी उद्योग बंद होने के कगार पर : देश में 1,500-2,000 टैक्सटाइल मशीनरी के निर्माता फल-फूल रहे थे। कताई, बुनाई के लूम, निटिंग मशीनें व प्रविधेयन मशीनरी सहित आज 4-5 हजार करोड़ रुपए की मशीनें चीन से आने लग गई हैं।

स्मार्टफोन : आज देश का स्मार्टफोन का तो 50 प्रतिशत बाजार अब चीनी कंपनियों के हाथ में चला गया है, जो एक वर्ष पूर्व मात्र 21 प्रतिशत व 2 वर्ष पूर्व 15 प्रतिशत था। भारतीय ब्रांडों का बाजार अंश तेजी से गिर रहा है। वर्ष 2013 तक 12 चीनी ब्रांड देश में आ रहे थे। आज 57 चीनी ब्रांड देश में आ रहे हैं। आज जब कई चीनी कंपनियाँ भारत में ही अपनी असेंबली लाइन्स लगा रही हैं, तो उनकी भारतीय बाजारों पर पकड़ और सुदृढ़ हो जाएगी। वैसे आज देश में बिक रहे स्मार्टफोन में घरेलू मूल्य योगदान (वेल्यू एडिशन) मात्र 6 प्रतिशत है। फोन की लागत के 90-94 प्रतिशत कार्य देश के बाहर मुख्यत: चीन में ही हो रहा है।

इंजिनीयरिंग उत्पाद, पंपसेट, स्पोर्टस के सामानों से लेकर हैंडीक्राफ्ट के सामानों तक में हमारे छोटे व कुटीर उद्योग चौपट हो रहे हैं। मशीन से बने लेकिन हैंडीक्राफ्ट जैसे लगने वाले उत्पादों से लाखों कारीगर चौपट हो रहे हैं।

देश के अनेक उद्योग संकुल संकट में

देश में 400 प्रमुख सूचीबद्ध उद्योग संकुल (Industry Clusters) हैं। उनमें से 150 से अधिक उद्योग संकुल सस्ते चीनी आयातों से चौपट हो सकते हैं। सूई, रेजर, ब्लेड और स्टील के छर्रों से लेकर खिलौने, गर्म पानी की बोतलें, काँच के फ्लॉवर पॉट, इलेकट्रॉनिक उत्पाद, मोबाइल फोन, कंप्यूटर हार्डवेयर, विद्युतीय उपकरणों और भारी मशीनरी तक चीनी आयात आज देश के अनेक उद्योग संकुलों को चौपट कर रहे हैं। चीन अपने माल को प्रारंभ में 10 प्रतिशत से 70 प्रतिशत तक सस्ता बेचकर एक बार भारतीय उद्यमों को अपना उत्पादन बंद करने पर विवश कर देता है। उसके बाद वह अपनी कीमतें बढ़ा कर हमारा शोषण प्रारंभ कर देता हैं।

फिरोजाबाद का शताब्दियों पुराना काँच उद्योग संकुल चौपट : फिरोजाबाद में शताब्दियों पुराना काँच के उत्पादों का उद्योग संकुल (इंडस्ट्री क्लस्टर) था। वहाँ 400-500 कुटीर, लघु व मध्यम आकार के काँच के उत्पाद बनानेवाले उद्यम थे। आज 300 से अधिक कारखाने सस्ते चीनी आयातों से बंद हो चुके हैं। देश की अपनी एक कला विलुप्त हो रही है, हजारों लोग बेरोजगार हुए हैं, उन उद्यमों को फर्नेंस व अन्य साल-सामान की आपूर्ति करनेवाले उद्योग भी चौपट हो रहे हैं। न्यूनाधिक रूप से ऐसी ही स्थिति देश के अन्य 400 प्रमुख उद्योग संकुलों व 2,000 से अधिक छोटे संकुलों की हो रही है।

चाहे मोरवी का सेरेमिक उद्योग हो या राजकोट का पंप सेट अथवा लुधियाना का कंबल उद्योग हो या फिरोजाबाद का काँच उद्योग, सब प्रकार के उद्योग व उद्योग संकुल (इंडस्ट्री क्लस्टर्स) चीनी उत्पादों से त्रस्त होते रहे हैं। वे सँभलते हैं, पुनः चीनी गलाकाट स्पर्द्धा के शिकार होते हैं। इनके अतिरिक्त देश में छोटे-छोटे भी अनेक उद्योग व उद्योग संकुल प्रभावित हो रहे है। वैसे देश में शायद ही कोई उद्योग हो, जो चीन के सस्ते आयातों से प्रभावित न हो रहा होगा। एक-एक उद्योग श्रेणी में हजारों की संख्या में लघु व मध्यम उद्योग बंद हुए है।

उदाहरण के लिए, पिछले दो वर्षों में खिलौनों की ही 2,000 इकाइयाँ बंद हुई हैं। जालंधर, लुधियाना, ठाणे, भिवंडी, मुरादाबाद, कानपुर, बरेली, फिरोजाबाद अंकलेश्वर, वापी से लेकर कोयंबटूर व चेन्नई तक कई-कई हजार उद्योग बंद हुए हैं। इनमें कार्यरत लाखों लोग बेरोजगार हुए है। बैंकों द्वारा इन रुग्ण होते उद्योगों को प्रदान किए ऋण डूब रहे है। देश से प्रौद्योगिकी का विलोपन हो रहा है। ऐसे में हमारे लिए आवश्यक है कि चीन से कोई विद्वेष रखे बिना भी अपने देश के उद्योगों को व उनमें रोजगार आदि को बचाने के लिए हम चीनी उत्पादों के स्थान पर 'मेड बाई भारत' या भारतीय उद्योगों द्वारा उत्पादित भारतीय ब्रांड की वस्तुएँ ही खरीदें। चीन समेत हजारों बहुराष्ट्रीय कंपनियाँ अपने अधिकांश उत्पाद बाहर से लाकर उनकी केवल मात्र असेंबलिंग ही भारत में कर लेती हैं और उन पर 'मेड इन इंडिया' लिख देती हैं। इसलिए हमें मेड इन इंडिया से भ्रमित नहीं होना चाहिए। वस्तुओं के ब्रांड देखकर विदेशी ब्रांडों के स्थान पर भारतीय ब्रांड ही खरीदने चाहिए।

सरकार ने चीन से आनेवाले दूध व दूध के उत्पादों में स्वास्थ्य के लिए घातक रसायनों का सम्मिश्रण होने व जिन स्मार्टफोन में इंटरनेशनल मोबाइल स्टेशन अइडेंटीफिकेशन नंबर नहीं होता है, उन पर प्रतिबंध के साथ ही चीनी पटाखों व पतंग के माझे जैसे उत्पादों पर भी सुरक्षा कारणों से अवश्य प्रतिबंध लगाया है। लेकिन ये सभी प्रतिबंध तो नाममात्र का प्रभाव रखते हैं। कुल चीनी आयातों में आज 80 प्रतिशत विद्युत् मशीनरी विद्युत् जनन संयंत्र व दूर संचार उत्पाद, जैसे उच्च प्रौद्योगिकी आधारित है। वर्ष 2016 में चीन के साथ भारत का व्यापार घाटा लगभग 50 अरब डॉलर के करीब था जबकि भारत के चीन को निर्यात मात्र 11 अरब डॉलर के थे और वह भी अधिकांश कच्चे माल के निर्यात थे।

रणनीतिक तरीके से भारत के विदेश व्यापार पर आघात

चीन केवल उसके व्यापार को बढ़ाने तक ही सीमित नहीं रहकर भारत के आर्थिक हितों पर भी रणनीतिक तरीके से आक्रमण प्रारंभ कर रखा है। इसके 2 उदाहरण यहाँ दिए जाने समीचीन ही हैं—

(i) **सूती वस्तु उद्योग पर आघात :** भारत विश्व के प्रमुख सूती वस्त्र

उत्पादक व निर्यातक देशों में एक है। चीन ने वर्ष 2011 में भारत के सूती वस्त्र उद्योग को चौपट करने के लिए देश में उत्पन्न अधिकांश कपास को अत्यंत ऊँचे दाम पर खरीद लिया था। जब देश में कपास का मूल्य 4,000 रुपए प्रति क्विंटल था, तब उसने 7,000 रुपए प्रति क्विंटल खरीद कर भारतीय वस्त्र उद्योग को चौपट करने का प्रयत्न किया था। तब भारत सरकार को कपास निर्यात पर रोक लगाकर व निर्यात शुल्क लगा कर देश में सूती वस्त्र उद्योग को बचाना था, लेकिन यह नहीं किया इससे देश के सूती वस्त्र उद्योग कपास की कमी से रुग्ण हुआ। दूसरी ओर, चीन ने हमारे पारंपरिक सूती वस्त्र निर्यात बाजारों में सस्ते कपड़ों की डंपिंग कर वह बाजार हमसे छीन लिया। दूसरे वर्ष देश में किसानों ने, यह सोचकर व्यापक स्तर पर कपास बोया कि पिछले वर्ष कपास 7,000 रुपए प्रति क्विंटल बिका था लेकिन उस वर्ष सरकार कपास निर्यात पर रोक लगा दी। इससे कपास के दाम 4,000 रुपए से भी नीचे चले गए व किसानों को उनका लागत मूल्य भी नहीं मिल पाया।

(ii) **भारत के नाम से अफ्रीका में नकली दवाओं का निर्यात :** भारत के दवा निर्यात को चौपट करने व 'मेड बाई इंडिया' वस्तुओं को बदनाम कर भारत के आर्थिक हितों को हानि पहुँचाने के लिए चीन ने अफ्रीका में 'मेड इन इंडिया' ब्रांड की वस्तुएँ, विशेषकर दवाइयाँ भी प्रवेश कराने का दुस्साहस किया था। इसका स्पष्ट उद्‌देश्य अफ्रीका में भारतीय वस्तुओं को बदनाम करना था।

छद्‌म व्यापार : भारत सरकार ने पतंग की डोर व पटाखों जैसे कुछ उत्पादों के खतरनाक सिद्ध होने पर पाँच चीनी उत्पादों के आयात पर रोक भी लगाई है, लेकिन चीन छद्‌म रूप से अपनी वस्तुएँ भारत में बेच लेता है। ऐसे कंटेनर भी पकड़े गए है, जिनमें चीन से रिवॉल्विंग चेयर आयात किया जाना बताया था। उनमें पटाखे पकड़े जा चुके हैं।

चीन विरोधी अभियान के सुखद परिणाम

लेकिन सर्वाधिक सुखद समाचार है कि देश में 2015 से स्वदेशी जागरण

मंच सहित कई स्वैच्छिक संगठनों द्वारा इस व्यापार घाटे को लेकर किए चीनी वस्तुओं के परित्याग के आह्वान से घबराकर, चीन ने भारत से अपने आयातों में भारी वृद्धि की है। चीन को भारत के निर्यात 2017 में खूब बढ़े, जहाँ भारत से चीन को निर्यात, 2017 के पहले चार महीनों में बंद कर 5.57 अरब डॉलर के हुए है। निर्यात के मामले में भारत के लिए एक अच्छी खबर है और चीन इसी प्रकार सही रास्ते पर आ सकता है। आँकड़ों के अनुसार, वर्ष 2017 के शुरुआती 4 महीनों के दौरान भारत से चीन को निर्यात तेजी से बढ़ा है। जनवरी से अप्रैल के दौरान भारत का चीन को निर्यात 20 प्रतिशत की वृद्धि के साथ 5.57 अरब डॉलर पर पहुँच गया। भारत ने कई साल की गिरावट के बाद यह तेजी दर्ज कराई है, हालाँकि भारत का उच्च व्यापार घाटा अभी भी बना हुआ है।

चीन भारत से अब भी कच्चा माल ही आयात कर रहा है : चीन भारत से आज बहिष्कार के दबाव के बाद भी बड़ी मात्रा में केवल लौह अयस्क, रत्न, हीरे और कपास आदि कच्ची सामग्री का ही आयात कर रहा है। चीन के सीमा शुल्क विभाग के अनुसार जनवरी 2017 से अप्रैल 2017 तक भारत चीन व्यापार 6 प्रतिशत बढ़कर 26.02 अरब डॉलर हो चुका है। भारतीय निर्यात इस दौरान 20 प्रतिशत बढ़कर 5.57 अरब डॉलर का हो गया है। चीन से भारत को निर्यात भी 14 प्रतिशत बढ़कर 20.45 अरब डॉलर रहा। लेकिन भारत के सारे आयात निर्मित माल के है।

व्यापार घाटे की समस्या यथावत : चीन को निर्यात बढ़ने के बावजूद भारत का व्यापार घाटा उच्च स्तर पर बना हुआ है। साल के पहले 4 महीने में व्यापार घाटा 14.88 अरब डॉलर रहा। पिछले वर्ष 2016 में हमारा चीन से कुल व्यापार घाटा लगभग 52 अरब डॉलर का रहा था, जबकि कुल द्विपक्षीय व्यापार 70 अरब डॉलर से कुछ अधिक का ही रहा था।

हम भारतीय बना रहे हैं चीन को आर्थिक महाशक्ति : हम अपने उद्योगों को चौपट कर चीन जैसे शत्रु देश के ब्रांडों को विश्व स्तरीय बना रहे हैं। स्मार्टफोन हमारे ऐसे आत्मघाती कदमों का अच्छा उदाहरण है। देश में आज आधे से अधिक स्मार्टफोन के ब्रांड बिक रहे थे। आज 57 चीनी ब्रांड बिक रहे हैं। इनमें कई ब्रांड केवल भारत में उनकी तेजी से बढ़ती बिक्री के कारण विश्वस्तरीय बने हैं, अन्यथा कई चीनी ब्रांड वैश्विक ब्रांड न बन कर चीन

में ही सीमित घरेलू ब्रांड ही बने रहते। चीन के 4 स्मार्टफोन ब्रांडों जिओमी, विवो, ओप्पो व जिओनी की कुल वैश्विक बिक्री की क्रमशः 67 प्रतिशत, 73 प्रतिशत, 48 प्रतिशत व 25 प्रतिशत आज भारत में हो रही है। जर्मन की जीएफ के ग्लोबल हेण्डसेट अपडेट के मार्च 2017 के बिक्री के ये तथ्य अग्रानुसार हैं। Gionee के कुल बाजार की 25 प्रतिशत भारत में है। वर्ष 2017 में देश में 13 करोड़ से अधिक मोबाइल फोन बिकेंगे। विश्व के मोबाइल फोन के बाजार में भारत का अंश 15 प्रतिशत से अधिक है।

तालिका : चीन ब्रांडों की वैश्विक बिक्री में भारत का योगदान

चीनी मोबाइल फोन ब्रांड	कुल अंतरराष्ट्रीय बिक्री में भारत का योगदान
Vivo	73%
Xiomi	67%
Oppo	48%
Gionee	25%

मोबाइल फोन जैसी स्थिति और भी कई उत्पादों में है, जहाँ आज मंदी में फँसी चीनी अर्थव्यवस्था को भारत उसके उत्पाद आयात कर उसे ऑक्सीजन दे रहा है।

□

4

गंभीर संकट में चीन ऐसे में भारत क्यों बने तारणहार

संकट में चीन

भारत के विरुद्ध सर्वाधिक शत्रुतापूर्ण कार्रवाइयों में लिप्त व भारी कर्ज में डूबी चीन की अर्थव्यवस्था, आज तीन दशकों के सर्वाधिक गंभीर संकट में फँसी हुई है। पच्चीस वर्ष बाद इस वर्ष 2017 के लिए चीन ने अपने लिए अब तक की सबसे न्यून आर्थिक वृद्धि दर आँकी है। अंतरराष्ट्रीय रेटिंग ऐजेंसी 'मूडिज' ने भी 28 वर्षों में पहली बार चीन की साख के मूल्यांकन, अर्थात् क्रेडिट रेटिंग में कमी की है। चीन में मंदी के कारण हाल ही में अपने यहाँ पाँच लाख नौकरियों में भी कटौती की गई है। ऐसे में कर्ज व मंदी से जूझते चीन की वस्तुओं को हम भारत में बड़ी मात्रा में व अधिकाधिक खरीदकर अपने देश में उद्यमबंदी, बेरोजगारी, व्यापार घाटे व बैंकों के ऋणों के डुबते चले जाने जैसे कई संकटों को आमंत्रित करते हुए, मरती हुई चीनी अर्थव्यवस्था को जीवन दान दे रहे हैं। दूसरी ओर, चीन विगत 65 वर्षों से सर्वाधिक भारत विरोधी गतिविधियों में लिप्त है। वस्तुतः चीन से बढ़ रहे आयातों के कारण आज हमारे देश के छोटे-बड़े सभी प्रकार के उद्योग बड़ी संख्या में प्रभावित हुए हैं एवं और भी बंद होते ही जा रहे हैं या मंदी व संकटों में फँस रहे हैं। इससे देश में बड़ी संख्या में लोग बेरोजगार हुए हैं और होते ही जा रहे हैं। चीनी आयातों से संकटग्रस्त हो रहे उद्योगों में भारी मात्रा में देश के बैंकों के ऋण भी डूब रहे हैं। इसके साथ ही चीन से विदेश व्यापार में हुए जो भारी घाटा हो रहा हैं, उसके कारण विगत 6 वर्षों में रुपए की कीमत में 35 प्रतिशत से अधिक की गिरावट आई है। ऐसा

होने पर भी हम भारत में भारत के विरुद्ध सर्वाधिक शत्रुतापूर्ण कार्रवाइयों में लिप्त चीन से बड़ी मात्रा में चीनी वस्तुओं को खरीदकर इन संकटों से उबारने हेतु, ऑक्सीजन अर्थात् प्राणवायु की तरह अपना बाजार उपलब्ध करा रहे हैं। हमारे द्वारा आज पेन, मोबाइल फोन व बल्ब आदि से लेकर सौर ऊर्जा पैनल, कंप्यूटर, अन्य इलेक्ट्रॉनिक उत्पाद, फर्नीचर व बस-ट्रक के टायरों तक विविध चीनी उत्पादों को अधिकाधिक खरीदते चले जाने से ही चीनी उद्योग इस मंदी में भी बंद होने से बचे हुए हैं व उसी से चीनी अर्थव्यवस्था एक बड़ी सीमा तक चरमराने से बची हुई है।

ऋण जाल व मंदी में फँसी चीनी अर्थव्यवस्था का सशक्तीकरण क्यों ?

आज हम चीनी वस्तुएँ खरीदते जाकर ही उस देश का आर्थिक सशक्तीकरण करके अपने ही देश के लिए जटिल आर्थिक समस्याएँ व सामरिक संकट बढ़ा रहे हैं। चीन, जो विगत 65 वर्षों से सर्वाधिक भारत विरोधी व शत्रुतापूर्ण कार्रवाइयों में लिप्त है। ऐसे समय में जब हम संकट में फँसी चीन की अर्थव्यवस्था को उसकी वस्तुओं का बहिष्कार करके चौपट कर सकते हैं, तब हम उसी की वस्तुएँ खरीद कर उसे आर्थिक जीवन दान दे रहे हैं। चीन के सार्वजनिक ऋण पर एक दृष्टिपात से ही स्पष्ट हो जाएगा कि आज हम ही भारी कर्ज में डूबे चीन की वस्तुएँ खरीद कर ही चीन की अर्थव्यवस्था को संकटों से बचा रहे हैं, जो हमारे लिए ही सबसे बड़ी आर्थिक व सामरिक या रक्षा चुनौती बन जाएगा। ऐसे में यदि हमने वर्तमान मंदी के दौर में चीनी वस्तुओं का पूर्ण बहिष्कार कर दिया तो उसके दिवालिया होने की संभावनाएँ काफी बढ़ जाएँगी। ऐसा हुआ तो भारत की संप्रभुता व सुरक्षा के लिए चुनौती बन रही चीन की 'वन बेल्ट वन रोड' (ओबोर) परियोजना भी धूल-धूसरित हो सकती है, विशेषकर जब अमेरिका भी चीन से 347 अरब डॉलर के घाटे को समाप्त करने को प्रयत्नशील है। चीन आज जिस प्रकार संपूर्ण विश्व में शांति, मानवाधिकारों की रक्षा, आतंकवाद उन्मूलन, पर्यावरण संरक्षण एवं सामरिक संतुलन के लिए गंभीर चुनौती बना हुआ है और आज जब वह स्वयं एक गंभीर आर्थिक व वित्तीय ज्वालामुखी के ऊपर बैठा है, तब यही अवसर के जब चीनी उत्पादों के बहिष्कार से चीनी अर्थव्यवस्था को जमीन पर लाकर विश्व का राहत दिलाएँ।

आज जब अमेरिका चीन के साथ उसके व्यापार घाटे पर नियंत्रण करने के लिए गंभीर कदम उठा रहा है, उससे चीनी अर्थव्यस्था के ध्वस्त होने की और भी पर्याप्त संभावना बन जाती है। चीन के विषय पर अमेरिकी राष्ट्रपति ट्रम्प भी पूरी तरह से गंभीर हैं। चीन को अमेरिका के निर्यात वर्ष 2016 में मात्र 115.77 अरब डॉलर के ही थे, वहीं दूसरी ओर अमेरिका में चीनी उत्पादों का निर्यात 462.8 अरब डॉलर था। इस प्रकार अमेरिका के साथ व्यापार में चीन को जो 347 अरब डॉलर का भारी-भरकम अतिरेक (Surplus) मिल रहा है, वही 347 अरब डॉलर का अमेरिका के लिए भारी-भरकम व्यापार घाटा है। अब जब राष्ट्रपति ट्रम्प ने इस अमेरिकी घाटे को समाप्त करने का संकल्प कर लिया है, तो चीन के लिए अपने उद्योगों को पूरी क्षमता से चलाए रखना कठिन हो जाएगा। इससे चीन के लिए अपने विदेशी मुद्रा भंडारों का स्तर भी बनाए रखना कठिन हो जाएगा। चीन के विदेशी मुद्रा भंडारों में कमी होनी तो प्रारंभ हो ही गई है। जून 2014 में उसके पास 3,993 अरब डॉलर के विदेशी मुद्रा भंडार थे, वे ही जनवरी 2017 में 12.3 अरब डॉलर से घटकर पहुँच गए हैं।

चीन में सार्वजनिक ऋण बढ़ने का प्रमुख कारण यही है कि अब तक चीन ने अपनी अर्थव्यवस्था में मौद्रिक विस्तार से कर्ज बाँटकर अपनी जी.डी.पी. को तो बढ़ा लिया, लेकिन उसका कर्ज भयावह रूप से बढ़ गया है। चीन के कर्ज के अधिकारिक आँकड़े तो उसके सकल घरेलू उत्पाद के 250 प्रतिशत तक का कर्ज बता रहे हैं। कर्ज का यह स्तर भी अत्यंत विस्फोटक सिद्ध हो सकता है, लेकिन चीन के नियमनरहित, कुख्यात छाया बैंकिंग तंत्र के ऋणों को भी इसमें जोड़ लेने पर चीनी अर्थव्यस्था में कुल ऋणों का अनुपात उसके सकल घरेलू उत्पाद के 400 प्रतिशत तक के अति विस्फोटक स्तर तक पहुँच जाते हैं। सामान्यतया उसके अधिकारिक आँकड़ों में इन्हें नहीं जोड़कर 28 खरब डॉलर के ऋणों को ही दर्शाया जाता है, जिससे भी उसका ऋण उसके सकल घरेलू उत्पाद के अनुपात में 250 प्रतिशत हो जाता है। वस्तुत: वर्ष 2001 में उसा जीडीपी 1,094 अरब डॉलर था जो 2016 के अंत तक 11,750 अरब डॉलर तक पहुँचकर 11 गुणा हो गया, लेकिन उसके वित्तीय तंत्र में ऋण की राशि जो 2001 में उसके सकल घरेलू उत्पाद के तुल्य ही थी, वह 40 गुनी हो गई। इस तथ्य को मार्केट वॉच डॉट कॉम (marketwatch.com) में इवान मार्टचेव

ने अपने 20 फरवरी, 2017 के लेख में स्पष्ट किया है।

अब जब चीनी अर्थव्यवस्था मंदी व ऋण जाल में फँसी हुई है। ऐसे में यदि अमेरिका चीन के साथ 347 अरब डॉलर के उसके व्यापार घाटे को शून्य पर ले आता है और हम भारतीय नागरिक भी चीनी वस्तुओं को खरीदना बंद करके अपने 52 अरब डॉलर के व्यापार घाटे को शून्य कर लेते हैं तो चीनी अर्थव्यवस्था का धराशायी होना अवश्यंभावी है। इससे संपूर्ण विश्व राहत की साँस लेगा। चीन पर चढ़े कर्ज व वहाँ फैलती मंदी को देखते हुए तो वर्ष 2008 में हुए अमेरिकी मेल्ट डाउन से भी अधिक भयावह मेल्ट डाउन जैसा आर्थिक संकट वहाँ मुँह बाये उसे निगलने को खड़ा है। आज चीनी कंपनियाँ 180 खरब डॉलर अर्थात् $18 Trillion Dollar (12,060 खरब अर्थात् 1206 लाख करोड़ रुपए तुल्य) कर्ज में डूबी हुई हैं। यह कॉर्पोरेट ऋणों की राशि उनके सकल घरेलू उत्पाद का 170 प्रतिशत है। पूरी चीनी अर्थव्यवस्था आज 280 खरब (ऑस्ट्रेलियन) डॉलर अर्थात् उसके घरेलू उत्पाद के 250 प्रतिशत ऋण के बोझ तले चरमराने को है। इन भारी ऋणों के बोझ से दबी कंपनियों के साथ ही चीन के सारे बैंकों सहित उसका मुद्रा तंत्र, उद्योग व वाणिज्य, सब कुछ डूब सकता है। यदि भारत व अमेरिका चीन से अपने आयात कम कर लें और अगले एक वर्ष और चीनी उत्पादों की बिक्री घटती रही तो यह होना ही है, लेकिन यदि हम जो चीनी वस्तुएँ खरीदते हैं, उन्हें खरीदना हमने जारी रखा और चीनी उद्यम बच गए तो चीनी अर्थव्यवस्था इस पूरे संकट से अत्यंत सहजता से पार पा जाएगी। थोड़ा समय और चीनी माल पर्याप्त मात्रा में बिकता ही रहा तो चीन इस संकट से सहजता से उबर जाएगा। हमारा बाजार ही आज चीन के लिए प्राण वायु अर्थात् ऑक्सीजन का काम कर रहा है। वैसे चीन ने अब इस पूरे संकट से पार पाने की योजना की घोषणा भी सोमवार 10 अक्तूबर, 2016 को कर दी थी।

अपनी कंपनियों को ऋणों से राहत देने की इस नवीन योजना के अधीन चीन उसकी केवल कुछ बहुत ही अकुशल कंपनियों को छोड़कर अपनी शेष सभी कुशल कंपनियों, जिनके उत्पाद विश्व भर में बिकते हैं, के ऋणों को पूँजी में बदल देगा। कंपनी को ऋण पर ब्याज चुकाना होता है और किश्त भी प्रतिमाह चुकानी होती है लेकिन इस नवीन प्रस्ताव के अनुरूप उस ऋण को

पूँजी में बदलते ही (debt-equity swap) कंपनी पर से किश्त व ब्याज के भुगतान का दायित्व समाप्त हो जाता है। ऐसे में, आज की मंदी में भी वह कंपनी अपनी उत्पादन क्षमता का पूर्ण उपयोग नहीं कर पाने पर भी जीवित रह सकती है, क्योंकि उसे अब न तो किश्त चुकानी है और न ही ब्याज। लेकिन यदि तब भी उसकी बिक्री ही नहीं हुई तो उसे (कंपनी को) बंद होना ही है। यदि हमने चीनी माल का पूर्ण बहिष्कार कर दिया और विश्व में भी हमने चीन की पर्यावरण क्षरण, मानवाधिकार हनन, आतंकवाद का संपोषण एवं विश्व शांति के संबंध में खड़ी की जा रही चुनौतियों का स्मरण कराकर सोशल मीडिया पर चीनी वस्तुओं के बहिष्कार का आह्वान करें तो अधिकांश चीनी कंपनियाँ बंद होनी ही हैं। ऋण को पूँजी में बदलने के बाद भी बंद होंगी। ऐसे में चीन के सकल घरेलू उत्पाद (GDP) के 170 प्रतिशत तक पहुँच चुके कंपनी ऋणों का दो तिहाई अर्थात् उसके सकल घरेलू उत्पाद तुल्य 120 खरब डॉलर ($12 Trillion) का डूबना तो निश्चित ही है। चीन में कुल बकाया ऋणों की राशि तो आज 280 खरब डॉलर अर्थात् $ 28 Trillion अर्थात् उसके सकल घरेलू उत्पाद के 250 प्रतिशत तक पहुँच गई है। यह राशि अमेरिका व जापान के संयुक्त वाणिज्यिक बैंकिंग तंत्र के तुल्य है। यदि वर्तमान में चीन ने अपनी कंपनी ऋणों की पुनर्रचना, जिसमें ऋणों को पूँजी में परिवर्तन भी सम्मिलित है, के सहारे अपने बैंकिंग तंत्र व बड़ी प्रतिष्ठित कंपनियों के उत्पादन तंत्र को बचा लिया तो वह 3–5 वर्ष में अमेरिकी अर्थव्यवस्था को भी पीछे छोड़ विश्व की क्रमांक एक की आर्थिक शक्ति व सामरिक शक्ति बनकर खड़ा होगा।

दूसरी ओर, अभी जब चीन की अधिकांश कंपनियाँ व संपूर्ण बैंकिंग तंत्र चरमराने को है। उसके कारण पूरे विश्व की अर्थव्यवस्था तक में गतिरोध के अनुमान लगाए जा रहे हैं। ऐसे में, यदि हम चीनी वस्तुओं को खरीदना बंद कर देंगे व विश्व में भी ऐसा ही आह्वान करें तो उसका उत्पादन तंत्र व बैंकिंग तंत्र ध्वस्त होगा, निर्यात घटेंगे, विदेशी व्यापार में घाटा भी होगा, विदेशी मुद्रा भंडार चुक जाएँगे और चीन के अर्थव्यवस्था के दिवालिया होते ही विश्व चैन की साँस लेगा। भारत का निकट पड़ोसी व उसके साथ गंभीर सीमा विवाद होने व उसकी पाक से मैत्री होने से चीन का सबल होना भारत के लिए सर्वाधिक संकटकारक होगा। चीन बचेगा तो बड़ी सीमा तक भारत के बाजार से बचेगा।

हमने चीनी माल खरीदते रह कर उसे बचा लिया तो अब 'वन बेल्ट वन रोड' परियोजना पूरी हो जाने के बाद तो चीन महाशक्तिशाली देश बन जाएगा, लेकिन 1,400 अरब डॉलर लागत की यह योजना धूल-धूसरित हो जाएगी, यदि भारत चीनी माल को क्रय करना छोड़ दे व अमेरिका भी अपना चीन से व्यापार घाटा समाप्त कर लें।

अगला वैश्विक वित्तीय संकट चीन के कारण हो सकता है : अंतरराष्ट्रीय मुद्रा कोष सहित, विश्व की सभी प्रमुख वित्तीय अभिकृतियों (Financial Agencies) का मानना है कि चीन के कर्ज की समस्या को देखते हुए भविष्य में कोई बड़ा वैश्विक वित्तीय संकट उत्पन्न होने की भी पर्याप्त संभावनाएँ है। चीन की जो ब्रॉड मनी सप्लाई अर्थात् एम-2 (M2) जिसमें देश की रोकड़ मुद्रा व बैकों की जमाओं को जोड़ा जाता है, वह उसके सकल घरेलू उत्पाद की 208 प्रतिशत है। वर्ष 2016 के अंत में सकल घरेलू उत्पाद के अनुपात में मुद्रा आपूर्ति विश्व में सर्वोच्च है। अंतरराष्ट्रीय मानकों के अनुसार, यह M2 मुद्रा आपूर्ति 170 प्रतिशत से अधिक नहीं होनी चाहिए। अमेरिका में यह अनुपात 80 प्रतिशत का ही है। जापान में यह अनुपात चाहे 240 प्रतिशत है, लेकिन जापान का वित्तीय तंत्र बैंक आधारित होने से यह उच्चानुपात चीन के जितना समस्याजनक नहीं है।

चीन का आर्थिक सशक्तीकरण अनुचित

चीनी वस्तुओं की खरीद से चीन का आर्थिक व सामरिक सशक्तीकरण भारत के लिए सर्वाधिक चुनौतीपूर्ण होगा और हमें अपने संसाधन विकास के स्थान पर चीन-पाक से सुरक्षा में लगाने होंगे। इसके लिए भारत को अपने अबाध विकास के लिए चीन पर आर्थिक अंकुश लगाना सर्वाधिक आवश्यक है। चीन द्वारा की जा रही अनवरत शत्रुतापूर्ण कार्रवाइयों के उपरांत भी, भारत द्वारा चीन को सर्वाधिक व्यापार सुविधाएँ देना और भी आत्मघाती कदम है। देश का सर्वाधिक 52 अरब डॉलर (3.5 लाख करोड़ रुपयों) का व्यापार घाटा आज केवल चीन के साथ ही है। चीन से घोषित रूप में 4.25 लाख करोड़ रुपए व बड़ी मात्रा में अघोषित व कम बिल का माल भी देश में आ रहा है। आज देश में 5-6 लाख करोड़ रुपए का माल देश में आ रहा है। आवश्यकता इस बात की

है कि चीन का जो आज देश में हम 5–6 लाख करोड़ रुपए का माल आयात करते हैं, उसे हमें तत्काल बंद करना चाहिए। देश की जनता आज चीनी माल खरीदना बंद कर दे, यह चीन के प्रति हमारा सर्वोत्तम कदम सिद्ध होगा। अतएव आज जब चीन एक आर्थिक, वित्तीय, बैंकिंग व कॉर्पोरेट संकट के ज्वालामुखी पर बैठा है, चीनी वस्तुओं का परित्याग ही इस संकट में विस्फोट की संभावना निश्चित करेगा। इससे चीन की संपूर्ण विश्व के लिए संकट उपजानेवाली गतिविधियों पर भी अंकुश लग सकेगा एवं विश्वभर में फैलते पर्यावरण संकट, विश्व के विभिन्न भागों में मानवाधिकारों के हनन और आतंकवाद पर नियंत्रण संभव होने से संपूर्ण विश्व की मानवता राहत की साँस लेगी।

चीन की आर्थिक व सामरिक बढ़त में आज एक बड़ा योगदान भारत सरकार व हम भारतीयों का है। हम भारत में चीनी वस्तुओं का बड़ी मात्रा में उपयोग करते हैं। आज चीन और भारत का अंतरराष्ट्रीय व्यापार लगभग 70 अरब डॉलर वार्षिक से अधिक है। इसमें 62 अरब डॉलर से अधिक के हमारे आयात हैं। यह 62 अरब डॉलर का माल लगभग चार लाख करोड़ रुपए से अधिक हो जाता है। इसके अतिरिक्त, चीन के उत्पाद बड़ी मात्रा में देश में बिना बिल के या फिर कम बिल के भी मिलते हैं। बिना बिल का जो माल अपने देश में आ रहा है उसे जोड़ लें तो चीन से कुल आयात पाँच से साढ़े पाँच लाख करोड़ के हों तो कोई आश्चर्य नहीं है। अगर 5.5–6.0 लाख करोड़ रुपयों का चीनी माल अपने देश में बिक रहा है, तो इसका कम-से-कम 10–12 प्रतिशत टैक्स तो चीन की सरकार को मिल रहा होगा। यदि हम 12 प्रतिशत टैक्स–जी. डी.पी. का अनुपात मानें तब 60–70 हजार करोड़ रुपए के बराबर चीन की सरकार को राजस्व (Tax Revenue) की आय हम भारतीय लोग देश में चीनी माल खरीदकर प्रदान कर रहे हैं। इस प्रकार जो देश हमारे लिए रक्षा संकट है, हम उस देश की अर्थव्यवस्था को, 6 लाख करोड़ रुपए का माल खरीदकर और सशक्त बना रहे हैं और उस देश की सरकार को 60–70 हजार करोड़ रुपए का कर राजस्व, उसका माल खरीदकर आप और हम दे रहे हैं। चीन इस 60–70 हजार करोड़ रुपए का राजस्व, जो उसे हम प्रदान कर रहे हैं, उसका एक भाग ही हमारे ऊपर सामरिक दबाव बनाने के लिए पर्याप्त है एवं उससे ही वह पर्याप्त सामरिक दबाव बना लेता है। इस प्रकार आज हम ही यह

सुरक्षा संकट अपने लिए खड़ा कर रहे हैं। चीन का माल पूरे देश में कौने-कौने में छा रहा है, चाहे 'टैक्सन' का केलकुलेटर हो या टी.सी.एल. का टी.वी. हो, 'लेनोवो' का कंप्यूटर हो या अन्य ब्रांडों के पेन व बच्चों के खिलौने हों, छोटे बल्ब हों या बड़े विद्युत् जनन संयंत्र (जेनरेटर) अथवा टेलीफोन एक्सचेंज, ये सब बड़ी मात्रा में अपने यहाँ चीन से आ रहे हैं। इसलिए आज आवश्यकता इस बात की है कि हम चीन से आनेवाले सभी उत्पादों का पूर्ण बहिष्कार करें। चीन के उत्पादों को चिह्नित करने में भी कठिनाई नहीं है, क्योंकि उस पर 'मेड इन चाइना' लिखा हुआ है। आज देश में सर्वाधिक कंप्यूटर (PC) चीनी लेनोवो ही बिक रहे हैं। विदेश व्यापार में सर्वाधिक 52 अरब डॉलर का घाटा चीन के साथ ही है। वर्ष 2011-12 में देश का कुल 184 अरब डॉलर का विदेश व्यापार घाटा था, उसमें चीन के साथ ही इतना 41 अरब डॉलर का घाटा रहा है। भारत-चीन व्यापार वर्ष 2015-16 में 52 अरब डॉलर था। इसमें चीन हमारे यहाँ 62 अरब डॉलर का माल निर्यात करता है, पर हम चीन को 9.0 अरब डॉलर का माल ही निर्यात कर पाए थे। वर्ष 2012-13 में भारत-चीन व्यापार 68 अरब डॉलर का था। उसमें हमारे निर्यात घटकर 13.5 अरब डॉलर के ही रह गए, जबकि चीन के निर्यात 54.5 अरब डॉलर थे। 2015-16 में हमारे निर्यात घटकर 9 अरब डॉलर रह गए, जो वर्ष 2012 में 17.03 अरब डॉलर के थे।

जिस प्रकार से आज हम पर चीन का सामरिक दबाव है, उसी प्रकार से आर्थिक दृष्टि से भी दो प्रकार के दबाव बन रहे हैं। एक तो बड़ी संख्या में देश में कारखाने बंद हो रहे हैं। छोटे-छोटे घरेलू उपयोग की वस्तुओं से लेकर रसायन व इंजीनियरिंग के क्षेत्र पर्यंत उद्योग एक के बाद एक चौपट हो रहे हैं। दूसरी ओर, चीन ने अपना आर्थिक आधार इतना बढ़ा लिया है कि आनेवाले समय में शीघ्र ही चीन दुनिया की क्रमांक एक की अर्थव्यवस्था बन जाएगा। किसी जमाने में चीन दुनिया की सातवें क्रमांक की अर्थव्यवस्था था। वह बढ़ते-बढ़ते आज दूसरे क्रमांक पर पहुँच गया है। जापान, जो दूसरे क्रमांक पर था, उसको पीछे छोड़कर चीन दूसरे क्रमांक पर आ गया है। चीन के कुल निर्यात आज अमेरिका से भी अधिक हैं और अब चीन विश्व का क्रमांक एक का निर्यातकर्ता देश बन गया है। वर्ल्ड मेन्युफैक्चरिंग में भी चीन सर्वोच्च 22 प्रतिशत अंश है। हमारा अंश मात्र 2.1 प्रतिशत ही है। अमेरिका भी आज 17.6 प्रतिशत के

साथ क्रमांक दो पर आ गया है। अंतरराष्ट्रीय व्यापार की दृष्टि से अमेरिका से अधिक निर्यात व्यापार आज चीन का है। ऐसे भी अनुमान हैं कि वर्ष 2027 से 35 के बीच अमेरिका, जो आज आर्थिक दृष्टि से क्रमांक एक की अर्थव्यवस्था है, उसे पेछे छोड़कर क्रय सामर्थ्य साम्य (परचेजिंग पॉवर पेरिटी) के आधार पर चीन विश्व की क्रमांक एक की अर्थव्यवस्था बन जाएगा। यदि ऐसा होता है तो अमेरिका तो चीन से बहुत दूर है, उसके लिए सीमा पर कोई तनाव की बात नहीं है, जबकि हमारा चीन के साथ सीमा विवाद है, सीमा पर तनाव है और ऐसे में अगर चीन विश्व की क्रमांक एक की अर्थव्यवस्था बनकर उभरता है, तब हम पर सैन्य दबाव भी अप्रत्याशित रूप से बढ़ेगा। इसलिए देशवासियों को चीनी वस्तुओं की खरीद अविलंब बंद करनी चाहिए। सरकार पर भी दबाव बनाना चाहिए कि चीन को दी जा रही व्यापारिक सुविधाएँ व परियोजनाओं के ठेके बंद करें। हाल ही में पिछले वर्ष भारतीय कंपनियों को चीनी मुद्रा 'युआन' में बॉण्ड जारी कर ऋण जुटाने की जो छूट दी गई है, उससे भी देश में चीनी पूंजीगत वस्तुओं का आयात बढ़ रहा है।

चीन को आगे बढ़ाने के स्थान पर हमें आगे बढ़ना होगा

आज चीन, वैश्विक विनिर्माणी उत्पादन (वर्ल्ड मेन्युफैक्चरिंग व वैश्विक निर्यातों) में क्रमांक एक की शक्ति बनकर आर्थिक सुपर पावर बनने के मार्ग पर आगे बढ़ रहा है। सामरिक व रक्षा तैयारी में भी वह तेजी से आगे बढ़ एक वैश्विक शक्ति का स्तर पाने का प्रयास कर रहा है। हम चीनी वस्तुएँ खरीदकर स्वयं का आर्थिक नुकसान कर चीन को सुपर पॉवर बनाने में सहायता कर अपने लिए संकट बढ़ाने का ही काम करेंगे। चीन को आगे बढ़ाने का काम करने के स्थान पर हमें स्वदेशी अर्थात् 'मेड बाई भारत' या 'मेड बाई इंडिया' वस्तुएँ व सेवाएँ खरीद कर स्वयं की सामर्थ्य बढ़ानी चाहिए। चीन व हमारे बीच आर्थिक व सामरिक अंतर पर दृष्टि डालें तो हम सभी एक मत से सहमत होंगे कि हमें एक रुपए का भी कोई चीनी उत्पाद नहीं खरीदना चाहिए। नीचे तालिका क्रमांक 1 में भारत व चीन के बीच आर्थक अंतर व 2 में सामरिक अंतर के कुछ बिंदु दिए जा रहे है।

तालिका 1: भारत व चीन के आर्थिक सूचकों की तुलना

Head	China		India	
GDP	2016	$11.2 Trillion	$2.2 Trillion	2016
GDP per capita	2016	$8,113	$1,701	2016
Expenditure	2015	$ 3,515 billion	$629 billion	2016
Expenditure (%GDP)	2015	31.32%	27.90%	2016
Expenditure Per Capita	2015	$2,558	$475	2016
Defence Expenditure (B.$)	2015	$ 217.8 billion	$ 50.1 billion	2015
Defence Expenditure P.C.	2015	$159	$38	2015
Moody's Rating [+]	5/24/2017	A1	Baa3	11/16/2016
S&P Rating [+]	12/16/2010	AA-	BBB -	1/30/2007
Fitch Rating [+]	11/21/2016	A+	BBB -	5/2/2017
Exchange Rate Euro / Chinese yuan	7/6/2017	7.7443	73.7325	7/6/2017
Inflation: CPI (overall index)	May-17	1.50%	3.60%	Nov -16
Motor vehicle production	2016	2.8 crore	44.8 lac	2016
Vehicles / 1,000 people	2014	104.13	21.62	2014
Exports [+]	2016	$ 2098 billion	$264.0 billion	2016
Exports as % GDP	2016	18.70%	11.70%	2016
Imports	2016	$ 1587 billion	$359 billion	2016
Imports as % GDP	2016	14.15%	15.91%	2016
Trade balance	2016	Surplus of $510.7billion	Deficit of $ 106 billion	2016

Trade balance as % GDP	2016	(+) 4.55%	(-) 4.21%	2016
Population	2016	1,382,710,000	1,326,802,000	2016
Life expectancy	2015	75.99	68.35	2015
Number of homicides (Murder) [+]	2012	11,286	41,623	2014
Rate Homicides per 100.000 [+]	2012	0.8	3.2	2014
CO2 Emission: Tons per capita [+]	2015	7.73	1.87	2015

Source : http://countryeconomy.com/countries/compare/china/india

तालिका 2 : भारत व चीन के सामरिक सूचकों में अंतर

Title	India	China
1. Active Duty Military Personnel	Regular 1.3 Million	Regular 2.3 Million (World,s Largest)
	Reserve 1.1 Million	Reserve 2.3 Million
2. Armoured Strength:		
A. Main Battle Tanks	1500	7950
B.Other Tanks	2400	1200
C. Armoured Fighting Vehicles	6500+	4600+
3. Projectiles:		
a Self Propelled Guns	290	1710
b Towed Guns	7500+	6246+
c Multiple Rocket Launchers	300+	1770
4. Air Force (Fixed Wing Aircraft):		
a. Air Superiority Fighters	370+	662
b. Other/Ground tack Fighters	258	1115
c. Transport Aircrafts	240+	782+

5. Air Force (Rotary Wing Aircraft):		
a.Helicopters (Including Army)	600+	832+
b. Attack Helicopters (Including Army)	Around 30	240+
6. Naval Prowess:		
a. Aircraft Carries	1 (With 4 th Gen Aircraft) 1 Under construction	1 (with 5th Gen stealth Aircraft) 6 More to be added
b. Destroyers	10	26 c.
c. Frigates	14	47
d. Corvettes	26	25
e. Submarines	15	68
f. Other Vessels	Around 87	Around 450
g. Air Arm	Fighters39 All Others 91	Fighters 324 All Others 245
	Helicopters 232	Helicopters 114
7. Strategic Missiles	54	In Hundreds
8. Nuclear Missiles	90-100	260+

Source : http://topyaps.com/india-vs-china-military-strength

इन तालिकाओं से हमें स्पष्ट हो जाएगा कि भारत के प्रति सब प्रकार से शत्रुतापूर्ण व्यवहार कर रहे चीन का एक रुपए से भी हमें आर्थिक सशक्तीकरण नहीं करना चाहिए। आर्थिक व रक्षा शब्दावली के अंग्रेजी शब्द यथा GDP या Ballistic Missile आदि ही अधिक चलन में होने से इन तालिकाओं में अंग्रेजी शब्दावली का उपयोग किया है।

चीन-दक्षिण कोरिया विवाद से भी सीख लेने की आवश्यकता

चीन द्वारा भारत के विरोध व शत्रुतापूर्ण कार्रवाइयों के क्रम में चीन अब तक केवल मौलाना मसूद अजहर को अंतरराष्ट्रीय आतंकवादी घोषित करने के भारत के प्रस्ताव पर ही 6 बार वीटो कर चुका है। ताज होटल के हमलावर लखवी की जमानत के बारे में भी चीन भारत के विरुद्ध वीटो कर चुका है। भारत द्वारा पाकिस्तान को 'आतंकवाद की जननी' कहने का भी चीन ने कड़ा विरोध

किया है। 'जैश ए मोहम्मद' के अगुवा संगठन 'अल अख्तर ट्रस्ट' के मामले में भी भारत के प्रस्ताव का संयुक्त राष्ट्र में विरोध कर चुका है। जमात उद्दावा के मामले में भी तीन बार वीटो करने के बाद चौथी बार ही वह वीटो का उपयोग करने से दूर रहा। लश्कर के आतंकी अब्दुर रहमान मक्की व आजम चीमा के मामले में भी चीन ने सन् 2010 में वीटो उपयोग किया था। हिजबुल मुजाहिद्दीन के आतंकवादी सैयद सलाउद्दीन को आतंकी घोषित करने के भारत के प्रस्ताव को भी वीटो किया था। चीन भारत की सीमा पर मिसाइलें तैनात कर चुका है। बार-बार वह भारतीय क्षेत्र में घुसपैठ करता है और भारतीय सीमा के अंदर निर्माण कार्यों को भी वर्ष में कई बार बाधित करता है।

भारत के 48 देशों के आणविक आपूर्ति समूह (न्यूक्लियर सप्लायर ग्रुप) में प्रवेश का भी केवल चीन ने ही विरोध किया है। सुरक्षा परिषद् में भारत के प्रवेश का विरोध भी चीन ही कर रहा है। इन सबके उपरांत भी आज भारत चीन को आगे बढ़कर व्यापारिक सुविधाएँ दे रहा है, चीन के पूँजी निवेश का स्वागत कर रहा है और भारत में चीन द्वारा 5 औद्योगिक पार्कों के विकास की सुविधा व सहयोग दे रहा है। हमें यह भी नहीं भूलना चाहिए कि भारत द्वारा पाकिस्तान में जा रहे सिंधु नदी के भारत के हिस्से के जल को रोकने की बात करने मात्र पर और पाकिस्तान के सर्जिकल कार्रवाई के विरुद्ध उसने जेग्बो नामक ब्रह्मपुत्र की सहायक नदी का भारत का पानी ही अवरुद्ध कर दिया था। हमारा 38,000 वर्ग किमी. क्षेत्रफल का अक्सई चीन क्षेत्र तो आज भी चीन के नियंत्रण में है। जब चाहे हमारी सीमा में घुस आना सेना के बंकर तोड़ देना, हमारे सीमावर्ती क्षेत्रों में नागरिकों को आतंकित करना आदि आम बात है।

दूसरी ओर, इसी 2017 के मार्च महीने के प्रारंभ में दक्षिण कोरिया द्वारा उत्तर कोरिया से सुरक्षा के लिए जो टर्मिनल हाई अल्टीट्यूट एरिया डिफेंस मिसाइल सिस्टम (थाड मिसाइल तंत्र) तैनात किया गया है, इतनी-सी बात पर एक सप्ताह भर में ही चीनी सरकार द्वारा नियंत्रित संचार माध्यमों ने कोरिया के आर्थिक बहिष्कार का व्यापक आह्वान कर दिया है और दक्षिण कोरिया के विरुद्ध एक प्रकार के अघोषित प्रतिबंध की-सी स्थिति उत्पन्न कर दी है। दक्षिण कोरियाई कंपनी लोट्टे, जिसके चीन में 99 स्टोर हैं और जो चीन में 260 करोड़ डॉलर की लागत में थीम पार्क का निर्माण कर रही थी, उसको काम बंद करने

का आदेश दे दिया और उसके 79 स्टोर्स भी सस्पेंड कर दिए हैं। चीनी नागरिकों द्वारा पर्यटन हेतु दक्षिण कोरिया में जाना भी बाधित कर दिया है। चीनी ट्रैवल एजेंसियों पर यह दबाव भी बनाया है कि वे कोरिया भ्रमण के लिए समूह भ्रमण के पैकेज बेचना भी बंद कर दें जबकि हम भारतीय आज बड़ी मात्रा में प्रतिवर्ष चीन भ्रमण पर जाते हैं, बड़ी मात्रा में चीनी वस्तुओं को क्रय समर्थन देते हैं। इस दृष्टि से हमें चीन द्वारा दक्षिण कोरिया के विरुद्ध दिखलाई चीनी राष्ट्रनिष्ठा व उनकी त्वरित प्रतिबद्धता पर गौर करना चाहिए कि मिसाइल स्थापना के 10 दिन में ही चीनी सरकार, सरकारी मीडिया, स्वैच्छिक संगठनों व जनता ने कोरिया का बड़े पैमाने पर आर्थिक बहिष्कार प्रारंभ कर दिया है। भारत के लिए भी आज चीन के उत्पादों व निवेश के विरुद्ध आज अधिक तत्परतापूर्वक कार्रवाई का समय आ गया है।

यह अत्यंत आश्चर्यजनक ही है कि भारत के विरुद्ध 60 के दशक से जारी चीन की शत्रुतापूर्ण कार्रवाइयों के बाद भी आज साधारण उपभोक्ता वस्तुओं से लेकर उच्च प्रौद्योगिकी आधारित उत्पादों तक भारत के बाजारों पर चीन का नियंत्रण बढ़ता ही जा रहा है। दूसरी ओर, दक्षिण कोरिया में उत्तर कोरिया से सुरक्षार्थ तैनात की गई मिसाइलों की प्रतिक्रिया में ही चीन के सरकारी मीडिया, सरकार व आम उपभोक्ताओं ने दक्षिण कोरिया के विरुद्ध लगभग एक अघोषित आर्थिक प्रतिबंध के से हालात उत्पन्न कर दिए हैं जबकि दक्षिण कोरिया ने ये मिसाइलें चीन को लक्ष्य करके नहीं, उत्तर कोरिया से प्रतिरक्षा के लिए तैनात की हैं। बस, कोरिया ने यह टर्मिनल हाई एल्टीट्यूड एरिया डिफेंस (थाड मिसाइल तंत्र) अमेरिका से लिया है। इतनी सी बात पर चीन ने इतनी कड़ी कार्रवाई कर ली है। इसके विपरीत भारत द्वारा अपने आर्थिक व सामरिक हितों की सर्वथा अनदेखी कर हर प्रकार से चीन का आर्थिक सशक्तीकरण किया जा रहा है। ऐसे में दक्षिण कोरिया द्वारा तैनात मिसाइलें चीन के विरुद्ध न होकर उत्तर कोरिया से रक्षार्थ तैनात करने पर भी चीन ने दक्षिण कोरिया के विरुद्ध एक अघोषित व्यापार व वाणिज्यिक युद्ध ही घोषित कर दिया है। यह भारत के लिए एक उत्तम अनुकरणीय उदाहरण है। यदि चीनी अर्थव्यवस्था हमारे द्वारा उपलब्ध कराए जा रहे बाजार के कारण वर्तमान संकट से उबर गई तो उसके लिए 'वन बैल्ट वन रोड' परियोजना को पूरा करना सहज हो जाएगा। तब चीन विश्व का

सबसे शक्तिशाली देश बन सकता है। इसलिए हमें चीनी वस्तुओं का परित्याग करना ही होगा। इस 'वन बेल्ट वन रोड' परियोजना का संक्षिप्त विवेचन आगे किया जा रहा है।

यदि आज भारत अपने चीन के साथ व्यापार घाटे को शून्य कर लेता है, तो 52 अरब डॉलर है। साथ ही, यदि, जैसा अमेरिकी राष्ट्रपति डोनाल्ड ट्रम्प भी कर रहे है कि वे चीन के साथ जो अमेरिका का 345 अरब डॉलर का व्यापार घाटा है, उसे शून्य कर लेंगे। ऐसा होने पर चीन का वह सारा व्यापार अतिरेक (ट्रेड सरप्लस) ही समाप्त हो जाएगा, जिसका उपयोगकर वह आज अफ्रीका-एशिया आदि में उसकी नव उपनिवेशकारी गतिविधियों में कर रहा है। उस सरप्लस के कारण ही चीन 'वन बेल्ट वन रोड' का निर्माण कर रहा है, श्रीलंका, म्याँमार, बांग्लादेश, केन्या, जाम्बिया सहित एशियाई व अफ्रिकी देशों में उपनिवेशकारी निर्माण व अन्य आर्थिक सहायता के कार्यक्रम चला पा रहा है। दूसरा, यदि हम आज चीनी वस्तुओं का परित्याग कर देते हैं, तो आज की मंदी के दौर में कई चीनी कंपनियाँ आज निर्यात आधारित हैं। ऐसे में यदि हम चीनी माल का बहिष्कार कर देते हैं एवं विश्व में अन्यत्र भी सोशल मीडिया पर चीनी वस्तुओं के बहिष्कार का आह्वान करते हैं तो ऐसा होने पर चीन में व्यापक उद्यमबंदी, बेरोजगारी व बैंकों के दिवालिया होने की शुरुआत हो सकती है। अब अगले अध्याय में 'वन बैल्ट वन रोड' परियोजना व भारत पर उसके प्रभाव की समीक्षा की जा रही है।

□

5

वन बेल्ट वन रोड : हमारी संप्रभुता को चुनौती व औपनिवेशिक विस्तार

चीन की प्रस्तावित सिल्क रूट आधारित 'वन बेल्ट वन रोड' परियोजना भारत के लिए गंभीर चुनौती होगी

चीन की 'चीन-पाक इकोनॉमिक कॉरिडोर' (सी.पी.ई.सी.) परियोजना भारत के लिए पहले ही एक गंभीर चुनौती बनी हुई थी और अब इसे 'वन बेल्ट वन रोड' के नाम से जिस सिल्क रूट को चीन बनाना चाह रहा है, उसके मार्ग में भारत का पाकिस्तान के कब्जे वाला कश्मीर भी आता है। इसके अतिरिक्त, इस परियोजना के बाद चीन विश्व की सर्वाधिक ताकतवर महाशक्ति बन जाएगा। विश्व के मानचित्र पर एशिया, अफ्रिका और यूरोप तक 65 देशों को व्यापार व परिवहन की दृष्टि से जोड़नेवाले सिल्क रूट का निर्माण करने की चीन की परियोजना में की बैठक में हाल ही में 100 देश सहभागी हुए हैं। इस सिल्क रूट के केंद्र में चीन ही रहेगा और इसे लागू करने के लिए 14 और 15 मई को बीजिंग में विश्व के 29 देशों के राष्ट्राध्यक्ष भी सम्मिलित हुए। पूरे विश्व में अपनी पहुँच व प्रभुत्व बढ़ाने के लिए एशिया, यूरोप और अफ्रीका के 65 देशों को जोड़ने की चीन की इस परियोजना को 'वन बेल्ट वन रोड' परियोजना का नाम दिया गया है। इसी को 'न्यू सिल्क रूट' का नाम भी दिया जा रहा है। इस बैठक में भारत ने भाग भी नहीं लिया है। नेपाल, अमेरिका आदि भी भाग नहीं लेनेवाले थे लेकिन अब वे भी सम्मिलित हो गए हैं।

देश की संप्रभुता व क्षेत्रीय अखंडता को चुनौती : अत: चीन का सिल्क रूट का सपना भारत के लिए गंभीर खतरे की घंटी बन गया है। पहले जहाँ चीन-

पाकिस्तान इकोनॉमिक कॉरिडोर ही भारत के लिए मुश्किल का कारण था, जहाँ चीन भी एक पक्षकार जैसी स्थिति में आ रहा है। अब 'वन बेल्ट वन रोड' के अंतर्गत भी पाकिस्तान के कब्जे वाला कश्मीर भी आता है। उस परियोजना में 65 देशों के हित जुड़ जाने से हमारा 68,000 वर्ग किमी. का संपूर्ण पाक अधिकृत कश्मीर का मुद्दा और भी समस्यामूलक हो जाएगा। आज लगभग 100 देशों ने इस 'वन बेल्ट वन रोड' परियोजना की प्रारंभिक बैठक में भाग लिया है। अतएव भारत को इस मुद्दे पर चीन पर दबाव भी लाना चाहिए, लेकिन भारत की संप्रभुता के सम्मुख इस चुनौती के बाद भी क्या हमें चीनी उत्पाद व ब्रांड खरीदने चाहिए? क्या प्रत्येक भारतीय को इस मुद्दे पर संपूर्ण विश्व में सोशल मीडिया पर भी जनमत को अपने साथ करने के प्रयास नहीं करने चाहिए?

यह प्रोजेक्ट पाकिस्तान के कब्जे वाले भारतीय इलाके गिलगित बाल्टीस्तान से गुजरेगा और गिलगित बाल्टीस्तान कानूनन भारत का भाग है, जो जम्मू-कश्मीर में आता है। हमारे भू-भाग को चीन अनेक देश के हित वाली परियोजना में उलझा रहा है। पहले ही पाकिस्तान वहाँ आतंकवादियों को ट्रेनिंग देकर भारत में भेजकर दशकों से आतंकवाद का छद्‌म युद्ध चला रहा है। पहले ही चीन, पाकिस्तान को लंबे समय से वहाँ सब प्रकार का समर्थन देता रहा है। अब OBOR के चलते दक्षिण एशिया में चीनी सेना का दखल भी बढ़ेगा। यह भारत के लिए सबसे अधिक समस्याएँ खड़ी करेगा। चीन आज जब पीओके में इकोनॉमिक कॉरिडोर बना रहा है, तब फिर कश्मीर को लेकर चीन भी एक पार्टी के तौर पर आनेवाले वक्त में खड़ा होकर अड़ंगा लगा सकता है। ओबोर से तो वह हमारे लिए जटिताएँ और बढ़ा देगा।

भारत को घेरने का भी साधन

आज भारत के सभी पड़ोसी देश पाकिस्तान, नेपाल, श्रीलंका और बांग्लादेश आदि चीन के इस सिल्क रूट का समर्थन कर रहे है, क्योंकि चीन बांग्लादेश को हथियार और पैसा, दोनों दे रहा है। श्रीलंका के हंबनटोटा बंदरगाह पर भारी-भरकम निवेश कर रहा है। श्रीलंका में चीन के बंदरगाह निर्माण के कदम से कुछ भारतीय विश्लेषक चिंतित हैं और वह इसे 'मोतियों की डोरी' (स्ट्रिंग ऑफ पर्ल्स) बताते हैं, जो भारत को घेरने के लिए है। भारत ने सार्क

के माध्यम से दक्षिण एशिया में जो अपनी पकड़ बनाई है, सिल्क रूट के जरिए चीन उसमें भी सेंध लगाना चाह रहा है।

चीन आर्थिक रूप से भी अत्यंत शक्तिशाली हो जाएगा।

विश्व मानचित्र पर चीन के नियंत्रणवाले व 65 देशों को जोड़नेवाले इस सिल्क रूट के पूरा होने से विश्व के बाजार पर चीन का और भी सशक्त कब्जा हो जाएगा। इसके छह कॉरिडोर होंगे जो आपस में मिलेंगे और विश्व के सबसे बड़े बाजार का निर्माण करेंगे। ये छह कॉरिडोर इस प्रकार होंगे—

(i) चीन, मंगोलिया, रुस, कॉरिडोर

(ii) न्यू यूरोशिया लैंड कॉरिडोर

(iii) चीन, सेंट्रल एशिया, पश्चिमी एशिया कॉरिडोर

(iv) चीन, पाकिस्तान, इकोनॉमिक कॉरिडोर

(v) बांग्लादेश, चीन, भारत, म्यॉंमार कॉरिडोर

(vi) चीन-इंडो चाइना पेनिनसुला कॉरिडोर

इस योजना के सहारे चीन विश्व के 65 देशों में सीधे निवेश कर सकेगा और उनकी अर्थव्यवस्था को अपने हितों के अनुसार संचालित करने में सफल होगा। यदि विश्व अर्थव्यवस्था में चीन अपने सामानों को बेचने के लिए स्थायी बाजार बना लेगा तो चीन के अंदर निर्मित माल पूरी दुनिया में छा जाएगा। इन्हीं कॉरिडोरों के लिए अब बीजिंग में 50 से अधिक अंतरराष्ट्रीय समझौते संचार, ऊर्जा और ट्रासपोर्टेशन के क्षेत्र में 29 देशों के साथ होंगे।

पाकिस्तान और चीन की सांठ-गांठ का भारत दशकों से सामना कर रहा है और इस 'वन बेल्ट वन रोड' के कारण आनेवाले वर्षों में सिर्फ भारत की सुरक्षा चुनौतियों को ही बढ़ाएगा और चीन की इन चालों की काट के लिए रीति-नीति खोजनी होगी। गिल्गिट बाल्टीस्तान में भारत की संप्रभुता को चुनौती देते हुए यह सब चीन भारत के विरोध के उपरांत भी कर रहा है। चीन ने तो ईरान के साथ हुए चाबहार समझौते को भी भारत से छीनने के पूरे प्रयास किए थे।

चीन से दुनिया पर दबदबा बनाने के लिए अभी भी एक ऐसी चाल चली है, कि वहाँ साम्यवादी शासन की 2049 में एक शताब्दी पूरी होने तक उसे विश्व का सबसे ताकतवर देश बनाने में अचूक सिद्ध हो। चीन की इस नई चाल का लाभ है—OBOR यानी वन बेल्ट वन रोड।

अपनी योजना में चीन बड़ी सीमा तक सफल भी हो गया है। उसने प्रमुख यूरोपीय देशों फ्रांस, बेल्जियम, जर्मनी, पोलेंड, बेलारूस, रूस व अमेरिका सहित कजाखिस्तान, बांग्लादेश, पाकिस्तान, श्रीलंका और नेपाल तक को इस योजना में शामिल कर लिया है।

अंतरराष्ट्रीय प्रेक्षकों का मानना है कि वन बेल्ट वन रूट के बहाने चीन विश्व पर अपना वर्चस्व जमाना चाहता है और उसे यूरोप तक घुसपैठ सफलता मिल गई है। इसमें उसने 29 देशों के राष्ट्राध्यक्षों, 70 अंतरराष्ट्रीय संगठनों के प्रमुखों, दुनिया भर के 100 मंत्रिस्तरीय अधिकारियों, विभिन्न देशों के 1,200 प्रतिनिधि मंडलों को आमंत्रित किया था। मना करते-करते भी अमेरिका तक इस बैठक में सम्मिलित हो गया है।

1400 अरब डॉलर के इस ड्रीम प्रोजेक्ट का स्वरूप : यह प्रोजेक्ट पूरा होने पर चीन की विश्व अर्थव्यवस्था पर सशक्त पकड़ करा देगा। यह ओबीओआर लगभग 1,400 अरब डॉलर की परियोजना है। चीन इस ड्रीम प्रोजेक्ट को 2049 तक पूरा करना चाहता है। 2014 में आई रेनमिन यूनिवर्सिटी की एक रिपोर्ट में कहा गया था कि नई सिल्क रोड परियोजना करीब 35 वर्ष में यानी 2049 तक पूरी होगी। इस प्रकार चीन उसके साम्यवादी शक्ति बनने की अपनी 100 वीं वर्षगाँठ को अभिमान व गौरव के साथ मनाने की तैयारी कर रहा है।

इस ओबीओआर के दो मार्ग (रूट) होंगे। पहला भू-तल मार्ग अर्थात् लैंड रूट होगा, जो चीन को मध्य एशिया के माध्यम से यूरोप से जोड़ेगा। इसे कभी सिल्क रोड कहा जाता था। दूसरा मार्ग (रूट) सामुद्रिक होगा, जो चीन को दक्षिण पूर्व एशिया और पूर्वी अफ्रीका होते हुए यूरोप से जोड़ेगा, जो न्यू मैरिटाइम सिल्क रोड कहा जाएगा।

सात देशों की अर्थव्यस्था से चीन जुड़ भी चुका है : हाल ही में 29 अप्रैल, 2017 को प्रयोग के रूप में 12 हजार किलोमीटर लंबा फासला तय कर पहुँची अपनी ट्रेन का चीन ने भारी समारोहिक स्वागत किया है। विश्व के इस दूसरे सबसे लंबे रेल मार्ग पर लंदन से चली यह ईस्ट विंड मालगाड़ी 20 दिनों में पूर्वी चीन के यिवू शहर पहुँची। 30 डिब्बों वाली ट्रेन में व्हिस्की, सॉफ्ट ड्रिंक, विटामिन और दवाइयाँ थी। यह मालगाड़ी फ्रांस, बेल्जियम, जर्मनी, पोलैंड,

बेलारूस, रूस और कजाखिस्तान से होते हुए चीन पहुँची। पहला सबसे बड़ी रूट भी चीन केंद्रित ही है।

अभी चीन के यिवु शहर से स्पेन के मैड्रिड तक बना रेलवे रूट आज विश्व का सबसे लंबा रेल रूट है। इसकी लंबाई करीब 13 हजार किलोमीटर हैं। अब चीन इसे दक्षिण-पूर्व एशिया से भी जोड़ लेगा। इससे पहले चीन ने 18 नवंबर, 2014 को भी ऐसी ही एक 82 डिब्बोंवाली मालगाड़ी को 21 दिनों में लगभग दस हजार किलोमीटर दूर स्पेन की राजधानी मैड्रिड भेजा था। अक्तूबर 2013 में भी चीन ने 9,820 किलोमीटर दूर जर्मनी के तटीय शहर हैम्बर्ग तक एक ट्रेन भेजी थी। इन सभी रेल मार्गों से चीन का जबरदस्त आर्थिक सशक्तीकरण होगा।

बीसीआईएम के लिए भी चीन का अनुचित दबाव

चीन चाहता है कि भारत भी उसके सिल्क रूट का हिस्सा बने और बांग्लादेश-चीन-भारत-म्याँमार (बीसीआईएम) गलियारे की स्वीकृति दे दे। इसके लिए चीन भारत पर अनुचित दबाव भी डालने की कोशिश में है, लेकिन भारत ने पहले ही इससे इनकार कर दिया है। वस्तुतः बीसीआईएम भी चीन के प्रस्तावित सिल्क रूट का हिस्सा है, जो भारतीय स्वामित्व वाले कश्मीर से बिना भारत की अनुमति के ही जा रहा है। बीसीआईएम के लिए सहमति देने का मतलब ही है, भारत के बाजारों पर चीनी सामानों का और व्यापक आक्रमण। फिर चीनी माल भारत में बांग्लादेश और म्याँमार के मार्ग से भी आ जाएगा।

OBOR को आंशिक टक्कर भारत-रूस का ग्रीन कॉरिडोर देगा

भारत और रूस भी अब साथ मिलकर दोनों देशों के बीच 7,200 किलोमीटर लंबा ग्रीन कॉरिडोर बनाने की तैयारी कर रहे हैं। यह ग्रीन कॉरिडोर भारत और रूस की मैत्री के 70 साल पूरे होने के अवसर पर शुरू होगा। यह ग्रीन कॉरिडोर ईरान होते हुए भारत और रूस को जोड़ेगा। इसके साथ ही भारत यूरोप से भी जूड़ेगा। यह सब चाबहार समझौते से संभव हुआ है। उसे (चाबहार समझौते को) भी भारत से छीनने के चीन ने अथक प्रयास किए थे। यह परियोजना वन बेल्ट वन रोड का भारतीय तोड़ है, जो भारत व यूरेशिया के बीच व्यापार व परिवहन के व्यय को कम करेगा। इस परियोजना में रेल, सड़क व

सामूद्रिक मार्ग—तीनों का उपयोग होगा। इससे भारत, ईरान, रूस, मध्य एशिया व यूरोप के बाजारों तक आसानी से व्यापार बढ़ा सकेगा।

चीन का बढ़ता औपनिवेशिक विस्तार

आज अफ्रीका के लगभग एक तिहाई प्राकृतिक संसाधनों पर चीन का स्वामित्व हो गया है। अफ्रीका व लैटिन अमेरिका का आज सबसे बड़ा व्यापारिक भागीदार चीन हो गया है। अफ्रीका या ऑस्ट्रेलिया में बड़ी मात्रा में चीनी नागरिक बसे हुए है। चीन आज श्रीलंका, म्याँमार, बांग्लादेश, नेपाल व पाकिस्तान के साथ सघन आर्थिक व सामरिक गठबंधन करने की ओर भी बढ़ रहा है। चीन द्वारा प्रवर्तित एशिया इंफ्रास्ट्रक्चर ऐंड इनवेस्टमेंट बैंक (AIIB), जिसमें 57 देश सदस्य है, उसका चीन सबसे बड़ा शेयर होल्डर है। इसलिए AIIB के ऋणों का वितरण चीन के नियंत्रण में रहेगा। ऐसा होने से संपूर्ण एशिया पर चीन का प्रभुत्व बढ़ेगा। वन बेल्ट वन रोड से चीन के संभावित वर्चस्व की चर्चा ऊपर की जा चुकी है। इन सबसे चीन एक नई औपनिवेशिक सत्ता के रूप में उभर सकता है लेकिन यदि भारत और अमेरिका चीन के साथ अपना व्यापार घाटा शून्य पर लाने में सफल हो जाते हैं। तब चीन का सारा व्यापार अतिरेक (Trade Surplus) समाप्त हो कर घाटे की स्थिति बन सकती है। तब फिर चीन की एक महाशक्ति बनने की महत्त्वाकांक्षा भी विफल हो सकती है।

संसाधनों पर नियंत्रण और आर्थिक, तकनीकी व सामरिक उपनिवेशवाद : चीन वर्तमान में अपने लिए कच्चे माल की प्राप्ति के स्रोतों का विविधीकरण करने, अपने अल्प मूल्य के उत्पादों से विदेशी बाजारों पर इस प्रकार नियंत्रण करने कि स्थानीय स्पर्द्धा समाप्त हो जाए, उसकी इंफ्रास्ट्रक्चर कंपनियों का निरंतर काम मिलता रहे व अपनी सामरिक व सब प्रकार से शक्ति का वर्चस्व स्थापित करते हुए पूर्वी व पश्चिमी गोलार्द्ध, दोनों में शीर्ष शक्ति के रूप में उभरना।

चीन वर्तमान में सात प्रकार के औपनिवेशिक लक्ष्यों पर काम कर रहा है—

1. अपने लिए कच्चे माल की प्राप्ति के स्रोतों का अधिकतम विविधीकरण करने में लगा हुआ है। ऊर्जा के स्रोतों से लेकर खनिज संसाधनों के लिए चीन, एशिया, लैटिन अमेरिका, ऑस्ट्रेलिया आदि सभी प्रमुख महाद्वीपों के अधिकतम देशों में संसाधनों में निवेश कर उन पर अपना

स्वामित्व व नियंत्रण कर रहा है। इससे वह विविध देशों में चीन को आपूर्ति के लिए एक स्पर्द्धा निर्माण करता जा रहा है। इन देशों में सारा खनन व उत्पादन वह अपने संयंत्रों, श्रम व कंपनियों के माध्यम से करने को प्राथमिकता दे रहा है। इससे कई देशों में उसके विरुद्ध वहाँ के स्थानीय जन समाज व शासन भी असहाय अवस्था में होने तक का अनुभव करने लग जाएँगे।

2. विश्व के विविध देशों के विविध उत्पादों के बाजारों पर इस प्रकार एकाधिकार करना कि वहाँ के स्थानीय उद्योग बंद हो जाएँ व चीनी उत्पादों के लिए एक-एक कर स्थानीय स्पर्द्धा पूरी तरह समाप्त हो जाए। ऐसा एकाधिकार निर्माण करने तक अपने उत्पाद लागत से अल्प मूल्य पर बेचना और उस देश की स्थानीय स्पर्द्धा समाप्त होने के बाद मूल्य बढ़ाकर शोषण करना।

   चीन जहाँ-जहाँ भी संभव है, प्रत्येक देश में व्यापक स्तर पर अपने व्यय पर व अपनी श्रम शक्ति से अवसंरचनाओं यथा मल्टीलेन राजमार्गों, रेल मार्गों, बंदरगाहों, हवाई अड्डों, विद्युत् जनन संयंत्रों, न्यूक्लियर प्लांट्स, कंटेनर टर्मिनल्स आदि का निर्माण कर रहा है। उसके उपरांत उस निवेश के बदले उन अवसंरचनाओं पर अपना आधिपत्य स्थापित कर उसके बदल अपनी कई शर्तें आरोपित कर उस देश के संसाधनों को अपने नियंत्रण में लेता चला जा रहा है। हाल ही में उसने श्रीलंका व कई अफ्रीकी देशों की ऐसी ही ब्लैकमेलिंग प्रारंभ कर दी है।

3. चीन अनेक अफ्रीकी व एशियाई देशों में अपने सैन्य बलों की उपस्थिति बढ़ाकर अपनी कठपुतली सरकारें स्थापित करने के प्रयास कर रहा है।

4. विश्व में जहाँ भी संभव है, वहाँ वह इन देशों के उद्योग, वाणिज्य व अवसंरचना निर्माण का कार्य अपने हाथ में लेता चला जा रहा है। वहाँ पर वह चीनी श्रमिक ले जाकर सारे काम उनसे करा रहा है। अंततः वह उन श्रमिकों को अफ्रीकी देशों में तो बसाता भी चला जा रहा है। ऑस्ट्रेलिया में पहले ही 6 प्रतिशत जनसंख्या चीनी हैं।

आज ऑस्ट्रेलिया में एक तिहाई से अधिक भू-संपदा (आवासीय फ्लैट सहित) के सौदे चीनी ही कर रहे हैं। हाल ही में ऑस्ट्रेलिया के सबसे बड़े गेहूँ के फार्म को भी चीनी कंपनी खरीदने जा रही थी। उसे ऑस्ट्रेलियाई सरकार ने रोका था। वहाँ बड़ी मात्रा में कृषि भूमि चीन खरीदता जा रहा है।

5. चीन द्वारा अंतरराष्ट्रीय वित्त पर नियंत्रण एवं अपने संसाधनों से विश्व में सर्वत्र अन्य देशों पर अपना आर्थिक वर्चस्व बनाने का प्रयास किया जा रहा है। एशिया में इस हेतु उसने 'एशिया इंफ्रास्ट्रक्चर ऐंड इनवेस्टमेंट बैंक' बनाया है। उसमें भारत, इंग्लैंड व ऑस्ट्रेलिया सहित 57 देशों की पूँजी लगी हुई है एवं वे उसके सदस्य हैं, लेकिन उसमें एक चौथाई अंश पूँजी (शेअर) चीनी होने से उसका निर्णय ही अंतिम निर्णय होता है। इससे एशिया में वह विकास ऋणों के माध्यम से अपना कूटनीतिक प्रभाव बढ़ा रहा है।
6. चीन अपना सांस्कृतिक प्रभाव बढ़ाने हेतु भारत, अमेरिका, यूरोप व अफ्रीका सहित पूरे विश्व में चीन ने कई विश्वविद्यालयों में कन्फ्यूशस अध्ययन केंद्र खोले हैं। आज ऐसे 500 से अधिक कन्फ्यूशस संस्थान एवं 1,000 से अधिक अध्ययन केंद्र विश्व के कई विश्वविद्यालय परिसरों में चल रहे हैं। भारत में भी वह कई विश्वविद्यालयों में ऐसे केंद्र चला रहा है।

विश्व के सभी भागों में अपने सामरिक व सैन्य अड्डे विकसित कर एक नयी औपनिवेशिक शक्ति के रूप में उभरना

यदि हम लैटिन अमेरिका अफ्रीका व ऑस्ट्रेलिया पर चीन के बढ़ते वर्चस्व पर विचार करें तो आज चीन-लैटिन अमेरिका व्यापार में वर्ष 2000 के बाद 25 गुनी वृद्धि तो हुई है। वर्ष 2025 तक इसे 500 अरब डॉलर तक बढ़ाने का लक्ष्य तय किया है। भारत-लैटिन अमेरिका व्यापार मात्र 49 अरब डॉलर ही है। वर्ष 2014 में ही चीनी विकास बैंक व एक्सिम बैंक ने मिलकर 29 अरब डॉलर के ऋण दिए हैं। वहाँ चीन का निवेश आज 100 अरब डॉलर तक पहुँच गया है। उसे 2025 तक 250 अरब डॉलर करने का लक्ष्य है। उदाहरणतः चीन

ने इक्वाडोर नामक लैटिन अमेरिकी देश में अपने अनुभव व संसाधनों से एक अतिविशाल जल विद्युत् संयंत्र का निर्माण किया है जो इक्वाडोर की 35 प्रतिशत ऊर्जा की आवश्यकता पूरी करता है। इक्वाडोर की सरकार की वर्ष 2014 की 61 प्रतिशत ऋण पूर्ति के बदले में उसका 90 प्रतिशत खनिज तेल हथिया लिया। इसी क्रम में अर्जेण्टाइना में उसने दो न्यूक्लिअर ऊर्जा संयंत्र स्थापित करने के साथ उसे 20 लड़ाकू विमान व कई नौसैनिक गश्ती जलपोत एक अरब की लागत पर दिए हैं। कोलंबिया में राजमार्ग निर्माण, ब्राजील में कंटेनर पोर्ट का निर्माण आदि अवसंरचना विकास के अनगिनत उदाहरण है।

लैटिन अमेरिकी देशों को वर्ष 2005 से 2015 के बीच चीन ने 125 अरब डॉलर के ऋण दिए हैं जो लैटिन अमेरिका के जीडीपी के 2.5 प्रतिशत के बराबर है। आज चीन लैटिन अमेरिका से इतना दूर होते हुए भी दूसरा सबसे बड़ा व्यापारिक भागीदार है। ब्राजील का वह सबसे बड़ा व्यापारिक भागीदार बन गया है। चीन-ब्राजील व्यापार आज 78 अरब डॉलर का है और ब्राजील के 18 प्रतिशत व चिली के 24.4 प्रतिशत निर्यात चीन को हो रहे हैं।

आज ऑस्ट्रेलिया में बड़े पैमाने पर कृषि भूमि व आबादी भूमि का बड़े पैमाने पर चीन, चीनी कंपनियाँ व चीनी नागरिक निवेश कर रहे हैं। चीन-ऑस्ट्रेलिया व्यापार भी आज 120 अरब डॉलर के निकट है। भारत-ऑस्ट्रेलिया व्यापार मात्र 20 अरब का ही है। ऑस्ट्रेलिया में वर्ष 2016 में सर्वाधिक विदेशी निवेश 47.3 अरब डॉलर चीन का था। इसमें 31.9 अरब डॉलर रीयल एस्टेट अर्थात् भू-संपदा में था। चीन के 30,611 भू-संपदा खरीददारों को ऑस्ट्रेलियाई विदेशी निवेश बोर्ड ने अनुमोदन किया है। चीन ऑस्ट्रेलिया में बड़े पैमाने पर कृषि भूमि व कृषि फार्म भी खरीद रहा है। पिछले वर्ष ऑस्ट्रेलिया का 70,000 हेक्टर (700 वर्ग किमी) का सबसे बड़ा गेहूँ का फार्म भी एक चीनी कंपनी ने ही 2.4 करोड़ डॉलर में खरीदा है। चीन आज ऑस्ट्रेलिया का दूसरा सबसे बड़ा कृषि भूमि धारक देश बन गया है। पूर्व में इंग्लैंड के बाद दूसरा स्थान अमेरिका का था। आज चीन तेजी से ऑस्ट्रेलियाई जमीनें खरीद रहा है। आवासीय मकानों की खरीद में चीन पहले स्थान पर है। एक तिहाई से अधिक नए मकान चीनी लोग खरीद रहे हैं। चीन, न्यूजीलैंड में भी इसी स्तर पर कृषि भूमि खरीद रहा है। अफ्रीका में भी चीन बड़े पैमाने पर कृषि भूमि खरीद रहा है। विश्व की 60 प्रतिशत कृषि योग्य भूमि अफ्रीका में है।

आज यदि चीन द्वारा एक नव उपनिवेशवादी सत्ता की तरह व्यापार, निवेश, सैन्य बल विस्तार, शस्त्रास्त्रों के उत्पादन, सैन्य अड्डों की स्थापना, वैश्विक संसाधनों पर नियंत्रण एवं विविध देशों को अपनी विदेश नीति के हस्तक या टूल के रूप में प्रयुक्त कर अपना वर्चस्व बढ़ा रहा है। उसके विपरीत, हमें सभी देशों को उसके चंगुल से मुक्त कराना है तो सभी प्रकार के उत्पादों को सुलभ करने अवसंरचना विकास आदि के उपक्रम हमें ही विकसित करने होंगे।

यदि चीनी उत्पादों को हम खरीदते चले गए तो हम कभी भी विश्व को विकल्प नहीं दे सकेंगे। लेकिन चीनी उत्पादों को खरीदना बंद कर ये सबकुछ हमें विकसित करने होंगे। हम चीनी पेन, बल्ब, सोलर पैनल, कंप्यूटर, मोबाइल पावर प्लांट से लेकर रेलों के उपकरण चीनी खरीदेंगे तो देश के इन क्षेत्रों के उद्योग बंद होंगे व हम एक उद्योग रहित व प्रौद्योगिकी विहीन देश बनने की ओर अग्रसर होंगे। दूसरी ओर, हमने चीन उत्पादों के स्थान पर भारतीय उत्पाद खरीदे तो अपने देश में इन उद्योगों का विकास होगा और हम भी विश्व बाजारों में ये ही उत्पाद बेचने की स्थिति में आएँगे।

व्यापार व निवेश के साथ-साथ चीन अफ्रीका में अपने सैन्य अड्डे भी विकसित कर रहा है। अफ्रीकी देशों को सहायता को भी वह संयुक्त राष्ट्र संघ में संबंधित देशों द्वारा चीन को दिए जाने वाले समर्थन के अनुरूप ही चीन विविध देशों को सहायता देता है। चीन की विदेश नीति के समर्थन में खड़े होने के अनुपात में ही वह अफ्रीकी, लैटिन अमेरिकी व एशियाई देशों को सहयोग देता है और उनकी ब्लैकमेलिंग भी करता है यथा दक्षिण अफ्रीका को वर्ष 2014 में चीन ने इस बात के लिए बाध्य कर लिया कि उसने बौद्ध गुरु व तिब्बत की निर्वासन में बनी सरकार के प्रमुख श्री दलाई लामा के पूर्व निर्धारित प्रवेश की अनुमति को निरस्त कर दिया। इसी प्रकार वर्ष 2014 में ही केन्या को इस बात के लिए बाध्य कर दिया कि उसने अपने यहाँ से 50 ताइवानी नागरिकों को निर्वासित कर दिया, जो वहाँ वैद्य वीसा लेकर आए थे। 'साओ टोम ऐंड प्रिंसिपल' नामक अफ्रीकी देश को तो ताइवान से राजनायिक संबंध ही विच्छेद करने को बाध्य कर लिया। अफ्रीकी देश 'जीबूती' में तो उसने अपना सैन्य अड्डा ही विकसित कर लिया है, जो उसे 'रेड सी' एवं हिंद महासागर में अपना प्रभुत्व स्थापित करने में सक्षम बनाएगा। उसका यह सैन्य अड्डा अमेरिकी सैन्य

अड्डे 'अफ्रीकाम' से मात्र 10 मील की दूरी पर ही है। भारत को घेरने के लिए तो चीन ने पाकिस्तान में ग्वाडर, बाँग्लादेश में चटगाँव, म्याँमार के द्वीप, श्रीलंका में हंबनतोटा आदि बंदरगाहों पर अपनी सैन्य उपस्थिति बना रहा है। ग्वाडर में तो उसने अपना नौसैनिक अड्डा बना लिया है।

चीन के औपनिवेशिक विस्तार के समाजशास्त्रीय आयाम : चीन जहाँ भी निर्माण कार्य व उत्पादक उद्योगों का संचालन कर रहा है, वहाँ वह चीनी श्रमिक नियोजित कर रहा है। उनमें बड़ी संख्या में वहाँ की जेलों के बंदी हैं। उनकी सजा की अवधि पूर्ण होने पर वह उन्हें वहीं बसाता जा रहा है। ऐसा वह अफ्रीका में विशेष रूप से करता जा रहा है। अब वे बंदी वही अफ्रीकी महिलाओं से विवाह रचाकर उन देशों में एक समाजशास्त्रीय परिवर्तन ला रहे हैं। एक चीनी द्वारा वहाँ अफ्रीकी महिलाओं से विवाह कर लेने पर उसका संबंध उस पूरे कबीले से हो जाता है। इस प्रकार चीन अपना समाजशास्त्रीय विस्तार भी कर रहा है। अब वह 65 देशों में 'वन बेल्ट वन रोड' परियोजना का निर्माण करनेवाला है। उसका निर्माण भी वह प्राथमिकता से अपने ही निवेश व अपनी ही श्रम शक्ति से करनेवाला है। चीन की सरकार आज पूरे विश्व में कन्फ्यूशियस केंद्र चलाने के लिए भी आर्थिक सहायता दे रही है। भारत में भी कई विश्वविद्यालय ऐसे केंद्र, चीनी सहायता से चला रहे हैं।

अफ्रीका, पश्चिम एशिया, दक्षिण पूर्व एशिया और लैटिन अमेरिका में सर्वत्र चीन का प्रभाव एवं वहाँ अधिकाधिक देशों के साथ उसकी व्यापारिक व आर्थिक संबंधों में सघनता अप्रत्याशित रूप से बढ़ी है। इस प्रकार भारत के चारों ओर स्थित देशों से संरक्षक व संरक्षित जैसे संबंध बनाकर चीन भारत की घेराबंदी कर रहा है और सुदूर देशों में भी उसका प्रभाव बढ़ रहा है। साथ ही, देश के अंदर जिस ढंग से चीनी कंपनियों का अंतरजाल फैल रहा है और हमारे द्वारा बड़ी मात्रा में चीनी उत्पादों की खरीदकर चीन को जो आर्थिक संबल दिया जा रहा है, इसे देखते हुए हमें भू-राजनैतिक, आर्थिक व रणनीतिक दृष्टि से पुनर्विचार करना चाहिए और हमें अपने अंतरराष्ट्रीय संबंधों को नया धरातल देना होगा।

पर्यावरण और मानवाधिकार संकट : विश्व के वातावरण परिवर्तन एवं बढ़ते तापमान का एक प्रमुख कारण चीन द्वारा फैलाया जानेवाला प्रदूषण है। विश्व में जो कुल कार्बन डाइऑक्साइड और अन्य ग्रीन हाउस गैसों का 9.8

गीगा टन का उत्सर्जन है। उसमें से 4 गीगा टन अकेले चीन द्वारा किया जा रहा है। चीन अमेरिका की दुगुनी ग्रीन हाउस गैसें वायुमंडल में छोड़ रहा है। सर्वाधिक प्रदूषणकारी ईंधन कोयले का सबसे अधिक और विश्व का लगभग 50 प्रतिशत दहन चीन द्वारा किया जा रहा है।

चीन द्वारा तिब्बत में मानवाधिकारों का अत्यंत नृशंसतापूर्वक हनन किया जा रहा है। श्रीलंका में तमिलों के नरसंहार से लेकर सूडान सहित कई अफ्रीकी देशों में चीन के सैन्य सहयोग व छोटे हथियारों की आपूर्ति से व्यापक स्तर पर मानवाधिकारों का हनन होता रहा है। 'गार्जियन' अखबार में छपे समाचारों के अनुसार चीन निर्यात के लिए सौंदर्य प्रसाधनों में काम लेने के लिए 'मानव कोलाजन' (Human Collagen) वहाँ मौत की सजा पाए हुए कैदियों की चमड़ी तक उतारकर प्राप्त कर लेता है। एक पूर्व चीनी स्वास्थ्य उप मंत्री हुआंग जेफू यह भी स्वीकार कर चुका है कि चीन में मृत्युदंड पाए कैदियों का अंग प्रत्यारोपण आम बात है। जून 2001 में वांग गुओकि नामक पूर्व चीनी मिलिट्री चिकित्सक, जिसने अमेरिका में शरण ले ली, ने यहाँ तक स्वीकार किया है कि उसने गोली मारकर मौत की सजा पाए हुए 100 से अधिक कैदियों के अंग प्रत्यारोपण में सहयोग किया था। उसने यहाँ तक भी स्वीकार किया कि 1995 में गोली मार कर मृत्युदंड पाए हुए कैदी की त्वचा उतारी है, जिसका हृदय उस समय धड़क रहा था। 'गार्जियन' में छपे इन समाचारों के अनुसार ही चीन में प्रतिवर्ष लगभग 3 से 7 हजार लोगों को मृत्युदंड दिया जाता है। (देखें दि गार्जियन, मंगलवार 7 फरवरी, 2017 एवं दि गार्जियन 13 सितंबर, 2005)

वस्तुत: ऐसे सभी प्रकार के अमानुषिक कृत्यों के आधार पर आर्थिक होड़ में लगे चीन का माल विश्व के कितने लोग खरीदेंगे? यदि लोगों को चीन के औपनिवेशिक विस्तार की महत्त्वाकांक्षाओं, पर्यावरण विनाश एवं मानवाधिकारों के हनन की इन घटनाओं की ठीक-ठीक जानकारी हो जाए। बस! आज यही आवश्यक है कि अपने देश व विश्व के सजग नागरिक चीन के प्रति सजग हो जाएँ।

□

6

दौलत बेग ओल्डी में वर्ष 2013 का अनुचित नरम रुख

अप्रैल 2013 में चीन के 40 सैनिक बिना किन्हीं भारी शस्त्रास्त्रों के अक्साई चीन के मार्ग से 19 किमी. भारतीय सीमा में घुसकर, पूर्वी लद्दाख के 'दौलत बेग ओल्डी' क्षेत्र में 4 तंबू गाड़कर डट गए थे। यह सब होने के बाद भारत-तिब्बत सीमा पुलिस ने 15 अप्रैल, 2013 को केंद्र सरकार को सूचित किया कि चीन के सैनिकों ने भारतीय सीमा में घुसपैठ कर ली है। ये चीनी सैनिक भी साथ में बस केवल हल्की मशीनगनें ही लेकर आए थे और उनके सहारे ही वे वास्तविक नियंत्रण रेखा से 19 किमी. भारतीय सीमा में आकर डट गए। यदि तब सीमा पर हमारी गश्त प्रभावी होती तो वे सीमा में घुसपैठ कर ही नहीं सकते थे।

'दौलत बेग ओल्डी' में असावधानी अक्षम्य

दौलत बेग ओल्डी ही एकमात्र वह स्थान है, जहाँ से हम कारगिल की भी सुरक्षा कर सकते हैं। इसलिए 4,057 किमी. लंबी भारत-तिब्बत सीमा का यह सर्वाधिक महत्त्व का स्थान है। ऐसे महत्त्व के स्थान की भी हम तक ठीक से गश्त नहीं करवाते थे। चीन कहीं नाराज न हो जाए, इसलिए हमारी गश्त वहाँ तब बहुत अनियमित रही है। चीनियों ने वहाँ भारतीय सुरक्षा बलों की हलचलों पर दृष्टि रखने के लिए कुछ बड़े आकार के मोलासर नस्ल के खतरनाक श्रेणी के कुत्ते भी उन्होंने वहाँ तैनात कर दिए थे। इसके बाद चीनी सैनिकों के इन तंबुओं से मात्र 200 मीटर दूरी पर भारतीय सेना व भारत-तिब्बत सीमा पुलिस

के सशस्त्र प्लाटून भी 21 दिन तक उन्हें निहारते रहे। भारत की सीमा में 19 किमी. अंदर तक घुस आए 40–50 सैनिकों के इस प्लाटून को घुसपैठ से रोकने या उन्हें धकेलकर बाहर करने के स्थान पर भारत सरकार ने उनकी वापसी की जो अपमानजनक शर्तें मानीं, वे अत्यंत चिंताजनक थीं।

सैन्य सूत्रों के अनुसार, वहाँ तैनात भारतीय सेना उन चीनी सैनिकों को कुछ मिनटों में धकेल बाहर कर सकती थी। सेना वह करना भी चाह रही थी, लेकिन ऐसा करने के विरुद्ध कुछ कूटनीतिक विश्लेषकों ने यह मिथ्या जोखिम बताकर रोक दिया था कि नियंत्रण-रेखा के पार चीन ने तिब्बत में विस्तृत सड़क जाल के साथ अत्यंत उत्कृष्ट रक्षा अवसंरचना (Defence infrastructure) विकसित कर रखी थी। इससे चीन वहाँ चंद घंटों में भारी सैन्य बल व शस्त्रास्त्र तैनात कर लंबे सीमा संघर्ष में उलझा सकता था और वस्तुत: उसने वहाँ हवाई समर्थन के साथ सशस्त्र प्लाटून पीछे तैनात भी कर रखे थे। तथापि, चीन से ब्लैकमेल होने के स्थान पर भारतीय सेना स्थिति अपने हाथ में लेकर उन चीनी सैनिकों निकाल बाहर करने की दृढ़ इच्छाशक्ति के साथ उत्सुक व सन्नद्ध थी, लेकिन तब गृह मंत्रालय ने उस संकट की घड़ी में भी सीमा का प्रबंध सेना को सौंपने से मना कर दिया। गृह मंत्रालय का मत था कि भारत-तिब्बत सीमा का प्रबंध वही, भारत-तिब्बत सीमा पुलिस के सहयोग से कर लेगा। युद्ध नहीं होने की दशा में शांति काल में भारत-तिब्बत सीमा प्रबंध का अधिकार वह (गृह मंत्रालय) सेना को नहीं देगा, मानो वह कोई विदेशी सेना हो। सीमा पर अतिक्रमण के बाद भी उसे शांति काल कहकर सीमा प्रबंध सेना को नहीं देना कितना उचित था?

यह भी हास्यास्पद ही है कि जहाँ चीन ने सीमा तक अत्यंत उत्कृष्ट सड़कों का जाल व व्यापक सैन्य अवसंरचना विकसित कर रखी है, वहीं दूसरी ओर भारतीय सीमा में इस ओर भारत सरकार ने चीन से 1962 की पराजय के बाद भी रक्षा अवसंरचना तो दूर, साधारण सड़कों का विकास ही नहीं किया। इसलिए हमारी ओर से वहाँ केवल हवाई मार्ग से ही वहाँ रक्षा सामग्री या सैन्य बल पहुँचाए जा सकते हैं। इस कारण वहाँ पर खुली व लंबी लड़ाई चीन की तुलना में हमारे लिए अधिक कष्ट साध्य सिद्ध होती। सीमा पर आवश्यकता आधारित रचनाओं के अभाव में चीन के विरुद्ध भारतीय सैन्य बलों की रणनीतिक स्थिति

कुछ कमजोर सिद्ध हो सकती थी। तथापि इन 40 चीनी सैनिकों को वहाँ से निकालने की सेना की पूरी तैयारी थी, लेकिन भारत-तिब्बत सीमा के प्रबंध के, अपने अधिकार की अनुचित दुहाई देकर गृह मंत्रालय का सीमा प्रबंध सेना के नियंत्रण में नहीं देना और सेना को उन अतिक्रमी सैनिकों को निकाल बाहर करने की छूट नहीं देना भी आश्चर्यजनक है। वर्ष 1962 की पराजय के बाद पचास वर्षों में भी वहाँ सड़क व अन्य सैन्य अवसंरचनाएँ विकसित नहीं करने के कारण ही चीन इन थोड़े से सैनिकों को तैनात करके भारत सरकार के साहस की परीक्षा ले रहा था। ऐसे में भारतीय सेना उसको मुँहतोड़ जवाब देने और उन अतिक्रमी सैनिकों को निकाल बाहर करने को तत्पर थी। इसलिए सरकार को सीमा प्रबंध सेना को सौंप देना चाहिए था। सीमा रक्षण सेना को न देकर यू.पी.ए. सरकार ने चीन की जिन शर्तों को माना, उससे हमारी सेना बहुत आहत हुई थी। सेना का दृढ़मत चीनी सैनिकों को धकेल पीछे करने का था।

भारत-चीन युद्ध के पचास वर्ष बाद भी उस क्षेत्र तक सड़क नहीं बना पाने के लिए सरकार व सीमा सड़क संगठन की यह लापरवाही भी सर्वथा अक्षम्य है, विशेषकर जबकि पूरी 4,057 किमी. लंबी भारत-तिब्बत सीमा पर यह अतिक्रमण वाला, दौलत बेग ओल्डी क्षेत्र, भारत के लिए रणनीतिक दृष्टि से सर्वाधिक महत्त्वपूर्ण व संवेदनशील स्थान है। सिचाचिन व कारगिल की सुरक्षा इस क्षेत्र पर हमारे नियंत्रण पर ही निर्भर है। तब भी 2001 से वहाँ सड़क निर्माण विचाराधीन होने पर भी उस पर कार्य आरंभ नहीं किया गया। वस्तुतः इस स्थान के रणनीतिक महत्त्व को देखकर ही तत्कालीन एन.डी.ए. सरकार ने उस क्षेत्र में सड़क बनाने का निर्णय लिया था। उसे यू.पी.ए. सरकार रोके रही। शायद उसे यह शंका थी कि कहीं चीन इससे उत्तेजित न हो जाए। यह कूटनीतिक साहस का ही अभाव था।

भारत की इस लापरवाही के कारण ही चीन अपने इन 40 सैनिकों के बलबूते पर 21 दिन तक भारत सरकार को ब्लैकमेल करता रहा और हमको हमारी ही सीमा में न केवल पीछे धकेलने में सफल रहा। वरन्, हमारी सीमा में अविवादित क्षेत्र में विकसित हमारी सीमा क्षेत्रीय आधारिक रचनाओं को भी हमारे ही हाथों ध्वस्त करवाने में सफल रहा। पिछले दिनों सीमा पर चीनी सैन्य जमाव व सीमा पर चीनी आधारिक रचनाओं (इंफ्रास्ट्रक्चर) से आंशिक संतुलन

के लिए जिस सैन्य अवसंरचना (इंफ्रास्ट्रक्चर) के विकास की शुरुआत इन दिनों भारतीय सेना ने प्रारंभ की है, उसकी प्रतिक्रिया में ही चीन ने हमारी सीमा में यह 19 किमी. घुसपैठ की है। मात्र इन 40-50 लगभग निःशस्त्र सैनिकों के एक प्लाटून को बैठाकर उन्हें वापस बुलाने के बदले जितनी अपमानजनक शर्तें हम पर आरोपित कीं, उनको भारत सरकार (उन चालीस सैनिकों की वापसी के बदले) मानती गई। यह सब अत्यंत अपमानजनक व देश की भावी सुरक्षा के लिए गंभीर चुनौती है। चीन का न तो वहाँ कोई तोपखाना तैनात था, न कोई बख्तरबंद गाड़ियाँ, न ही कोई बंकर थे। वहाँ कोई मिसाइल लॉन्चर भी नहीं थे। केवल लाइट मशीनगंस व कुछ बड़े आकार के कुत्तों के बल पर ही हमारे सशस्त्र बलों के सामने वे टिके हुए थे और हमें ब्लैकमेल किए जा रहे थे। उन्हें उस अवस्था में हमारी सीमा के बाहर धकेलना वहाँ तैनात हमारे सैन्य बल के लिए एक घंटे से कम समय का काम था, जिसके लिए सेना को आदेश दे दिया जाना ही समय की आवश्यकता थी। चीन ऐसा करके केवल भारत सरकार के साहस की परीक्षा ले रहा था, अन्यथा डेप्सांग घाटी के इस क्षेत्र को तो पूर्व में भी चीन ने कभी भी अपना नहीं बताया था। उसे वह भारत का ही अंग मानता व कहता आया है। वहाँ हमारी हवाई पट्टी भी है। तब भी हमने तंबू लगाकर रह रहे उन चालीस सैनिकों की वापसी के बदले, हमारी सेना जो हमारी सीमा रेखा से पहले ही 19 किमी. अंदर थी, उसे और पीछे लेना स्वीकार कर इतना पीछे किया। लद्दाख व हिमाचल सीमा पर स्थित चूमार क्षेत्र तो सदैव व सर्वथा अविवादित रहा है और हमारी सीमा में काफी अंदर है। वहाँ से भी अपनी सेना को पीछे हटाया। साथ ही, वहाँ पर बने हमारे बंकरों को हमने अपने ही हाथ से तोड़कर 40 चीनी सैनिकों से वापसी की मनुहार की। लद्दाख व हिमाचल के मध्य स्थित चुमार के वॉच टॉवर से ही चीन की सीमा पार हलचलों पर भारतीय सेना निगरानी रख सकती थी। वहाँ से हमारी सेना व बंकरों को तोड़कर हटाना अत्यंत दुर्भाग्यपूर्ण है, क्योंकि भविष्य वहाँ इन्हें वापस बनाने पर चीन उसका वैधानिक विरोध प्रस्तुत करेगा कि मई 2013 के समझौते के अधीन हमने जो सैन्य अवसंरचनाएँ हटाईं, उन्हें वापस बनाकर हम उस समझौते का उल्लंघन कर रहे हैं। इसलिए जो नहीं करना था, वह तब यू.पी.ए. सरकार ने किया।

दौलत बेग ओल्डी व डेप्सांग घाटी हमारे लिए कारगिल व सियाचिन

सहित संपूर्ण लेह लद्दाख क्षेत्र की सुरक्षा के लिए अत्यधिक महत्त्वपूर्ण हैं। यदि कभी भारतीय सेना को अक्साई चीन के मार्ग से तिब्बत व चीन में भी प्रवेश भी करना पड़े अथवा उसे चीन-पाक को जोड़नेवाले काराकोरम राजमार्ग से किसी आक्रमण का प्रतिकार करना पड़े, तब भी वही स्थान उपयुक्त है। वहीं से हमारी सेना सीमा के दूसरी ओर होनेवाली चीनी सैन्य हलचलों पर निगरानी रख सकती है। वहीं पर प्राचीन सासर का दर्रा हैं। यदि इस क्षेत्र में चीनी वर्चस्व स्थापित हो जाता तो हमारे लिए सियाचिन की सुरक्षा भी संदिग्ध हो जाती, क्योंकि यहीं पर बनी हवाई पट्टी का उपयोग कर संघर्ष के समय इन दोनों स्थानों पर त्वरित शस्त्रास्त्र ले जाना संभव है, अन्यथा इन स्थानों की सुरक्षा भी कठिन हो जाएगी। दूसरी ओर, चूमार क्षेत्र से सैन्य अवसंरचना हटाने की बाध्यता तो और भी दुर्भाग्यपूर्ण है। इसलिए भारत सरकार को अपने ही हाथों हमारी सीमा के अंदर स्थित बंकर तोड़ने के स्थान पर वहाँ बल प्रयोग का ही निर्णय लेना चाहिए था।

वस्तुतः पूरी-की-पूरी 4,057 किमी. लंबी भारत-तिब्बत सीमा रेखा पर यह (दौलत वंग ओल्डी) सर्वाधिक महत्त्व का स्थान था। यहीं से पाक अधिकृत कश्मीर पर भी और पाक व चीन को जोड़नेवाले काराकोरम राजमार्ग सहित अक्साई चीन क्षेत्र की सैन्य हलचलों की निगरानी की जा सकती है। कारगिल व सियाचिन की सुरक्षा सुनिश्चित करने के लिए भी यही स्थान सर्वाधिक महत्त्वपूर्ण है। सासर के दर्रे के माध्यम से यही स्थान लद्दाख, सियाचिन व कारगिल से संपर्क के लिए महत्त्वपूर्ण है। इसलिए भारत सरकार को ब्लैकमेल करने हेतु ही चीन ने घुसपैठ हेतु यह स्थान चुना।

रणनीतिक दृष्टि से इतने महत्त्वपूर्ण स्थान को हमने इतना अरक्षित छोड़ा हुआ था, जिससे ही हम इस तरह ब्लैकमेल हुए। यह सुरक्षा के प्रति घोर लापरवाही है। इस स्थान पर इतनी गहराई तक चीनी सैनिकों के घुसपैठ कर अपने तंबू गाड़ देने के बाद ही हमें पता चलना भी अत्यंत शर्मनाक है। ऐसी भी सूचनाएँ हैं कि 19 किमी. अंदर तंबू गाड़ने के बाद निःशस्त्र चीनी सैनिक तो 27 किमी. अंदर तक घुस आए थे लेकिन भारत-तिब्बत सीमा पुलिस की गश्त के दबाव में ही वे पीछे 19 किमी. अंदर बनाए अपने शिविर पर लौटे। इस शिविर के पीछे ही भारतीय सीमा में 10 किमी. भीतर चीनी सेना ने सशस्त्र प्लाटून भी तैनात कर रखे थे और उनके हेलीकॉप्टर भी पीछे उड़ान भरते रहे।

चूमार क्षेत्र में तो चीनी हेलीकॉप्टरों ने खाद्य सामग्री व स्थानीय भाषा में कुछ पर्चे भी गिराए थे। लेह से 300 किमी. दूर हिमाचल की सीमा पर स्थित चूमार कभी भी विवादित क्षेत्र नहीं रहा है।

यहाँ पर यह भ्रम खोलना भी आवश्यक है कि चीनी सैनिक अक्साई चीन पर जिस वर्तमान नियंत्रण रेखा को पार कर 19 किमी. अंदर घुसे थे, वह अक्साई चीन क्षेत्र भी भारत का ही है, जिस पर चीन ने 1962 में आक्रमण करके बलात् कब्जा कर लिया था। लगभग स्विट्जरलैंड के बराबर क्षेत्रफलवाले जिस 38,000 वर्ग किमी. क्षेत्रफल के अक्साई चीन पर चीन ने कब्जा कर रखा है, उसके भी 19 किमी. अंदर आ जाना देशवासियों के लिए भी गंभीर चिंता का विषय होना चाहिए। इस प्रकार चीनी सैनिकों ने जहाँ वास्तविक नियंत्रण-रेखा से पश्चिम में और 19 किमी. तक भारतीय सीमा में घुसपैठ की है, उसकी पूर्वी दिशा में अक्साई चीन की वह 38,000 वर्ग किमी. क्षेत्र भी भारत का हीं है, जहाँ से चीनी सैनिक और 19 किमी. अंदर घुसे थे और जिस पर उसने सन् 1962 में कब्जा किया था। उसके उत्तर-पश्चिम में भी जहाँ से पाक-चीन को जोड़नेवाला काराकोरम राजमार्ग निकला है, वह भी भारत से ही छीनी हुई जम्मू-कश्मीर की भूमि है अर्थात् दौलत बेग ओल्डी के उत्तर में भी पाक अधिकृत कश्मीर का वह 5,139 वर्ग किमी. क्षेत्र है, जो पाकिस्तान ने 1963 में चीन को दे दिया था। दौलत बेग ओल्डी के इस क्षेत्र के पश्चिम में, सियाचिन ग्लेशियर व कारगिल का क्षेत्र है और उसके पीछे (पश्चिम में) 68,000 वर्ग किमी. क्षेत्रफल वाला क्षेत्र भी भारत का ही, पाक अधिकृत कश्मीर का वह भारतीय भू-भाग है, जो 1947 में जवाहरलाल नेहरू ने भारत की आगे बढ़ती सेनाओं को रोककर पाकिस्तान के नियंत्रण में छोड़ दिया था। इस प्रकार चीन की वर्तमान घुसपैठ वाला क्षेत्र मात्र एक संकरी पट्टी के रूप में बचा हुआ वह क्षेत्र है, जिसके तीनों ओर चीन व पाकिस्तान द्वारा युद्ध छेड़कर भारत से ही छीना हुआ 1.10 लाख वर्ग किमी. का क्षेत्र है। यह दौलत बेग ओल्डी वाला क्षेत्र बीच में बस एक पट्टी के रूप में ही बचा हुआ क्षेत्र है।

इस प्रकार तीन ओर हमारी खोई हुई भूमि के बीच 750 वर्ग किमी. के इस बचे हुए और रणनीतिक दृष्टि से अत्यंत महत्त्व के पठार के प्रति ऐसी घोर लापरवाही कितनी उचित है? वस्तुतः वर्तमान घुसपैठवाले इस क्षेत्र के तीन ओर

जो भारत से ही छीना हुआ क्षेत्र पाकिस्तान व चीन के अवैध नियंत्रण में है, वह पूरे स्विट्ज़रलैंड के क्षेत्रफल के ढाई गुना और इजरायल के क्षेत्रफल के सवा पाँच गुना से भी अधिक है। दूसरी ओर, वर्तमान घुसपैठ से आक्रांत क्षेत्र, चीन के लिए भी अत्यंत महत्त्व का है। अक्साई चीन से सटा यह समतल क्षेत्र उसके मध्य एशिया से जोड़नेवाले राज मार्ग पर स्थित है और अक्साई चीन, पश्चिम तिब्बत पर उसके नियंत्रण के लिए अत्यंत महत्त्वपूर्ण है। इसलिए उस क्षेत्र में भारत द्वारा सीमा अवसंरचना (Border infrastructure) विकास का वह विरोध कर रहा है।

अपमानजनक शर्तों पर समझौता: देश के लिए इतने महत्त्व के इस 750 वर्ग किमी. के क्षेत्र पर चीन की घुसपैठ पर सरकार ने जिस पराभूत मानसिकता का परिचय दिया, वह पूरे देश के लिए चिंताजनक है। चीनी घुसपैठ समाप्ति के लिए सरकार ने जिन अपमानजनक शर्तों को माना, वे अत्यंत दुर्भाग्यपूर्ण हैं। प्रारंभिक 3 फ्लैग मीटिंग्स में तो भारत सरकार को छकाने के लिए चीन ने माना ही नहीं कि उसके सैनिकों ने भारतीय क्षेत्र में घुसपैठ की है। उसके घुसपैठिए सैनिकों ने एक केसरिया बैनर पर लिखकर वहाँ लगा दिया था कि वह चीनी क्षेत्र है व आप चीन के क्षेत्र में हैं। दोनों ओर के सैन्य अधिकारियों की 5 फ्लैग मीटिंग्स के बाद उपरोक्त वर्णित सर्वथा अपमानजनक शर्तों व हमारे सामरिक हितों के भी सर्वथा प्रतिकूल बिंदुओं पर यह समझौता हुआ है।

चीन की पहली शर्त थी कि भारत अपनी ही सीमा में अपनी सेना को पीछे हटाए और जितना भारतीय सेना पीछे हटेगी, उतना ही चीनी सैनिक पीछे हटेंगे अर्थात् सैद्धांतिक रूप में हम अपनी सीमा में 38 किमी. पीछे हटें, तब ही 19 किमी. अंदर तक घुसे चीनी सैनिक हमारी सीमा से बाहर निकलें। दूसरी शर्त थी कि लद्दाख में चुमार क्षेत्र में, जो सर्वथा भारतीय सीमा के अंतर्गत पूर्णतः अविवादित क्षेत्र है, वहाँ से भारतीय सेना अपने बंकर ध्वस्त करे। चुमार पर तो कभी भी चीन का दावा नहीं रहा है। वह स्थान हमारी सीमा के बहुत अंदर है। तब भी वहाँ से भारतीय सेना के बंकर तोड़ने पर ही चीनी सेना ने अपने सैनिक वापस बुलाए। चीन की तीसरी शर्त थी कि भारत सरकार भारत-तिब्बत सीमा पर सड़क निर्माण व अवसंरचना विकास (Infrastructure Development) और सेना की नयी तैनाती बंद करे, जबकि चीन ने उसकी

और नियंत्रण-रेखा तक अत्यंत सघन सड़कों का जाल व आधारित रचनाओं का विकास कर पर्याप्त सैन्य तैनाती की हुई है। वहाँ से उसके बॉर्डर गार्ड नियमित घुसपैठ करते रहते हैं। चीन ने 1962 से अब तक नियंत्रण-रेखा के पार व्यापक रक्षा तैयारियाँ कर रखी हैं, लेकिन भारत द्वारा थोड़ी भी हलचल करने पर वह इस प्रकार की ब्लैकमेलिंग के लिए भारत में घुसकर कहीं भी अपना अधिकार जमा लेता है।

चुमार में झिपुगी एरिया क्षेत्र (Zhipugi aria) के ये बंकर व वॉच टॉवर जो हमें तोड़ने पड़े, वे हमारी सेना के लिए अत्यंत उपयोगी थे व सेना इन्हें अपने उपयोग में ले रही थी। यहाँ से सेना सीमा पार चीन के नियंत्रणवाले क्षेत्रों में गहराई तक दृष्टि रख सकती थी। चीन द्वारा कोई आक्रामक पहल करने पर समय रहते वहीं से अग्रिम टोह ली जा सकती थी। भारतीय सेना, भारतीय क्षेत्र में चुमार के इस झिपुगी एरिया से सीमा पार की हलचलों पर दृष्टि रखे, इसमें कुछ भी गलत नहीं था। भारत सरकार ने अपनी कमजोरी प्रकट करते हुए जिस प्रकार से बंकर हटवाए हैं, यह हमारे लिए अपमानजनक होने के साथ ही हमारी सुरक्षा की भावी रणनीति के लिए भी आत्मघाती है। एक प्रकार से यह हमारी सीमा में, हमारी रक्षा व्यवस्थाओं को सुदृढ़ करने के हमारे संप्रभु अधिकार का अनुचित समर्पण है। इससे भी चिंताजनक बात यह है कि सीमा पर इतना बड़ा सुरक्षा संकट होते हुए भी गृह मंत्रालय सेना को उसके, सीमा सुरक्षा के नैसर्गिक अधिकार वंचित किए हुए रहा। भारतीय सेना तो वर्ष 1986 से ही माँग कर रही है कि देश की शेष सीमा की तरह, भारत-तिब्बत सीमा (जो अब भारत-चीन सीमा ही है) की सुरक्षा व निगरानी भी उसे दे दी जाए। सेना का मत है कि भारत-तिब्बत सीमा पुलिस के माध्यम से सीमा की रक्षा कर लेना गृह मंत्रालय के बस की बात नहीं है। देश में 'एक सीमा एक नियंत्रण' का सिद्धांत होना चाहिए। यदि गृह मंत्रालय भारत-तिब्बत सीमा पुलिस बल के इतने बड़े बजट वाले पुलिस बल पर अपना स्वत्व नहीं भी खोना चाहता है, तब भी इस पुलिस बल को गृह मंत्रालय के अधीन रखते हुए भी सीमा की प्रभावी रक्षा हेतु इस पुलिस बल का दैनंदिन संचालकीय नियंत्रण तो सेना को दिला दिया जाए। तब ही सेना सीमा की गश्त अपने ढंग से प्रभावी रूप से कर सकेगी।

वायु सीमा का भी उल्लंघन : दौलत बेग ओल्डी में अवैध घुसपैठ के

5 दिन बाद ही 21 अप्रैल, 2013 को लेह से कई सौ किलोमीटर दक्षिण-पूर्व में चुमार में, 2 चीनी सैन्य हेलीकॉप्टरों ने न केवल हमारी सीमा में प्रवेश किया था, वरन् उन्होंने वहाँ खाद्य सामग्री के कनस्तर, सिगरेट के पैकेट व स्थानीय भाषा में छपे पर्चे भी बिखेरे। लेह से 300 किमी. दूरी पर चुमार वह स्थान है, जहाँ से आवश्यक होने पर अक्साई चीन में प्रवेश संभव है। पिछले सितंबर माह में भी चीनी हेलीकॉप्टरों ने चुमार पर उड़ानें भरी थीं। उसके सैनिकों ने तब तो वहाँ नीचे उतर कर हमारी सेना के बंकर भी तोड़ दिए थे और वहाँ लगे तंबुओं को भी नष्ट किया था।

यू.पी.ए. सरकार के आत्मघाती कदम : दौलत बेग ओल्डी को सदा से ही चीन अधिकारिक रूप से भारतीय क्षेत्र कहता व मानता आया है। अभी भी उसे भारतीय क्षेत्र मानकर ही पीछे हटा है, लेकिन वहाँ से हटने के बदले में हमारे क्षेत्र से हमारे सैन्य बल को सीमा से बहुत पीछे ले जाने के लिए हमें बाध्य कर लेना, हमारी सीमा के बहुत अंदर हमारी सेना के बंकर हमारे ही हाथों तुड़वाने के लिए हमें बाध्य कर लेना और भविष्य में भी सीमा पर आवश्यक आधारित रचनाएँ यथा सड़कें नहीं बनाने व सैन्य बल तैनात करने नहीं करने के लिए बाध्य कर लेना अत्यंत दुर्भाग्यपूर्ण है। यह सब केवल कुछ कुत्तों व बिना विशेष शस्त्रास्त्रों के 40-50 सैनिकों के माध्यम से, ब्लैकमेल करके कर लेना अत्यंत चिंताजनक है। हमारी सेना उन 40 चीनी सैनिकों को एक घंटे से कम समय में पीछे धकेलने को सक्षम थी। वह ऐसा करना भी चाहती थी। भारत-तिब्बत सीमा पुलिस के साथ सेना के प्लाटून वहाँ तैनात भी थे, लेकिन गृह मंत्रालय इन 21 दिनों को भी शांतिकाल कहकर उसके बाद भी सीमा प्रबंध अपने अधीन रखने की बात पर अड़ा है, जबकि ऐसी अपमानजनक ब्लैकमेलिंग के स्थान पर हमें सीमा प्रबंध सेना को सौंपकर चीनी घुसपैठियों को बाहर धकेलने का अधिकार सेना को दे देना चाहिए था। सेना यह सब करने देने के लिए आग्रह भी कर रही थी, लेकिन ऐसा नहीं कर हमने जहाँ-जहाँ से भी अपनी सीमा में से सेना को पीछे लिया है, और अपनी सेना के बंकर अपने ही हाथों तोड़े हैं। वहाँ भविष्य में कभी भी सड़क आदि आधारित रचनाएँ विकसित करने, सेना तैनात करने, सघन गश्त करने या अपनी प्रतिरक्षा हेतु बंकर बनाने की पहल करेंगे तो चीन कहेगा कि हमने मई 5 के उस समझौते का उल्लंघन किया है, जिसके तहत चीन ने

दौलत बेग ओल्डी से अपने सैनिक हटाए थे। इस प्रकार सिद्धांततः हमने अपने क्षेत्र में अपनी प्रतिरक्षा तैयारी के अधिकार का ही समर्पण किया है। हमें यह अपमानकारी समझौता करने के स्थान पर सीमा प्रबंध सेना को सौंप कर चीनी सैनिकों को बाहर निकालना था। हमें अपनी सेना को सीमा रक्षा की स्वायत्तता देनी ही होगी। गृह मंत्रालय का यह रुख उचित नहीं था कि भारत-तिब्बत सीमा पुलिस के माध्यम से सीमा प्रबंधन का अधिकार वह नहीं छोड़ेगा। चीनी बॉर्डर गार्ड्स भी चीनी सेना के अधीन सीमा प्रबंधन करते हैं।

नवीन क्षेत्रों में पुनः घुसपैठ : दौलत बेग ओल्डी में 21 दिन तक ब्लैकमेल करके वहाँ से चीनी सैनिकों के लौटने के बाद, चीन ने पुनः हमारी सेना के गश्ती दल को 'सिरी जेप' क्षेत्र के 'फिंगर VIII' क्षेत्र में जाने से रोक दिया है। यह स्थान भी नियंत्रण-रेखा से भारतीय सीमा में है और अब तक भारतीय सेना ही वहाँ तक गश्त करती रही है। वास्तविक नियंत्रण रेखा से 5 किमी. अंदर फिंगर VI क्षेत्र तक तो चीन ने भारतीय क्षेत्र में अपनी सड़क भी बना दी है। वहाँ भी अब तक या तो सरकार अनभिज्ञ रही है या फिर गृह मंत्रालय, जो भारत-तिब्बत सीमा प्रबंध करता है, उसने चुप्पी साध ली है कि इससे हमारी कमजोरी प्रकट न हो कि चीन एक-एक कर भारतीय क्षेत्र में बलात् कब्जा करता जा रहा है।

सीमा रक्षण से वर्ष 2013 में सेना को अलग रखना अनुचित

देश का आज 1.10 लाख वर्ग किमी. क्षेत्रफल का सीमावर्ती भू-भाग, चीन व पाकिस्तान के हाथों खो देने और सीमा पर निरंतर दबाव, घुसपैठ और एक-एक इंच कर चीन द्वारा देश की शेष सीमावर्ती भूमि को भी आक्रांत करते चले जाने के बाद भी दौलत बेग ओल्डी में वर्ष 2013 में चीनी घुसपैठ के समय कांग्रेस नीति यू.पी.ए. सरकार इस असमंजस में थी कि सीमा की रक्षा सेना को दे या गृह मंत्रालय के अधीन भारत-तिब्बत सीमा पुलिस पर ही यह काम छोड़े? उस तनाव के दौर में तो सीमा पूरी तरह सेना के नियंत्रण में सौंप ही देनी चाहिए थी।

'एक सीमा-एक सशस्त्र बल' की नीति : सेना चाहती थी कि देश 'एक सीमा एक सशस्त्र बल' की नीति का अनुसरण करे। इसलिए सेना का

कहना था कि चाहे भारत-तिब्बत सीमा पर निगरानी का काम भारत-तिब्बत सीमा पुलिस करे, लेकिन वह सेना के निर्देशानुसार गश्त करे। तनावग्रस्त सीमा पर तैनात पुलिस बल पर भी नियंत्रण सेना का होना चाहिए न कि गृह मंत्रालय का क्योंकि चीन भी वही करता है। वहाँ चीन के बॉर्डर गार्ड्स पर नियंत्रण चीनी सेना (पीपुल्स लिबरेशन आर्मी) का ही है, लेकिन हमारे देश में सेना को भारत-तिब्बत सीमा बल को निर्देशित करने के उसके नैसर्गिक अधिकार से परे रखा हुआ था। तब यह विवाद छिड़ा हुआ था कि भारत-तिब्बत सीमा की रक्षा भारत-तिब्बत सीमा पुलिस, गृह मंत्रालय के अधीन रह कर करे या सेना के निर्देश में करे। 'भारत-तिब्बत सीमा पुलिस' शब्द समुच्चय में अंत में शब्द पुलिस होने से, देश के सुरक्षा हितों की प्रतिकूल होने पर भी गृह मंत्रालय द्वारा इस सीमा-पुलिस बल का प्रत्यक्ष नियंत्रण तब सेना को न देना अत्यंत चिंताजनक था। सेना शत्रु से लड़े या गृह मंत्रालय से सीमा प्रबंध व सीमा की गश्त अपने हाथ में लेने के लिए अधिकारों के वाक्युद्ध में उलझा कर रह जाए?

विश्व इतिहास में ऐसा उदाहरण कदाचित ही मिले कि शत्रु हमारी सीमा में घुसकर हमें ब्लैकमेल कर रहा था और उसके सामने अपने प्राण की बाजी लगा कर भारतीय थल सेना व भारत-तिब्बत सीमा पुलिस, दोनों के ही प्लाटून डटे हुए थे, लेकिन सरकार से स्पष्ट निर्देशों के अभाव में सेना व भारत-तिब्बत सीमा पुलिस, दोनों ही असमजंस थे कि वहाँ स्थिति का अंतिम रूप से नियंत्रण किसे करना है? कब तक सीमा पुलिस को गृह मंत्रालय के निर्देश मानने हैं और कब युद्ध छिड़ जाए तब सेना के निर्देश लेने हैं या सीमा सेना को सौंप देनी है? सेना ने वर्तमान में पुनः यह माँग की हुई है कि भारत-तिब्बत सीमा पुलिस की न्यूनतम 5 बटालियनों पर तो सीमा क्षेत्र में संचालकीय नियंत्रण सेना को अवश्य सौंप दिया जाए, चाहे वे भी अंतिम रूप से गृह मंत्रालय के प्रशासकीय नियंत्रण में ही रहें। भारत-पाक सीमा पर कार्यरत सीमा सुरक्षा बल व पूर्वोत्तर में असम राइफल्स भी सेना के ही संचालकीय नियंत्रण (Operational Control) में सीमा रक्षा व प्रबंध करती हैं। गृह मंत्रालय का यह तर्क उचित नहीं था कि सीमा प्रबंध गृह मंत्रालय के अधिकार क्षेत्र में आता है। आज जिस सीमा पर प्रतिदिन घुसपैठ व तनाव बना रहता है, वहाँ गृह मंत्रालय की क्या भूमिका है? पाक व बांग्ला सीमाओं पर तैनात सीमा सुरक्षा बल व आसाम राइफल्स पर

यदि देश की सेना का ही संचालकीय नियंत्रण है तो फिर भारत-तिब्बत सीमा पुलिस पर चीन के विरुद्ध सीमा रक्षा हेतु नियंत्रण सेना को क्यों नहीं सौंपा जाता है? देश की ही सेना से गृह मंत्रालय द्वारा छेड़ी अधिकारों की इस लड़ाई का क्या औचित्य है?

भारत-तिब्बत सीमा पुलिस पर सेना को प्रत्यक्ष संचालकीय नियंत्रण सौंप देने पर कहीं चीन इस निर्णय को उसके विरुद्ध भारत द्वारा आक्रामक तेवरों के अपनाने का आरोप नहीं लगा दे, इस डर से ऐसा नहीं करना कतई उचित नहीं कहा जा सकता है। सेना का तो यहाँ तक कहना था कि चाहे पूरी भारत-तिब्बत सीमा पर न सही, सरकार कम-से-कम लद्दाख से ही नियंत्रण व सीमा प्रबंध सेना को देने की शुरुआत कर ले। वहाँ सीमा पर तनाव को देखते हुए सीमा प्रबंध सेना को सौंप दे। विवादित सीमा पर कब युद्ध छिड़ जाए, कौन कह सकता है? ऐसे में, सेना को सीमा प्रबंध से परे रखना कितना देश हित में था? सेना की माँग थी कि भारत-तिब्बत सीमा पुलिस का नियंत्रण लेह स्थित '14 कोर' को दे दिया जाए। सीमा पर युद्ध जैसे तनाव की दशा में गृह मंत्रालय के बाबू व गृह मंत्री क्या भूमिका निर्वाह कर सकते हैं? उसके बाद भी चीनी घुसपैठ के संबंध में हमारे तत्कालिक गृहमंत्री सुशील कुमार शिंदे का यह वक्तव्य कि यह भूमि किसी की भी नहीं (No man's land) है, अत्यंत दुर्भाग्यपूर्ण था। क्या किसी देश की रणनीतिक दृष्टि से सर्वाधिक महत्त्व की अपनी भूमि के बारे में देश का गृहमंत्री ऐसा वक्तव्य देगा? गृहमंत्री ने तो यहाँ तक कह दिया कि कभी-कभी हमारे व उनके लोग उस क्षेत्र में आ जाते हैं और वह भूमि किसी की नहीं है। वस्तुत: इस क्षेत्र के महत्त्व को देखते हुई सेना वर्ष 1986 में चीन के साथ हुई सशस्त्र झड़पों के समय से ही यह माँग करती रही थी कि चीनी घुसपैठ व सीमा क्षेत्र में चीन को, निरंतर नए-नए क्षेत्रों में भारतीय भूमि पर कब्जा करने से रोकने हेतु, भारत-तिब्बत सीमा पुलिस सीमा पर गश्त सेना के बताए तरीके से एवं सेना के प्रत्यक्ष निर्देशन में ही करे।

चीन अध्ययन दल : कारगिल युद्ध के समय वर्ष 1999 में भी चीनी सेना ने भारत पर मनोवैज्ञानिक दबाव बनाने के लिए दौलत बेग ओल्डी के चिपचेप क्षेत्र में घुसपैठ की थी। तब भी सेना ने पुन: भारत-तिब्बत सीमा पुलिस पर उसके संचालकीय नियंत्रण की माँग की थी। गृह मंत्रालय ने तब भी इस माँग

को नहीं माना गया। दौलत बेग ओल्डी में 21 दिन तक चली चीनी घुसपैठ के समय दोनों देशों के सैन्य बलों के आमने-सामने हो जाने के बाद भी सीमा पर असमजंस की स्थिति को देखकर सेना ने 2013 में भी पुनः अपनी माँग दोहराई थी, लेकिन गृह मंत्रालय ने सेना को पुनः निराश किया और यू.पी.ए. सरकार ने उस घुसपैठ के मामले में स्वयं को हास्य का पात्र बनाने में कोई कसर नहीं छोड़ी और उसे अपमानजनक शर्तों पर चीनी सैनिकों की वापसी करानी पड़ी। उस तनाव की अवधि में ही सेना की यह माँग, 'चीन अध्ययन समूह' (China Study Group) को सौंपी थी। राष्ट्रीय सुरक्षा सलाहकार शिव शंकर मेनन इसके (चीन अध्ययन समूह के) अध्यक्ष थे। रक्षा, गृह व विदेश मंत्रालयों के सचिव, उपरक्षा प्रमुख व कुछ अन्य सहवरित अधिकारी इसके सदस्य थे। जहाँ सीमा पर मई में रात्रि का तापमान-10°C चला जाता है, सर्दियों में-30°C होता है। सेना के जवान 21 दिन तक उस-10° सेंटीग्रेड तापमानवाले क्षेत्र में 24 घंटे खड़े-खड़े चीनी सैनिकों को अवरुद्ध किए हुए रहे। उनका देश की सीमा के प्रबंधन का अधिकार है या नहीं। इस बात को मंत्रालयों के सचिव लोग तय कर रहे थे। उस समूह में सेना की ओर से अकेले एक उप सेना प्रमुख उन्हें कितना समझा सकते थे? भारत-चीन सीमा के रक्षा प्रबंध में सेना हस्तक्षेप न करें। यह काम गृह मंत्रालय व उसके नियंत्रणाधीन भारत-तिब्बत सीमा पुलिस पर छोड़ दिया जाए। यह निर्णय तो सरल है, लेकिन एक बार आक्रांत कर ली गई भूमि को वापस लेना आसन होगा क्या? खोई हुई भूमि के लिए मंत्रालयों के ये सादी वर्दी वाले अधिकारी कितने उत्तरदायी होंगे? गृह मंत्रालय इतने बड़े बजट वाले, 50,000 संख्या वाले भारत-तिब्बत सीमा बल पर अपना अधिकार बनाए रखने के लिए सीमा रक्षा का काम सेना को नहीं दे तो, यह भी कितना उचित है? चीन से संघर्ष की इस अवधि में भी सरकार के प्रवक्ता ने 1 मई, 2013 को प्रधानमंत्री की अध्यक्षता में हुई सुरक्षा पर मंत्रिमंडलीय समिति की बैठक के बाद भी यही वक्तव्य दोहरा दिया कि गृह मंत्रालय भारत-तिब्बत सीमा पुलिस का नियंत्रण भारतीय सेना को नहीं सौंपेगा। गृह मंत्री सुशील कुमार शिंदे ने भी 16 मई को पुनः यही बात दोहरा दी है।

भारत-तिब्बत सीमा पर गृह मंत्रालय के नियंत्रण का इतिहास भी महत्त्वपूर्ण है। वह यह है कि सरदार पटेल ने चीन के कुटिल कुचक्रों का संकेत प्रधानमंत्री

नेहरू को अपने 7 नवंबर, 1950 को लिखे अपने पत्र में कर दिया था। उसी समय भारत-तिब्बत सीमावर्ती क्षेत्र पर दृष्टि रखने हेतु, उन्होंने वहाँ कई पुलिस चौकियाँ भी स्थापित की थीं। चूँकि प्रधानमंत्री जवाहरलाल नेहरू तब चीन से खतरे की बात से सहमत नहीं थे और चीन से वह पूरी तरह आश्वस्त थे कि उधर कोई संकट नहीं होनेवाला है। इसलिए तब वहाँ गृह मंत्रालय ने ही रक्षा व्यवस्था की पहल की थी।

वस्तुतः, दौलत बेग ओल्डी में अपना एक प्लाटून तंबुओं में 21 दिन के लिए बसाकर जिस प्रकार से चीन ने भारत सरकार को अपनी रक्षा तैयारियों से विरत रहने को ब्लैकमेल किया है। ऐसे में 'एक सीमा एक सशस्त्र बल' की नीति अपनाते हुए कम-से-कम घुसपैठ के समय तो सेना को सीमा रक्षा में प्रभावी भूमिका निबाहने के लिए, भारत-तिब्बत सीमा पुलिस का नियंत्रण अविलंब सौंप ही देना चाहिए था। गृह मंत्रालय तो देश में बिगड़ती कानून व्यवस्था सँभालने के अपने मूल दायित्व को पूरा कर ले, यही भी बहुत था। सीमा के कुप्रबंध से दौलत बेग ओल्डी में चीन के हाथों हुए अपमान से तो सरकार को सीख लेनी चाहिए थी।

डोकलाम में 2017 में चीन की सारी धमकियों के बाद भी 72 दिन तक जब सरकार व हमारे सैन्य बलों ने दृढ़ता दिखलाई तो चीन को बिना शर्त अपनी सेना को पीछे लेना पड़ा। वस्तुतः 1967, 1982 व 1986-87 के घटनाक्रमों में भी भारत के कठोर रुख के आगे भी चीन को झुकना पड़ा था। ऐसे में दौलत बेग ओल्डी में 2013 में भी यू.पी.ए. सरकार को वही कठोरता दिखलानी थी। □

7

सीमा पर निरंतर दबाव और भारत की घेराबंदी

चीन आज पाकिस्तान, नेपाल, बांग्लादेश, म्याँमार, श्रीलंका व मालदीव में अपनी सैन्य उपस्थिति से घेराबंदी कर रहा है। हिंद महासागर में भी वह भारत को घेरने के प्रयास में है। भारत के संदर्भ में हमें सुविदित है कि सन् 1962 में आक्रमण करके चीन ने देश की 38,000 वर्ग किलोमीटर (लगभग स्विट्जरलैंड के क्षेत्रफल के बराबर) भूमि अधिग्रहीत कर ली थी। इसके अतिरिक्त जो पाक अधिकृत कश्मीर है, उसमें से भी 5,183 वर्ग किलोमीटर भूमि, पाकिस्तान ने सन् 1963 में, चीन को और दे दी थी। उस भूमि के अंतरण के परिणामस्वरूप ही पाकिस्तान एवं चीन के बीच काराकोरम हाईवे निकालना संभव हुआ।

नए क्षेत्रों पर दावा व घुसपैठ : भारत का इतना बड़ा भू-भाग उसके कब्जे में होने के उपरांत भी वर्ष 2007 में भारत में नियुक्त चीन के राजदूत ने यह वक्तव्य और दे दिया कि भारत ने चीन की 90,000 वर्ग किलोमीटर भूमि पर कब्जा कर रखा है। इस बात को हमारे तत्कालीन विदेश मंत्री प्रणव मुखर्जी ने भी 28 फरवरी, 2008 को स्वीकार किया था कि चीन इस बात का दावा करता रहा है कि भारत ने उसकी 90,000 वर्ग किलोमीटर भूमि पर कब्जा कर रखा है। वस्तुत: सन् 1962 में आक्रमण करने के पूर्व भी चीन ने सन् 1959 में यह आरोप लगाया था कि भारत ने चीन की 1 लाख, 4 हजार वर्ग किलोमीटर भूमि पर कब्जा कर रखा है। यह सन् 2008 का आरोप भी लगभग वैसे ही आरोप की पुनरावृत्ति है। दुर्भाग्य से, मार्क्सवादी कम्युनिस्ट पार्टी के एक नेता

सीताराम येचुरी ने तो तब बढ़-चढ़कर यहाँ तक कह दिया कि हाँ, यह तो एक ऐतिहासिक तथ्य है और जो अपने बिना आबादी वाले निर्जन क्षेत्र हैं उनको चीन को देकर उसके साथ सीमा विवाद हल कर लेना चाहिए। यह भी एक विडंबना है कि एक राष्ट्रीय दल का महामंत्री स्तर का व्यक्ति यह कह देता है कि भारत को अपने बिना आबादी वाले क्षेत्र चीन को देकर सीमा विवाद हल कर लेना चाहिए। यह देश-हित की अनदेखी राजनीति का ही परिणाम है।

दो देशों की सीमा पर भी एक बफर जोन होता है, जिसमें कोई भी देश अपनी सीमा चौकियाँ स्थापित नहीं करता है, लेकिन भारत-चीन सीमा पर चीन बफर क्षेत्र में धीरे-धीरे अपनी सीमा चौकियों को क्रमशः आगे बढ़ाता चला आ रहा है। अरुणाचल प्रदेश में तो उसने भारतीय क्षेत्र में एक स्थान पर हैलीपैड भी बना लिया। अरुणाचल प्रदेश, सिक्किम व लेह-लद्दाख क्षेत्र में भारतीय चरवाहे व किसान तथा अन्य स्थानीय ग्रामीण भारतीय सीमा में जहाँ तक जाते थे, उनका वहाँ तक जाना भी वह अवरुद्ध कर रहा है। नियंत्रण-रेखा से भारत की ओर वहाँ चीन ने अपने नागरिकों की बस्तियाँ भी बसानी शुरू कर दी हैं। उसके मोटर साइकिल सवार सैन्य अधिकारी आते हैं और ग्रामीणों को धमकाकर चले जाते हैं इसलिए ग्रामीण हमारी सीमा के अंदर जहाँ तक जाते रहे हैं, वहाँ पर उनका जाना कम हो गया है। इसके साथ ही जैसा हम सबने समाचार पत्रों में पढ़ा है कि लेह-लद्दाख क्षेत्र व अरुणाचल में विभिन्न स्थानों पर जो हमारी सड़कों का काम चल रहा था, वहाँ भी उसने दबाव बनाकर काम रुकवा दिया है। लेह-लद्दाख क्षेत्र में जो पेगाँगत्से नामक झील है, जिसका 40 प्रतिशत भाग भारत का है व 60 प्रतिशत भाग पर उसने 1962 में अधिकार कर लिया था, किंतु आजकल उसने पूरी झील में अपनी पेट्रोलिंग शुरू कर दी है।

भारत की सैन्य घेराबंदी : चीन ने हमारे अन्य पड़ोसी देशों के साथ सैन्य संबंध बनाकर बाहर से भी भारत की चारों ओर से घेराबंदी जैसा अभियान चला रखा है। पाक अधिकृत कश्मीर की भूमि से 5,183 वर्ग किलोमीटर भूमि, जो पाकिस्तान ने चीन को सन् 1963 में दे दी थी व जहाँ से काराकोरम हाईवे निकला था, उसी हाईवे पर पाकिस्तान ने चीन को अभी तीन लिंक सड़कें दीं हैं। इससे चीन ने पाकिस्तान में ब्लूचिस्तान, ग्वाडर बंदरगाह पर अपना नौसैनिक अड्डा विकसित किया है। इसके परिणामस्वरूप अब फारस की खाड़ी, जहाँ

से संपूर्ण विश्व को तेल की आपूर्ति होती है और अरब सागर में भी चीन की नौसेना की उपस्थिति व गतिविधियाँ बढ़ गई हैं, जिससे हिंद महासागर में भी उसकी नौसैनिक गतिविधियों की पहुँच हो गई हैं। दूसरी ओर, पूर्वी तट की ओर दृष्टिपात करें तो म्याँमार (बर्मा अर्थात् ब्रह्मदेश) में पूरे नदी परिवहन तंत्र को चीनी नौसेना ने अधिगृहीत कर रखा है और म्याँमार के कोको द्वीप पर चीन ने अपना राडार स्थापित कर लिया है। यहाँ से वह भारत के संपूर्ण पूर्वी तट और वहाँ के सैन्य प्रतिष्ठानों पर निगरानी कर सकेगा। इसके साथ ही उसने नेपाल में माओवाद के माध्यम से जिस प्रकार अपना वर्चस्व बढ़ाया है, उससे लगभग एक प्रकार से, वहाँ की संपूर्ण राजनीति का सूत्रधार ही चीन उभर कर आ रहा है। इसलिए चीन अब तिब्बत से नेपाल के बीच उसके द्वारा सन् 1960 में बनाए कोदरी हाईवे के बाद अब नेपाल को जोड़ने के लिए दूसरा हाईवे और बना रहा है। नेपाल में उसने माओवाद पनपाने के लिए जो रणनीति अपनाई थी, लगभग वैसी ही रणनीति भारत में भी वह माओवाद को बढ़ावा देने के लिए अपना रहा है, यानी ग्रामीण क्षेत्र में सामान्य भोले-भाले लोगों को डराना कि तुम हमारे माओवादी कम्युनिस्ट सेंटर या माओवादी आर्मी जैसे संगठनों में शामिल हो जाओगे तो यहाँ तुम्हारा परिवार सुरक्षित रहेगा। आगे यह भी कहते हैं कि तुम्हारे परिवार का कम-से-कम एक व्यक्ति माओवादी संगठन/कम्युनिस्ट सेंटर का सदस्य न बना तो तुम्हारे पूरे कुटुंब को उड़ा दिया जाएगा। निरीह व भोले-भाले गाँव के लोग, जहाँ सुरक्षा व्यवस्था बहुत अच्छी नहीं है, अपने परिवार का एक व्यक्ति उनकी बैठकों में भेजना शुरू कर देते हैं और धीरे-धीरे फिर उस पूरे कुटुंब व कबीले के साथ उनका संबंध बढ़ता जाता है। इसी प्रकार से उन्होंने नेपाल में माओवाद को बढ़ावा दिया था। आज हमारे देश की स्थिति वैसी ही हो रही है। लगभग 150 जिलों में वे इसी प्रकार का माओवादी जाल बिछा रहे हैं। मणिपुर में तो माओवादियों व अन्य अलगाववादियों को प्रशिक्षण देने के लिए चीन प्रशिक्षण केंद्र भी चलाता रहा है। बांग्लादेश में भी भारत के कई अलगाववादी संगठनों के लोगों को वह सशस्त्र प्रशिक्षण दे रहा है। बांग्लादेश में भी उसने चटगाँव बंदरगाह पर अपनी नौसैनिक उपस्थिति बढ़ा ली है एवं वहाँ से भी वह हमारे संपूर्ण पूर्वी तट व उसके नौसैनिक प्रतिष्ठानों पर निगरानी कर रहा है और नौसैनिक दबाव बढ़ा रहा है। श्रीलंका में तमिलों के दमन हेतु सारे

छोटे हथियार और सैन्य विशेषज्ञ चीन ने उपलब्ध कराए थे और आज भी बड़ी संख्या में चीनी सैन्य विशेषज्ञ श्रीलंका में विद्यमान हैं। एक प्रकार से पाकिस्तान से लेकर नेपाल, भूटान, बांग्लादेश, म्याँमार और श्रीलंका तक भारत के चारों ओर उसने संरक्षक और संरक्षित यानी अभिभावक और संरक्षित जैसे संबंध सभी देशों के साथ बना रखे हैं।

वह पाक को शस्त्रास्त्रों से सज्जित कर रहा है। इसके साथ ही वह जहाँ कहीं भी मौका मिलता है, भारत के विरुद्ध कूटनीतिक युद्ध छेड़ने का भी कोई अवसर नहीं गँवाता है। 'जैश-ए-मौहम्मद' नामक आतंकवादी संगठन का संस्थापक व लश्कर का आतंककारी 'मौलाना मसूद अजहर', जिसे पाँच आतंककारियों के साथ कंधार ले जाकर छोड़ा गया था, उसको जब अंतरराष्ट्रीय आतंकवादी घोषित करने के लिए संयुक्त राष्ट्र संघ में भारत का प्रस्ताव गया तो चीन ने उसका विरोध किया और वह प्रस्ताव पारित नहीं हो सका। मौलाना मसूद अजहर में उसकी कोई रुचि नहीं थी, लेकिन उसे भारत को आहत करना था। इसलिए उसने वहाँ पर इस प्रकार का विरोध किया। इस प्रकार चीन आजकल विभिन्न अंतरराष्ट्रीय मंचों पर भारत को आहत करने की कूटनीति तथा सीमा पर दबाव बनाकर भारत-चीन संबंधों में तनाव को बढ़ाता ही जा रहा है।

चीन ने भारतीय सीमा पर परमाणु मिसाइलें तैनात कर दी हैं। इसके अतिरिक्त उसने वर्ष 2011 में ही हिंद महासागर में अपनी नौसैनिक उपस्थिति बढ़ाने हेतु हमारे आरक्षित आर्थिक क्षेत्र के बाहर समुद्र तल में खनन के लिए अंतरराष्ट्रीय समुद्र तल प्राधिकरण से अनुमोदन ले लिया है। यह उसने केवल हिंद महासागर में उसकी नौसैनिक उपस्थिति को स्थायी करने के लिए किया था। तब हमारी यू.पी.ए. सरकार को इसका विरोध करना था। दक्षिण चीनी समुद्र में उसने हमारे नौसैनिक जहाज 'ऐरावत' को चुनौती दी थी, लेकिन पिछली यू.पी.ए. सरकार में हमारे विदेश मंत्री सलमान खुर्शीद ने तो हिंद महासागर क्षेत्र में चीन को अपना दाहिना हाथ बतलाकर हिंद महासागर क्षेत्र में हमारे पारंपरिक नेतृत्व से पीछे हटने तक का संकेत दे दिया। वहाँ अब तक हमारा जो नेतृत्व रहा है। ऐसे में सलमान खुर्शीद का यू.पी.ए. के काल में यह कहना अत्यंत अनुचित था। उससे हिंद महासागरीय देशों में तब एक गलत संदेश गया था। इसलिए सामरिक व कूटनीतिक, दोनों ही दृष्टियों से हमें चीन

के प्रतिकार की उचित रणनीति विकसित करनी होगी।

देश के भीतर फैलता चीनी संजाल : चीन भारतीय सीमा पर और दबाव नहीं बढ़ाए, इस हेतु उससे अस्थायी शांति खरीदने के भ्रम में यू.पी.ए. सरकार के काल में हमारे देश में आज बड़ी संख्या में सड़क परियोजनाएँ, बाँध निर्माण की परियोजनाएँ, पॉवर प्लांट स्थापना, टेलीफोन एक्सचेंज स्थापना जैसे अधिकांश काम चीनी कंपनियों को दिए जाते रहे हैं। इसके कारण तब एक लाख से अधिक चीनी टैक्नोक्रेट्स और कर्मचारी हमारे देश में रहने लग गए थे, जिनमें से अनेक बिना वर्क परमिट के अनाधिकृत रूप से रह रहे थे। तब हमारा श्रम मंत्रालय कई बार हुवाई और अन्य चीनी कंपनियों को नोटिस दे चुका था कि वे अनाधिकृत रूप से रह रहे अपने कर्मचारियों और टैक्नोक्रेट्स को वापस बुलाए। वस्तुतः सरकार को उन्हें तत्काल गिरफ्तार कर डीपोर्ट (निष्कासित) करना चाहिए था। लेकिन टूरिस्ट वीजा पर ऐसे कर्मी आते रहे और जब चाहा पाकिस्तान चले गए, जब चाहा बांग्लादेश चले गए, जब चाहा वापस चीन चले गए और जब चाहा वापस भारत आ गए। देश के अनेक क्षेत्रों में ये लोग अनाधिकृत रूप से फ्लैट किराये लेकर रह रहे थे।

देश के अंदर सभी संवेदनशील स्थलों पर अपना जाल फैलाने की दृष्टि से चीनी कंपनियाँ हमारे अति संवेदनशील प्रतिष्ठानों के निकट अत्यंत अल्प लागत पर परियोजनाएँ हथिया रही थीं। हमारे पूर्व राष्ट्रीय सुरक्षा सलाहकार ने तो अनेक ऐसी परियोजनाएँ इंगित की थीं, जहाँ पर कोई अति संवेदनशील प्रतिष्ठान होने के कारण चीन ने वह ठेका बहुत अल्प लागत पर लेने के लिए टेंडर भरा था और दूसरी ओर उन्होंने बहुत सारी ऐसी परियोजनाएँ भी इंगित कीं जहाँ उन चीनी कंपनियों को पर्याप्त लाभ होना था तथा जिस प्रकार की परियोजनाएँ पूरी करने में वे दक्ष हैं, फिर भी वहाँ पर टेंडर नहीं भरे, जहाँ हमारा कोई भी संवेदनशील प्रतिष्ठान नहीं था। उदाहरण के लिए, महाराष्ट्र में वेतरणा बाँध का टेंडर बहुत सस्ती दर पर इसलिए भरा कि वहाँ पर पास में हमारा मिग लड़ाकू विमान ऐसेंबली केंद्र है, भाभा एटॉमिक रिसर्च सेंटर है और पास में हमारा देवलाली का तोपखाना केंद्र (आर्टिलियरी सेंटर) भी है। इसी प्रकार कावेरी–गोदावरी बेसिन में सीजमिक सर्वे का टेंडर उसने इतनी सस्ती दर पर इसलिए भरा ताकि वह वहाँ पर हमारे नौसैनिक प्रतिष्ठानों की निगरानी कर सके।

भारत पर सीमा पार से जबरदस्त दबाव बनाने के साथ-साथ वह पाकिस्तान को भी एक प्रकार से उसकी ओर से प्रॉक्सि वार (एवजी युद्ध) लड़ने हेतु मिसाइल टेक्नोलॉजी, उन्नत नाभिकीय प्रौद्योगिकी, लड़ाकू वायुयान व अन्य उन्नत शस्त्र आदि प्रदान कर रहा है। इस प्रकार भारत पर दबाव का लक्ष्य बनाकर देश की अंदर-बाहर से इस प्रकार की घेराबंदी करना, सीमा पर अपना दबाव बनाना, धीरे-धीरे अपनी सीमा चौकियों को भारतीय क्षेत्र के पास लाना और भारतीय भू भाग में किसी प्रकार की गतिविधि न होने देना और वहाँ बार-बार घुसपैठ करना—ये सभी उसकी सुविचारित रणनीति के अंग हैं। वर्ष 2007 में जब संसद् में अरुणाचल के सांसदों ने प्रश्न उठाया तो उस समय सरकार ने स्वीकार किया था कि जनवरी से नवंबर 2007 के बीच में चीनी सेना ने 146 बार घुसपैठ की है। घुसपैठ का यह क्रम आज भी निर्बाध रूप से चल रहा है और तब ऐसा अनुमान था कि तब 2007-2012 के बीच चीनी घुसपैठ की घटनाओं की संख्या 1,200 से 1,500 के बीच, पहुँच गई थी। यू.पी.ए. सरकार के अपने प्रथम कार्यकाल के अंतिम दौर में प्रधानमंत्री जब अरुणाचल प्रदेश में गए थे और उन्होंने वहाँ भाषण में कह दिया कि अरुणाचल प्रदेश भारत के उगते हुए सूरज का प्रदेश है। इस पर चीन ने बड़ी तीखी प्रतिक्रिया व्यक्त की थी कि प्रधानमंत्री मनमोहन सिंह ने यह कैसे कह दिया कि अरुणाचल प्रदेश भारत का है। चीन में हमारी महिला राजदूत को रात के 2 बजे उठाकर विरोध व्यक्त करने की आवशकता नहीं थी। लेकिन रात को 2 बजे उठाकर विरोध व्यक्त करने के साथ ही कहा कि अपने प्रधानमंत्री से कहिए कि कल वे तवांग जिले में न जाएँ। हमारे देश में हमारे प्रधानमंत्री के भी जाने के विरुद्ध ऐसी चेतावनी का दुस्साहस अप्रत्याशित था। तवांग जिला अत्यंत संवेदनशील स्थान है, जहाँ एक तरफ भूटान की सीमा लगती है, दूसरी तरफ तिब्बत की सीमा लगती है, जिसे चीन ने अधिगृहीत कर रखा है और तीसरी तरफ भारत की सीमा में वह स्थित है। तवांग एक प्रमुख बौद्ध केंद्र है और इसलिए तिब्बत पर अपना नियंत्रण सुदृढ़ करने के लिए चीन उसको लेना चाहता है। इसलिए उसने हमारी राजदूत को चेतावनी दी कि वह प्रधानमंत्री से कहें कि वह तवांग जिले में न जाएँ।

अनुचित व्यापार सुविधाएँ : सर्वाधिक आश्चर्यजनक बात तो यह है कि जो देश भारत पर इस सीमा तक दबाव बनाता रहा है, उसी देश को तब यू.पी.ए.

सरकार अपरिमित व्यापार सुविधाएँ देती चली जा गई। तब देश में चाहे रिलायंस का पॉवर प्लांट लग रहा था या चाहे अन्य किसी का पॉवर प्लांट लग रहा हो; चाहे बी.एस.एन.एल. का या चाहे एयरटेल का टेलिफोन एक्सचेंज लग रहा था, ये सभी उन दिनों करीब आधे से अधिक पावर प्लांट व 35 प्रतिशत टेलिफोन एक्सचेंज चीनी ही लग रहे थे। देश के टेलिफोन एक्सचेंज, अगर चीनी हैं तो हमारे महत्त्वपूर्ण व्यक्तियों की बातचीत जब चाहे टेप भी कर सकते हैं। यह एक अत्यंत संवेदनशील मुद्‌दा है। उनका हमारे टेलीकॉम के क्षेत्र में आना हमारे लिए एक बड़ी चुनौती है। इसके साथ ही ये टेलिफोन एक्सचेंज और पावर प्लांट भी चीनी लेते चले जाने से देश में प्रौद्योगिकी विकास भी अवरुद्ध हुआ है। तब भेल (BHEL) के पास मात्र 24,000 मेगावॉट व एल. ऐंड टी. के पास 5,000 मेगावॉट के पावर प्लांट निर्माण के क्रय आदेश थे जबकि चीनी कंपनियों के पास 48,000 मेगावॉट के पावर प्लांट आपूर्ति के आदेश थे। इनमें भी उन्नत व आधुनिक श्रेणी के सुपर क्रिटिकल पावर प्लांट के सारे क्रय आदेश चीनी कंपनियों के पास जाते रहे थे। भारतीय कंपनियों के पास धीरे-धीरे अप्रचलित हो रहे सब-क्रिटिकल पावर प्लांट्स के क्रय आदेश थे। ऐसे में तब हम उन्नत पावर प्लांट के लिए चीन पर भी अवलंबित होते चले गए। हमने जो सी-डॉट में प्रथम जनरेशन टेलीकाम टेक्नोलॉजी के स्विचिंग सिस्टम या टेलिफोन एक्सचेंज विकसित किए थे, वो बेकार हो गए क्योंकि वह टेक्नोलॉजी काल बाह्य हो गई क्योंकि तब हमने भारतीय टेलिफोन एक्सचेंज खरीदे ही नहीं। अतः दूसरी पीढ़ी की टेलीकाम टेक्नोलॉजी (2 जी टेक्नोलॉजी) हम अपनी विकसित नहीं कर पाए। थर्ड जनरेशन (3 G) टेलीकॉम टेक्नोलॉजी तो हमने विकसित करने की बात ही नहीं सोची। चीन ने तो टेलिकम्युनिकेशन में चौथी पीढ़ी या जनरेशन (4 जी) की टेक्नोलॉजी विकसित करने के लिए भी बड़ी मात्रा में निवेश कर इसमें यूरो अमरीकी कंपनियों पर भी बढ़त पा ली है। थर्ड जनरेशन टेलीकॉम टेक्नोलॉजी में यूरो अमरीकी कंपनियों ने चाहे चीन को पीछे छोड़े दिया, लेकिन चौथी जनरेशन की टेलीकॉम टेक्नोलॉजी (4G Telecom Technology) में वह अमेरिका से आगे निकल गया है। ऐसे में यदि हम चीन को भारत का बाजार देकर उसकी प्रौद्योगिकी को समुन्नत करने के लिए अवसर, धन और मुनाफा देते हैं तो हमारे लिए यह आत्मघाती ही है। इसके स्थान पर अगर हम

देश में ही टेलिफोन एक्सचेंज, पावर प्लांट विकसित कर लगाते हैं तो हमारे देश में रोजगार बढ़ेगा व प्रौद्योगिकी का समुन्नयन होगा। अब तक हमने पावर प्लांट, इलेक्ट्रॉनिक्स व टेलिकम्युनिकेशन के क्षेत्र में जो टेक्नोलॉजी विकसित की है, उसको अगर हम आगे नहीं बढ़ाएँगे तो वह एक प्रकार से व अप्रचलित व अप्रासंगिक हो जाएगी और हम सदा के लिए चीन पर पराश्रित हो जाएँगे। दूरगामी दृष्टि से भी यह हमारे लिए अत्यंत चुनौतीपूर्ण विषय है। दूरसंचार के क्षेत्र में चीनी उपकरणों के माध्यम से देश की जासूसी तो उसके लिए अत्यंत सहज हो गई है। इस संबंध में चीन की तकनीकी राष्ट्रवाद की रीति-नीति व हमारी चूकों की भी चर्चा आगे की जाएगी।

देश में उन दिनों (यू.पी.ए. के कार्यकाल में) आतंकी बम विस्फोटों में रिमोट के रूप में चीनी मोबाइल फोन का ही उपयोग होता रहा है। कुछ वर्ष पूर्व तक चीन से आनेवाले मोबाइल हैंडसेट में 15 अंकों का इंटरनेशनल मोबाइल इक्विपमेंट आइडेंटीफिकेशन नंबर नहीं होता था। इसलिए सभी आतंकवादी तब चीनी हैंडसेट ही उपयोग करते थे। अब देर से ही सही, सरकार ने ऐसे बिना 15 अंकों के क्रमांक वाले हैंडसेट पर कनेक्शन एक्टिवेट करने पर रोक लगा दी है, लेकिन भारत सरकार के इस कदम को विफल करने हेतु चीन ने भारतीय बाजार में ऐसे 2 सॉफ्टवेयर उतार दिए थे, जिनसे मोबाइल हैंडसेट के 15 अंकों के क्रमांक में इच्छानुसार परिवर्तन किया जा सकता था। ये 2 सॉफ्टवेयर है—'चाइना किंग' व 'स्पाइडरमैन'। सरकार ने इन सॉफ्टवेयरों पर भी नामजद रोक तो लगा दी है, पर चीन इन्हें अन्य नामों से बाजार में न उतार दे, इसकी सावधानी भी आवश्यक है।

□

8

वैश्विक भू-राजनैतिक संतुलन की आवश्यकता

चीन आज भारत ही नहीं जापान, वियतनाम, ताईवान आदि कई देशों के लिए एक सुरक्षा चुनौती बनकर उभर रहा है। दूसरी ओर, चीन ने विगत एक दशक में विश्व के सभी भागों में, विभिन्न देशों के साथ अपने आर्थिक समझौतों व सहयोग कार्यक्रमों के माध्यम से अगने संबंधों को प्रगाढ़ किया है। उनके बाजारों में अपनी पहुँच बढ़ाने के साथ-साथ, अपने लिए ऊर्जा सुरक्षा व कच्चे माल की आपूर्ति की सुरक्षा भी सुनिश्चित की है। इन सभी उद्देश्यों की पूर्त्ति के अतिरिक्त इन देशों के साथ उसके संबंधों में उपजी प्रगाढ़ता के फलस्वरूप उसका भू-राजनैतिक वर्चस्व भी पर्याप्त रूप से बढ़ा है। पारंपरिक रूप से विभिन्न अंतरराष्ट्रीय मंचों पर भारत के साथ रहनेवाले कई देशों के साथ चीन के पारस्परिक अंतनिर्भरता वाले संबंध और इन देशों की चीन से बढ़ती निकटता के बाद वे अंतरराष्ट्रीय मंचों पर किसके साथ रहेंगे, यह भी विचारणीय है। वस्तुतः चीन आनेवाले समय में अपने लिए रॉ मेटेरियल सिक्योरिटी, एनर्जी सिक्योरिटी जैसे सुरक्षा के सभी प्रमुख आयामों पर बहुत तेजी से काम कर रहा है। अभी सऊदी अरब के साथ उसके गैस और तेल को खरीदने के लिए चीन ने 30 साल का अनुबंध किया है। अफ्रीका में एक दर्जन से अधिक ऐसे शासक हैं, जहाँ पर स्थानीय आंदोलन बहुत होते हैं, स्थानीय आंदोलनों के विरुद्ध छोटे हथियारों की आपूर्ति व वहाँ के कुछ शासकों को व्यक्तिगत ऋण देने के बदले में अफ्रीका के लगभग एक तिहाई तेल भंडारों सहित बहुत बड़े पैमाने पर वहाँ के खनिज संसाधनें को चीन ने अधिगृहीत किया है। आनेवाले

70-80 वर्षों की अपनी कच्चे माल की आपूर्ति व ऊर्जा सुरक्षा (रॉ मेटेरियल और एनर्जी सिक्योरिटी) उसने कर ली है। चीन का प्रभाव अफ्रीका में इस सीमा तक बढ़ा है कि कई अफ्रीकी देशों के अनेक शहरों में 'चाइना टाउन' बनने लग गए हैं, जहाँ पर अब वहाँ के स्थानीय अफ्रीकी लोगों का भी प्रवेश निषेद्ध है। आज अधिकांश अफ्रीकी देशों में सारे के सारे उत्पाद चीन के ही बिक रहे हैं। यूरो, अमेरिकी व भारतीय उत्पाद गायब हो रहे हैं। आज अफ्रीका के लगभग एक दर्जन देशों में उनके विकास और निर्माण के सारे कार्य अब चीनी ही कर रहे हैं। कई अफ्रीकी देश ऐसे हैं जिन्होंने यह राज्याज्ञा जारी कर रखी है कि उनके देश का 70 प्रतिशत निर्माण का काम चीनी कंपनियों को ही जाएगा। कई ऐसे अफ्रीकी देश हैं, जैसे जिम्बाब्वे, इक्वेटोरियल गिनी, सूडान आदि जहाँ स्थानीय आंदोलनों को कुचलने के लिए चीन के द्वारा कर्ज में दिए हथियारों का खुलकर उपयोग हुआ है। इसी कर्ज के बदले में उसे अफ्रीकी संसाधनों पर स्वत्व मिल रहा है। इन सभी देशों को छोटे हथियारों की आपूर्ति पर संयुक्त राष्ट्र संघ ने प्रतिबंध (Embargo) लगा रखा था। उस प्रतिबंध की अवहेलना करते हुए वह इन शस्त्रास्त्रों की आपूर्ति करता रहा है। हमको ध्यान में होगा कि सूडान के विभाजन के पूर्व वहाँ 20 लाख गैर अरब मूल के किसानों पर चीनी हथियारों और चीनी सैन्य विशेषज्ञों की सहायता से इतने भयावह अत्याचार हुए थे कि अब दक्षिणी सूडान ही अलग हो गया है। वहाँ तब साढ़े तीन लाख लोग हत्या, बलात्कार, जिंदा जलाए जाने आदि के शिकार हुए थे। चीन के प्रभाव में इक्वेटोरियल गिनी नामक देश है। वहाँ पर तख्ता पलट हुआ तो नए राष्ट्रपति ने पुराने राष्ट्रपति को एक बहुत बड़े ऑडिटोरियम में एक पिंजरे से लटकाकर सार्वजनिक रूप से स्वयं गोली मारी थी।

चीनी शस्त्रास्त्रों के सहयोग से जहाँ मानवाधिकारों का इस तरह से नृशंस हनन हो रहा है, उसी चीन के उत्पाद अगर पूरे विश्व में बिकें तो यह एक बहुत बड़ी विडंबना है। हमारे देश में भी आज इंटरनेट पर संवाद करनेवाले लोग बड़ी संख्या में बढ़े हैं। अगर हम चीन के सहयोग से मानवाधिकारों का जो नृशंस हनन हो रहा है, इसके विरुद्ध एक आह्वान नेट पर करें तो चीन के सारे के सारे उत्पादों की बिक्री का बहिष्कार न केवल अपने देश में, बल्कि संपूर्ण विश्व में संभव है। इंटरनेट का उपयोग करते हुए अपने घर बैठकर बिना युद्ध

लड़े आराम से यह किया जा सकता है। भारत में नेटीजन्स (Netizens) की बड़ी संख्या है। कई अंतरराष्ट्रीय विश्लेषकों का अनुमान है कि आनेवाले 25 साल में 20 करोड़ चीनियों को अफ्रीका में बसाने की भी चीन की अपनी वैकल्पिक योजना है। वहाँ पर उसने बड़ी मात्रा में संसाधनों का अधिग्रहण किया है। अब वहाँ बड़ी संख्या में चीनी उद्योग व अन्य प्रतिष्ठान लग रहे हैं व दीर्घ परियोजनाएँ चल रही हैं। अफ्रीका के कई देशों में 70 प्रतिशत निर्माण के प्रोजेक्ट उसके हाथ में है, वहाँ चीन बड़ी मात्रा में टेक्नोक्रेट्स, कार्मिक, श्रमिक व बंधुआ मजदूर ले जा रहा है। विश्लेषकों के ऐसे भी आकलन हैं कि वह अपने यहाँ पर जेलों में बंद कैदियों को भी ले जा रहा है। जिस कैदी की जितने वर्ष की जेल की सजा शेष है, उतना समय वह वहाँ अवैतनिक काम करेगा। उसके बाद में उसे वहीं बसा दिया जाएगा। पूरे अफ्रीका में ऐसे 12 लाख लोगों के होने का अनुमान है।

अफ्रीकी जनता भी चीनी उत्पादों के एकाधिकार से बहुत परेशान है। चीनी उत्पादों के लिए अफ्रीकी लोग जो शब्द काम में लेते हैं वह है (Zing-Zong) जिंग-जांग अर्थात् जब तक चले जिंग और जब खराब हो जाए तो जांग। वहाँ जिन जहाजों से चीनी माल आता है, उसे वहाँ पर खाली करते हैं और अफ्रीका के आंतरिक क्षेत्रों से जो खनिज पदार्थ लेकर ट्रक आते हैं (अर्थात् अफ्रीका के आंतरिक क्षेत्रों से वहाँ ताँबा, सीसा आदि सभी खनिज पदार्थ लेकर आते) उसे चीनी जहाजों पर लाद दिया जाता हैं और चीनी साज-सामान उन ट्रकों में लदकर अफ्रीकी बाजारों में पहुँच जाता है।

आज दुनिया का 70-80 प्रतिशत जो ताँबा आदि खनिज हैं, उनका उपयोग चीन कर रहा है, क्योंकि चीन विश्व के महानुमाप उत्पादन (मेन्युफैक्चरिंग) के केंद्र के रूप में उभरता जा रहा है। इसलिए विश्व में सबसे ज्यादा प्रदूषण भी चीन ही फैला रहा है। विश्व में प्रदूषणकारी ग्रीन हाउस गैसों का सर्वाधिक उत्सर्जन चीन का है। ये प्रदूषणकारी गैसें जिनमें विशेष हैं—कार्बन डाइऑक्साइड, कार्बन मोनो ऑक्साईड, मिथेन, सल्फर डाइऑक्साइड, नाईट्रस ऑक्साइड आदि जो वायुमंडल में उत्सर्जित हो रही हैं, उसमें सर्वाधिक 21 प्रतिशत चीन का उत्सर्जन है। चीन इतना ज्यादा प्रदूषण फैला रहा है कि सभी पर्यावरण के प्रति संवेदनशील व्यक्ति चीनी प्रोडक्ट्स का खुशी-खुशी बहिष्कार करेंगे। चीन

की प्रौद्योगिकी भी इतनी प्रदूषणकारी है कि उसके बहिष्कार का आह्वान बड़ी आसानी से किया जा सकता है।

चीन ने पूरी दुनिया में उद्योगों के अधिग्रहण की ऐसी व्यापक कार्य योजना भी तैयार की है कि विश्वभर में उसका ही व्यावसायिक जाल खड़ा हो जाएगा। लेनोवो चीन की कंप्यूटर बनानेवाली कंपनी है। अपने देश में भी लेनोवो के कंप्यूटर आजकल सर्वाधिक बिकते हैं। उसी लेनोवो कंपनी ने अमेरिका की सबसे बड़ी व सबसे पुरानी एवं प्रतिष्ठित कंप्यूटर कंपनी 'इंटरनेशनल बिजनेस मशीन्स' (आई.बी.एम.), का पर्सनल कंप्यूटर डिवीजन खरीद लिया था। इस तरह से चीन अमेरिका व यूरोप में निरंतर कंपनियों का अधिग्रहण कर रहा है। इसी क्रम में उसने अमेरिका की ऊर्जा के क्षेत्र की महत्त्वपूर्ण कंपनी 'यूनोकल' को साढ़े अठारह अरब डॉलर में (चीन की एक सरकारी कंपनी ने) खरीदने की पेशकश कर दी थी। वह कंपनी बिकने को थी। अमेरिकी सीनेट में कई बार इस बात पर चर्चा हुई कि यदि इस यूनोकल कंपनी को चीनी सरकारी कंपनी ने खरीद लिया तो अमेरिका की ऊर्जा सुरक्षा चीनियों के हाथ में पड़ जाएगी। अंत में अमरीकी सीनेट में चर्चा के बाद यह चेतावनी देनी पड़ी कि यदि चीन अपने क्रय प्रस्ताव को वापस नहीं लेता है तो हमको संसद् से अर्थात् सीनेट से कानून बनाकर इस अधिग्रहण पर प्रतिबंध लगाना होगा। आज अमेरिका जैसा देश अपनी ऊर्जा सुरक्षा के प्रति इतना चिंतित और सजग है जबकि चीन उसकी सीमा से बहुत दूर है। ऐसे में आज हम बड़ी संख्या में अपने पावर प्लांट, अपनी सारी टेलिफोन सेवाएँ प्रमुख राजमार्गों व अन्य निर्माण कार्य आदि में चीन पर अवलंबित हो रहे हैं। एक प्रकार से चीन पर हमारा यह अवलंबन हमारे लिए और ज्यादा चिंता का विषय होना चाहिए। इसी क्रम में आज चीन ने दक्षिण पूर्वी एशियाई देशों (साउथ ईस्ट एशियन कंट्रीज) में भी ऑब्जर्वर स्टेटस प्राप्त किया है, जिससे एसोसिएशन ऑफ साउथ ईस्ट एशियन नेशंस में चीन का वर्चस्व बढ़ा है। इसी प्रकार से एशिया के नौ बड़े देश, जिनको ए-9 कहा जाता है, उनका व्यापार अमेरिका की तुलना में भी चीन से ज्यादा बढ़ा है। लैटिन-अमेरिका के साथ चीन का व्यापार मात्र 5 अरब डॉलर का था, वह आज वर्ष 2012 में 261 अरब डॉलर का हो गया है जबकि भारत लैटिन अमेरिकी व्यापार आज भी मात्र 30 अरब डॉलर ही है। अफ्रीका के साथ

उसका व्यापार वर्ष 2000 तक केवल 50 लाख डॉलर का था, आज 2012 में वह 200 अरब डॉलर तक पहुँच गया है जबकि अमरीका व अफ्रीका व्यापार मात्र 108 अरब डॉलर रह गया है। भारत-अफ्रीकी व्यापार चीन-अफ्रीकी व्यापार के 1/3 से कम, मात्र 70 अरब डॉलर ही है, जबकि पूर्व में 'भारत-अफ्रीका' व 'भारत-लैटिन अमरीका' व्यापार, चीन से इन देशों के व्यापार से अधिक रहा है। हमारे तत्कालीन उपराष्ट्रपति हमीद अंसारी ने भी इस पर गंभीर चिंता व्यक्त की है। घटते व्यापार का भारत-अफ्रीका मैत्री पर भी प्रभाव होता है। यही बात हमारी लैटिन अमरीकी देशों के साथ भी लागू होती है। वैसे भी सिविल सोसाइटी आंदोलन से उपजे वर्ल्ड सोशल फोरम और नव वामपंथ की गुलाबी लहर से लैटिन अमरीका के लगभग एक दर्जन देशों में बनी वामपंथी सरकारें भी चीन से अधिक निकट संबंध स्थापित करें, यह स्वाभाविक ही है। इसलिए भारत-लैटिन अमरीकी व्यापार व मैत्री संबंधों को अधिक महत्त्व दिया जाना चाहिए। चीन ने व्यापार विस्तार के साथ ही लैटिन अमेरिकी, अफ्रीकी और एशियाई देशों के साथ करेंसी स्वॉप के एग्रीमेंट भी किए। करेंसी स्वॉप यानी वह अब डॉलर में व्यापार नहीं करेगा। यथा, अर्जेंटाईना के साथ चीन के करेंसी स्वॉप समझौते के बाद अब चीनी मुद्रा यूआन और अर्जेंटाईना की मुद्रा में उनका व्यापार होगा। आज यूनाईटेड अरब अमीरात व सऊदी अरब का अधिकांश तेल चीन खरीद रहा है। इन सभी व्यापारिक प्रगाढ़ता के संबंधों के कारण उनके कूटनीतिक संबंध इन सभी देशों से इतने प्रगाढ़ हो रहे हैं कि अब तक सारे अंतरराष्ट्रीय मंचो पर जहाँ सभी विकासशील देश भारत के साथ मतदान करते रहे हैं, अब आनेवाले समय में हमारे लिए यह एक चुनौती होगी। पारंपरिक रूप से हमारे मित्र देशों का जो समूह था, उनमें से बड़ी संख्या में देश चीन के निकट होते जा रहे हैं। 'ऑर्गेनाईजेशन ऑफ इस्लामिक कंट्रीज' के नाम से 57 इस्लामिक देशों का जो संगठन है, उसने अब तक कश्मीर के लिए कभी भी यह नहीं कहा कि कश्मीर भारत का अंग नहीं है। अब उसने उस पर प्रश्न उठाना आरंभ कर 'भारत अधिकृत कश्मीर' जैसे शब्दों का प्रयोग आरंभ कर दिया है। इस प्रकार हमारे कूटनीतिक संबंधों की दृष्टि से भी चीन चिंता बढ़ा सकता है।

चीनी उत्पादों के कारण चाहे केन्या का चर्मोद्योग हो या यूरोप का

वस्त्रोद्योग एवं चाहे लैटिन अमेरिका या संयुक्त राज्य अमेरिका के प्रमुख उद्योग, सभी संकटग्रस्त हो रहे हैं। पूरे विश्व में औद्योगिक विकास व विश्व की अधिकांश अर्थव्यवस्थाएँ, उनके बाजारों पर चीनी उत्पादों के एकाधिकार से संकटग्रस्त हो रही हैं।

निष्कर्ष रूप में पाकिस्तान, चीन के हाथों में खेलनेवाले देशों में से एक है। बांग्लादेश की भी लगभग यही स्थिति बनती भी रही है। बांग्लादेश का भी प्रमुख आयुध आपूर्तिकर्ता देश चीन ही है। नेपाल में भी यह स्थिति बन ही गई है और श्रीलंका पर भी उसका प्रभाव बढ़ा है। अफ्रीका, पश्चिम एशिया, दक्षिण पूर्व एशिया और लैटिन अमेरिका, सर्वत्र चीन का प्रभाव एवं वहाँ अधिकाधिक देशों के साथ उसकी व्यापारिक व आर्थिक संबंधों में सघनता अप्रत्याशित रूप से बढ़ी हैं। इस प्रकार भारत के चारों ओर स्थित देशों से संरक्षक व संरक्षित जैसे संबंध बनाकर चीन भारत की घेराबंदी कर रहा है और सुदूर देशों में भी उसका प्रभाव बढ़ रहा है। साथ ही, देश के अंदर जिस ढंग से चीनी कंपनियों का अंतर्जाल फैल रहा है, और हमारे द्वारा बड़ी मात्रा में चीनी उत्पादों की खरीद कर चीन को जो आर्थिक संबल दिया जा रहा है,, इसे देखते हुए हमें भू-राजनैतिक, आर्थिक व रणनीतिक दृष्टि से पुनर्विचार करना चाहिए और हमें अपने अंतरराष्ट्रीय संबंधों को नया धरातल देना होगा।

भारतीय विदेश नीति की 2013 के अतिक्रमण के समय विफलता : चीन द्वारा दौलत बेग ओल्डी में 21 दिन तक बलात् अधिकार जमा लेने पर विश्व के किसी भी देश की भारत के पक्ष में प्रतिक्रिया नहीं आना अत्यंत विस्मयकारी है। आज के आधुनिक युग में चीन की ऐसी आक्रामक कार्रवाई पर विश्व में किसी भी देश द्वारा विरोध का वक्तव्य नहीं देकर भारत के पक्ष में कोई टिप्पणी नहीं करना हमारी तब की विदेश नीति पर भी प्रश्न चिह्न लगाता है। डोकलाम विवाद के समय अमेरिका, यूरोप, रूस, जापान, वियतनाम, शेष दक्षिण पूरा एशियाई देशों सहित विश्व के सभी देशों की टिप्पणियाँ भारत समर्थक थीं। भारत को विश्व के साथ मिलकर उत्पादन, व्यापार, निवेश, सामरिक क्षमताओं, मौद्रिक वित्तीय व आर्थिक संतुलन ठीक करने पर सहमति विकसित करनी चाहिए। आज कई देश चीन के साथ भारी व्यापार घाटा सह रहे हैं। अपने संसाधन व रोजगार चीन के हाथों खो रह हैं। विश्व के 22 प्रतिशत विनिर्माणी उत्पादन

(वर्ल्ड मेन्युफैक्चरिंग के 22 प्रतिशत) पर चीन का नियंत्रण हो गया है। भारत का योगदान वर्ल्ड मेन्युफैक्चरिंग में 2.1 प्रतिशत ही रह गया है। इसलिए यह समय है कि वैश्विक आर्थिक व वित्तीय संतुलन हेतु कोई अंतरराष्ट्रीय सम्मेलन भी आयोजित किया जाए। चीन के एशिया इंफ्रास्ट्रक्चर ऐंड इनवेस्टमेंट बैंक एवं ओबोर से भी उसका प्रभुत्व बढ़ने को है। ऐसे में विश्व में व्यापार, निवेश, औद्योगिक उत्पादन व वित्तीय संतुलन पर एक अंतरराष्ट्रीय सम्मेलन का आयोजन आज की एक महत्ती आवश्यकता है।

□

9

चीन के संबंध में हमारी ऐतिहासिक गलतियाँ

स्वाधीनता के उपरांत यदि हमने तिब्बत पर अधिकार करने हेतु चीन का सहयोग नहीं किया होता एवं जम्मू-कश्मीर में आगे बढ़ती सेना के कदम बीच में रोककर पाक अधिकृत कश्मीर पाकिस्तान के नियंत्रण में नहीं छोड़ा होता तो आज पारिस्थिति भिन्न होती। यदि चीन व भारत के बीच स्वतंत्र तिब्बत होता तो हमारी चीन से सीमा नहीं लगती। इसी प्रकार पाक अधिकृत कश्मीर पाकिस्तान के नियंत्रण में नहीं होता तो चीन व पाकिस्तान के बीच जमीनी संपर्क ही नहीं होता, चीन-पाक को जोड़नेवाला काराकोरम राजमार्ग पाक अधिकृत कश्मीर से ही निकाला गया है। वहीं से चीन ग्वाडर बंदरगाह तक पहुँचा है व चीन-पाक आर्थिक कारिडॉर व ओबोर निकाल रहा है। इसी प्रकार चीन को संयुक्त राष्ट्र संघ में सदस्यता दिलाने की पुरजोर काशिश व उसमें सन् 1950 के दशक में ताईवान (रिपब्लिक ऑफ चाइना) के स्थान पर सुरक्षा परिषद् में स्थान दिलाने की अमेरिका (1950/53) व रूस (1955) के प्रस्तावों को नेहरूजी द्वारा अस्वीकृत कर देना भी एक बड़ी गलती थी। पीपुल्स रिपब्लिक ऑफ चीन की कीमत पर वह स्थान नहीं लेने का निर्णय कितना उचित था, जहाँ आज चीन ही भारत की सुरक्षा परिषद् में स्थायी सदस्यता का विरोध कर रहा है। व्यवहार में तो चीन में वर्ष 1949 में कम्युनिस्ट शासन की स्थापना और सन् 1947 में पाकिस्तान के अस्तित्व में आने के समय से ही चीन व पाकिस्तान भारत के विरुद्ध निरंतर शत्रुतापूर्ण कार्रवाइयों में लिप्त रहे हैं। चीन ने 1962 में भारत पर आक्रमण करके 38,000 वर्ग किमी. क्षेत्रफल के

अक्साई-चिन पर अधिकार कर लिया था, जो आज तक उसी अधिकार में है।

पाकिस्तान के साथ भारत के 1947, 1965, 1971 और 1999 में खुले युद्ध हो चुके हैं। पाकिस्तान प्रेरित आतंकवाद से आज कश्मीर सहित पूरा देश युद्ध से भी अधिक गंभीर रक्तपात का सामना कर रहा है। इसके साथ ही आज चीन प्रतिवर्ष 300 से 400 बार तक भी हमारी सीमा में घुसपैठ करता रहा है और इन्हीं घुसपैठों के माध्यम से इंच-दर-इंच आगे बढ़ते हुए हमारे कई अत्यंत उर्वरा चरागाह क्षेत्रों पर अधिकार व ऊँचाई वाले रणनीतिक महत्त्व के क्षेत्रों पर अधिकार करता जा रहा है। एन.डी.ए. सरकार के काल में यह संख्या काफी घटी है। दूसरी ओर पाकिस्तान की सेना जब कश्मीर छोड़कर भाग रही थी, तब 68,000 वर्ग किमी. जम्मू-कश्मीर की हमारी भूमि पाकिस्तान के नियंत्रण में छोड़कर युद्ध विराम घोषित कर दिया था। यदि जम्मू-कश्मीर का वह क्षेत्र पाकिस्तान के नियंत्रण में नहीं छोड़ा होता तो पाकिस्तान व चीन के बीच धरातलीय संपर्क ही नहीं रह पाता और हमारा अफगानिस्तान, ईरान, मध्य एशिया सहित रूस तक सीधा रेल-सड़क संपर्क होता।

भारत की ऐतिहासिक गलतियाँ

तिब्बत के संबंध में गलती : चीन व पाकिस्तान को भारत के विरुद्ध सारी शत्रुतापूर्ण कार्रवाइयाँ करने का अवसर भारत के राजनैतिक नेतृत्व की अनगिनत गलतियों के कारण मिले हैं। यदि हमारे प्रथम प्रधानमंत्री जवाहरलाल नेहरू ने चीन को तिब्बत को हस्तगत करने में सहयोग नहीं दिया होता तो तिब्बत, जिसकी 37 वर्ष पूर्व क्या स्थिती थी, 1950 तक चीनी प्रभुत्व से सर्वथा मुक्त एक संप्रभुत्व संपन्न राष्ट्र था। यदि तिब्बत एक स्वतंत्र राष्ट्र रहता तो भारत को उत्तर से कोई खतरा नहीं रहता, क्योंकि भारत की चीन से सीमा ही नहीं लगती अथवा जिस प्रकार भूटान चीन से सुरक्षा हेतु 1949 में भारत का संरक्षित राष्ट्र (प्रोटेस्टोरेट नेशन) बन गया था, उसी तरह तिब्बत को चीन का प्रोटेक्टोरेट बनने का सुझाव देने के स्थान तिब्बती लामाओं की इच्छानुसार उसे (तिब्बत को) भी हमने तब भारत का संरक्षित राष्ट्र बना लिया होता, तब दोनों ही दशाओं में तिब्बत ही हमारा पड़ोसी होता। 7 अक्तूबर, 1950 को चीन की सेना ने जब तिब्बत में प्रवेश किया तो सरदार पटेल ने जवाहरलाल नेहरू को

7 नवंबर को पत्र लिखकर तिब्बत का पक्ष लेने का आग्रह किया था। (देखें परिशिष्ट-1) लेकिन चीन में भारत के राजदूत के.एम. पन्निकर, जो वामपंथी विचारक थे, उन्होंने नेहरू को चीन का पक्ष लेने को मना लिया। इसलिए जब तिब्बत ने 23 नवंबर, 1950 को चीन के इस अतिक्रमण के विरुद्ध संयुक्त राष्ट्र संघ में अपनी याचिका प्रस्तुत की थी। तब संयुक्त राष्ट्र में भारतीय प्रतिनिधि ने इस मुद्दे को चर्चा हेतु एजेंडा में लेने तक का विरोध कर दिया। तिब्बत पर चीन के आक्रमण के मुद्दे को संयुक्त राष्ट्र संघ के कार्यवृत्त (एजेंडा) में लेना का भारत द्वारा विरोध करने पर इस मुद्दे को संयुक्त राष्ट्र संघ ने भी विचारार्थ नहीं लिया (सेक्यूलर-राइट इंडिया, 5 अप्रैल, 2006)। अंततः जवाहरलाल नेहरू ने 1951 की चीन-तिब्बत में संधि करवा दी। दुर्भाग्य से सरदार पटेल का देहावसान दिसंबर 1950 में हो जाने से ही जवाहरलाल जी चीन-तिब्बत की यह संधि करा पाए थे। देश हित में 1950 में सरदार पटेल द्वारा तत्कालीन प्रधानमंत्री जवाहरलाल नेहरू को पत्र लिखकर चीन के खतरों के प्रति, तब ही सावधान कर तिब्बत की स्वतंत्रता का पक्ष लेने का आग्रह किया था। (देखें परिशिष्ट-1) इस प्रकार भारत द्वारा तिब्बत को चीन का संरक्षित राज्य बनाना बहुत बड़ी भूल थी। यदि 1949 की भूटान के साथ की गई संधि के अनुरूप ही तिब्बत के साथ भी भारत ने वैसी ही संधि तिब्बती लामाओं के प्रस्ताव पर कर ली होती तो भारत व चीन के बीच तिब्बत एक स्वतंत्र राष्ट्र के रूप में होता। ऐसी ही गलती जवाहरलाल नेहरू ने पाक अधिकृत कश्मीर को पाकिस्तान के नियंत्रण में छोड़कर युद्ध विराम की घोषणा कर दी और जम्मू-कश्मीर की 68,000 वर्ग किमी. भूमि पाकिस्तान के नियंत्रण में छोड़कर की थी। यदि पाक अधिकृत जम्मू-कश्मीर हमारे नियंत्रण में होता तो वहाँ से अफगानिस्तान व संपूर्ण मध्य एशिया के देशों यथा तुर्कमेनिस्तान, किर्गिजिस्तान, उज्बेकिस्तान, कजाखस्तान, आर्मेनिया व रूस पर्यंत एवं पश्चिम में ईरान व ईराक तक सीधे सड़क मार्ग से जुड़ना संभव ही नहीं है। वहाँ हम पाकिस्तान या ईरान के माध्यम से ही पहुँच सकते हैं।

लेकिन हमारे प्रधानमंत्री जवाहरलाल नेहरू का भ्रम था कि हम अगर पड़ोसी चीन को नई-नई सुविधाएँ देंगे और उसे तिब्बत को हड़प लेने में भी सहयोग कर देंगे तो उससे हमारे संबंध अच्छे होंगे। इसलिए 1950 में जब

तिब्बतियों ने भारत के साथ रहने और भारत का प्रोटेक्टोरेट बनने की इच्छा व्यक्त की थी। हमने वह संधि चीन के साथ करा दी। चूँकि 1949 में भूटान ने भारत से संधि कर वह भारत का संरक्षित (Protectorate) राष्ट्र बन गया था। बाद में वर्ष 2004 में भारत सरकार ने उसका भी समय पर नवीनीकरण नहीं किया और बाद में भी उसे विरल कर दिया। वह एक अलग विषय है, लेकिन तब 1949 में भूटान के रक्षा व विदेश मामलों का दायित्व भारत ने ले लिया था। तिब्बत भी तब भारत से ऐसी ही मैत्री संधि करना चाहता था। तब इसके विपरीत हमारे तत्कालीन प्रधानमंत्री जवाहरलालजी ने तिब्बती लामाओं को परामर्श दिया कि आप लोग भारत नहीं, चीन के प्रोटेक्टोरेट बनिए और उन्होंने 1951 में एक संधि करवाई, जिसमें जवाहरलालजी ने आश्वासन दिया कि आपकी (तिब्बत की) आंतरिक स्वायत्तता व संस्कृति और आंतरिक स्वशासन कायम रहेगा, यह मैं आश्वस्त करता हूँ। आप चीन के साथ संधि कर उसकी संप्रभुता स्वीकार कर लीजिए। तब जाकर तिब्बतियों के नेतृत्व ने नेहरूजी के भरोसे वह 17 सूत्री संधि की थी। इसके पूर्व, तिब्बत एक स्वतंत्र राष्ट्र था। उसके बाद 1955 से चीन ने वहाँ अपनी सैन्य उपस्थिति बढ़ानी शुरू कर दी और वर्ष 1959 में तो चीन ने तिब्बत पर पूरी तरह से कब्जा कर लिया। तब पूज्य दलाई लामा को भारत में शरण लेनी पड़ी थी।

इससे पहले 1951 से 1955 तक तिब्बत को हड़पने में जवाहरलालजी का सहयोग लेने हेतु ही तत्कालीन चीनी प्रधानमंत्री चाऊ एन लाई, जवाहरलालजी को बराबर कहते थे कि चीन व भारत के बीच कोई सीमा विवाद नहीं है। हमारी सीमाएँ बिल्कुल स्पष्ट हैं, लेकिन तिब्बत पर पूर्ण अधिकार करते ही 1955 से चीन ने कुछ ऐसे नक्शे जारी करने शुरू किए, जिनमें भारतीय भू-भाग को चीन का बताना आरंभ किया और 1959 में तिब्बत पर पूर्ण नियंत्रण होते ही उन्होंने कह दिया कि हमारे (भारत व चीन के) बीच गंभीर सीमा विवाद है और चीन की एक लाख, चार हजार वर्ग किलोमीटर जमीन आपने (भारत ने) दबा रखी है। इस प्रकार जब तक तिब्बत को हड़पने के लिए भारत का सहयोग चीन को चाहिए था, तब तक कहा कि हमारे (चीन-भारत के) बीच कोई सीमा विवाद नहीं है। जैसे ही उसने तिब्बत को पूरी तरह से अधिगृहित कर लिया, एकदम कह दिया कि भारत ने चीन की एक लाख, चार हजार वर्ग किलोमीटर जमीन दबा रखी

है। स्मरण रहे उसके पूर्व, जब चीन संयुक्त राष्ट्र संघ का सदस्य नहीं था, तब कम्युनिस्ट देशों को छोड़कर भारत ही एकमात्र देश था, जिसने चीन की सदस्यता के लिए सर्वाधिक प्रबल समर्थन दिया था। इन सारे उपकारों को भुलाकर अंततः 1962 में तो भारत पर आक्रमण कर के हमारी 38,000 वर्ग किमी. भूमि चीन ने बलात् अधिग्रहीत कर ली। इस प्रकार चीन से शांति खरीदने की भ्रांतिवश तिब्बत को चीन को सौंपने की जो बहुत बड़ी भूल तब भारत ने की थी, उसके कारण एक ओर तो चीन सीधे हमारा पड़ोसी बनकर आज सीमा पर अनुचित दबाव बना रहा है। यदि वहाँ स्वतंत्र तिब्बत होता तो उत्तर से हम पूरी तरह सुरक्षित होते।

चीन में जब 1949 में कम्युनिस्ट शासन बना था, तब भारत उन 6-7 राष्ट्रों में प्रमुख था, जिसने संयुक्त राष्ट्र संघ में चीन को सदस्यता दिलाने में सर्वाधिक वकालत की थी तिब्बत को अधिग्रहीत करने हेतु चीन की तिब्बत के साथ जो संधि हुई थी, वह भी भारत के तत्कालीन प्रधानमंत्री के सहयोग से ही 1951 के मई में हुई थी। जब तिब्बत पर चीन दबाव बढ़ा रहा था, तब तिब्बती लोग भारत पर ही अधिक विश्वास करते थे। इसलिए उन्होंने भारत से मैत्री संधि भी करनी चाही व जवाहरलाल नेहरू से यह आग्रह किया कि वे तिब्बत को भारत का 'प्रोटेक्टरेट' बनाना चाहते थे। जैसा कि पूर्व में वर्णन किया गया है कि तिब्बती लामा चाहते थे कि भारत ने जैसी मैत्री संधि भूटान से की है, जिससे भूटान की रक्षा व विदेश संबंध, भूटान के भारत को सौंप दिए थे, वैसी ही संधि भारत-तिब्बत के साथ भी कर लेवे। परंतु पंडित नेहरू ने, तब उन्हें इसके विपरीत यह कहा कि नहीं, तुम चीन से मैत्री संधि कर चीन के प्रोटेक्टरेट बन जाओ। तुम्हारे 'एक्सटर्नल' रिलेशंस और तुम्हारा 'डिफेंस' इन दो बातों का दायित्व चीन लेगा, तुम्हारी सुरक्षा की जिम्मेवारी चीन लेगा और मै आश्वस्त करता हूँ कि तुम्हारी आंतरिक स्वायत्तता बनी रहेगी। ऐसा पंडित नेहरू ने आश्वस्त किया।

तिब्बत में चीनी सेना घुस गई थी। संयुक्त राष्ट्र संघ में तिब्बत द्वारा चीन के विरुद्ध लाई याचिका को भी भारत ने जब एजेंडे में नहीं लेने दिया, तब कहीं तिब्बत ने मजबूरी में चीन के साथ मई, 1951 की संधि पर हस्ताक्षर किए थे। वस्तुतः जवाहरलाल नेहरू रूस के अत्यधिक प्रभाव में थे व भारत में भी कृष्णा मेनन, पन्निकर आदि वामपंथियों के प्रभाव में होने से उन्होंने तिब्बत को कम्युनिस्ट चीन की झोली में डाल दिया।

चूँकि चीन में गृह युद्ध के बाद कम्युनिस्ट पार्टी सत्ता में आ गई, तब वहाँ से परास्त वहाँ के राष्ट्रवादी शासन ने 'रिपब्लिक ऑफ चाइना' के नाम से ताईवान में अपना राज्य स्थापित कर लिया। तब से चीन 'पीपुल्स रिपब्लिक ऑफ चाइना' कहलाता है, चूँकि रिपब्लिक ऑफ चाइना संयुक्त राष्ट्र संघ का वीटो अधिकार युक्त सदस्य था, वही 1971 तक संयुक्त राष्ट्र संघ का सदस्य बना रहा। भारत 1949 से ही अकारण ही कम्युनिस्ट की वकालत करता रहा। तब भी चीन ने भारत को कभी अपना मित्र नहीं माना सर्वाधिक आश्चर्य की बात तो यह है कि 1950 व 1953 में अमेरिका व 1955 में रूस ने इस प्रकार दोनों ही महाशक्तियों ने रिपब्लिक ऑफ चाइना के स्थान (ताईवान) पर भारत को सुरक्षा परिषद् का स्थायी सदस्य बनाने का अनौपचारिक प्रस्ताव रखा बताया जाता है। दोनों ही महाशक्तियों ने कथित रूप से माना था कि भारत सुरक्षा परिषद् में स्थायी सदस्यता का सर्वाधिक हकदार देश है। साम्यवादी चीन (पीपुल्स रिपब्लिक ऑफ चाइना, तो प्रारंभ से अर्थात् 1949 से 1971 तक संयुक्त राष्ट्र संघ का सदस्य ही नहीं था। रिपब्लिक ऑफ चाइना एक कमजोर शासन था, जो कम्युनिस्ट क्रांति के बाद चीन की मुख्य भूमि से निर्वासित होकर ताईवान में स्थानांतरित हो गया था। इसलिए 1950 के दशक के पूर्वार्द्ध में अमेरिका व रूस ने एक-एक कर अलग-अलग सुरक्षा परिषद् में चीन की स्थायी सदस्यता भारत को देने का प्रस्ताव रखा बताया जाता है। तब उन महाशक्तियों का यह मत बताया जाता है कि वे संयुक्त राष्ट्र की सदस्यता रिपब्लिक ऑफ चाइना के स्थान पर पीपुल्स रिपब्लिक ऑफ चाइना को वह सुरक्षा परिषद् में सदस्य बनाने के पक्ष में तथा भारत को स्थायी सदस्यता देने के पक्ष में थी, ऐसा कहा जाता है, लेकिन ऐसी चर्चाएँ हैं कि नेहरूजी ने मना कर दिया वे चीन के हितों की कीमत पर सुरक्षा परिषद् में स्थायी सदस्यता लेने को तैयार नहीं थे या शायद हिम्मत नहीं कर पा रहे थे। (एंटॉन हार्डर, का लेख दी वायर डॉट इन पर दिनांक 30.08.2016) जवाहरलाल नेहरू व अमेरिका में भारतीय राजदूत के बीच हुए पत्र-व्यवहार में पता नहीं क्यों नेहरू ने इस प्रस्ताव को जोखिमपूर्ण व खतरनाक कह दिया। उन्होंने यहाँ तक कहा बताया जाता है कि इसके लिए (नया स्थायी सदस्य बनाने के लिए) संयुक्त राष्ट्र चार्टर ही बदलना होगा। तब संसद् में तो नेहरूजी ने भारत के संयुक्त राष्ट्र का स्थायी सदस्य बनने के प्रस्ताव को

अफवाह ठहरा दिया था, लेकिन ऐसे भी लेख हैं कि रूसी प्रधानमंत्री निकोलोई बुल्गारिन का यह अभिलेखीय प्रस्ताव था। तब अमेरिका भारत को संयुक्त राष्ट्र सुरक्षा परिषद् में एशिया से स्थायी सदस्य के रूप में चाहता था। संभवत: यह नेहरूजी का अनुचित चीन प्रेम था। आज वही चीन सुरक्षा परिषद् में भारत की सदस्यता का विरोध कर रहा है। इस संबंध में अमेरिका में भारत की राजदूत डॉ. विजयलक्ष्मी पंडित (जो नेहरूजी की बहन थी) और जवाहरलाल नेहरू का पत्र-व्यवहार व कुछ अन्य उद्धरण श्री एंटॉन हार्डर के उद्धरण परिशिष्ट-7 में दिए हैं। अमेरिका ने यहाँ तक कहा कि चीन (पीपुल्स रिपब्लिक ऑफ चाइना अर्थात् कम्युनिस्ट चीन) को संयुक्त राष्ट्र संघ का सदस्य बनाया जा सकता है, लेकिन पूर्व में सुरक्षा परिषद् में रिपब्लिक ऑफ चाइना (जो अब ताईवान में स्थित है) का जो स्थान था, वह भारत ले लें। इस प्रस्ताव को नकारना नेहरूजी की बहुत बड़ी भूल थी। वैसे जवाहरलाल नेहरू ने 27 सितंबर, 1955 को संसद् में डॉ. जे.एन. पारेख को दिए उत्तर में ऐसे किसी प्रस्ताव से इनकार कर दिया था लेकिन संयुक्त राष्ट्र में रह चुके अंडर सेक्रेटरी जनरल शशि थरूर, जो कांग्रेस के सांसद व मंत्री रह चुके हैं, ने 2004 की अपनी पुस्तक 'नेहरू—द इंवेंशन ऑफ इंडिया' और 10 जनवरी, 2004 के 'द हिंदू' का दिए साक्षात्कार में इस तथ्य को स्वीकारा है। अपनी पुस्तक में उन्होंने लिखा है कि "जिन भारतीय राजनायिकों ने संबंधित फाइलें देखीं हैं वे कसमपूर्वक मानते हैं कि नेहरूजी ने वह प्रस्ताव अस्वीकार कर दिया था। श्री थरूर ने 10 जनवरी, 2004 के 'द हिंदू' से साक्षात्कार में भी कहा था कि "भारत को सुरक्षा परिषद् का स्थायी सदस्य बनाने के 1953 के अमेरिकी प्रस्ताव को अस्वीकृत कर यह स्थान चीन को देने का सुझाव दे दिया था।" चूँकि व स्थान पूर्व में रिपब्लिक ऑफ चाइना का था, उसे वे बीजिंग (पीपुल्स रिपब्लिक ऑफ चाइना) को दिलाने के पक्ष में बताए जाते हैं।

आक्रामक व अविश्वसनीय चीन : वस्तुत: 1914 की भारत, चीन व तिब्बत की त्रिपक्षीय संधि के अनुसार भी तिब्बत एक स्वतंत्र राष्ट्र था। इसके अतिरिक्त यदि वर्ष 1950 का तिब्बती लामाओं का प्रस्ताव मानकर जवाहरलाल नेहरू ने, भूटान की भाँति तिब्बत को भी भारत का संरक्षित राष्ट्र (Protectorate) बना लिया होता और चीन को उपहार स्वरूप नहीं सौंप

दिया होता, तब तिब्बत, भारत-चीन के बीच एक प्रभावी सुरक्षा दीवार सिद्ध होता। ब्रह्मपुत्र सहित विश्व के 11 देशों को जलापूर्ति कर रही वे 10 नदियाँ चीन के नियंत्रण में नहीं जातीं, जो आज चीन के नियंत्रण में हैं। उन नदियों के जल को आज चीन हड़पने जा रहा है। हमारे सिरी जेप क्षेत्र में IV तक नियंत्रण-रेखा से 5 किमी. अंदर तक चीन ने सड़क बना दी है। अरुणाचल प्रदेश के भारतीय भू-भाग पर भी चीन अपना हेलीपेड बना चुका है और अरुणाचल प्रदेश के परंपरागत चरवाहे जितनी ऊँचाई तक पशु-चराने जाते थे, उन्हें चीनी सैनिकों ने मनाही कर दी है।

भारत पर मनोवैज्ञानिक दबाव बनाने के लिए कुछ वर्ष में तो चीन ने जम्मू-कश्मीर के भारतीयों को अलग पत्र पर वीजा देने की भी शरारत प्रारंभ कर दी थी। जम्मू-कश्मीर के लिए उसने भारत अधिकृत कश्मीर (India Occupied Kashmir) कहना आरंभ कर दिया है। अरुणाचल प्रदेश को छद्म रूप से अपना सिद्ध करने हेतु उसने चीन जानेवाले अरुणाचल प्रदेश के निवासियों को यह कह दिया कि उन्हें वीजा लेने की आवश्यकता नहीं है। चीन की इस शरारत को देखते हुए भारत को भी एक चीन नीति को छोड़कर ताईवान, चीन व तिब्बत को तीन पृथक राष्ट्रों के रूप में मान्यता दे देनी चाहिए। कम-से-कम इसकी धमकी तो दे ही देनी चाहिए।

चीन बहुत चतुराई से नाप-तोल कर दबाव बनाता है। उसकी 14 देशों के साथ सीमाएँ लगती हैं, जो देश जब कमजोर था या जब जिस देश पर चीन अपनी दादागिरी जमा सकता था, सौदेबाजी में दबाव डालकर अपनी बात मनवा सकता था, तब-तब उसने उस देश के साथ अपना सीमा-विवाद हल किया। म्याँमार व बांग्लादेश के साथ सीमा विवाद उसने पहले हल कर लिया। सोवियत संघ के साथ भी उसका विवाद था, तो जब तक सोवियत संघ इकट्ठा था, तब तक वह चुप रहा और जैसे ही सोवियत संघ का विघटन हुआ, उसने, तजाकिस्तान, कजाकिस्तान, सोवियत रूस आदि सभी के साथ अपनी शर्तों पर सीमा विवाद हल कर लिए क्योंकि अब वह एक ताकतवर देश था। इसलिए अपने पक्ष में सारे समझौते करवा लिये। अब उसका सीमा विवाद भारत से ही बचा है।

हमें स्मरण होगा कि वाजपेई जी जब मोरारजी देसाई मंत्रिमंडल में विदेश

मंत्री थे, तब वे 1979 में चीन गए थे। उस समय उसने वियतनाम पर भारी आक्रमण कर दिया था और काफी आगे तक बढ़ गया था। तभी से उनकी वार्त्ता प्रारंभ हो गई थी, जो 1999 में जाकर उनका सीमा विवाद पर समझौता हुआ। जो स्वाभाविक रूप से चीन के पक्ष में हुआ। जैसा अभी कहा गया कि चीन सिक्किम को भारत का अंग मानने की चीन, अनौपचारिक तथा औपचारिक घोषणा कर चुका है। फिर भी, पिछले 3-4 वर्षों से पुनः उसे विवादास्पद क्षेत्र बताया जा रहा है। चीन, बयान बदल कर बोल रहा है। तो इस प्रकार से उसका दबाव हम पर बना हुआ है। अब इस दबाव के साथ-साथ उसने भारत की एक प्रकार से घेराबंदी शुरू कर दी है। भारतीय उपमहादीप व हिंद महासागर क्षेत्र में जितने छोटे-छोटे देश हैं, उन सबका वह संरक्षक बनता जा रहा है, ताकि भारत से इन देशों की कूटनीतिक दूरी बढ़े तथा जो देश अब तक भारत के निकट रहे हैं, समर्थक रहे हैं, वे चीन के निकट समर्थक बनें, भारत के विरोध में खड़े हों, इस प्रकार की घेराबंदी कर रहा है। जैसे अभी बताया था कि उसने चीन-पाक के बीच काराकोरम हाईवे बना रखा है। पाकिस्तान ने अभी उसी कारा-कोरम हाईवे से चीन को चार लिंक रोड़ दिए है और उसने पाकिस्तान के बलूचिस्तान में 'ग्वाडर' नामक स्थान पर 'नेवल बेस' अर्थात् नौसैनिक अड्डा बना लिया है। वहाँ से वह पूरी फारस की खाड़ी और हिंद महासागर में अपनी नौ सैनिक उपस्थिति बढ़ा रहा है। वहाँ से वह पूरी खनिज तेल परिवहन मार्ग पर अपना अंकुश रख सकेगा।

दूसरी तरफ, म्याँमार के साथ इसकी सीमा लगती है, उसके पूरे 'रीवर सिस्टम' को उसने नियंत्रित कर रखा है। अंदर बड़ी मात्रा में रोड तथा रेल लाइन का नेटवर्क बनाया है और अब सीधा वह बंगाल की खाड़ी में भी आ गया है। इस तरह दोनो ओर से भारत की घेराबंदी और इधर, बांग्लादेश के चटगाँव में अपना 'नेवल बेस' बनाया है और अण्डमान द्वीप के पास में बर्मा के 'कोको द्वीप' पर पूरा 'सर्विलेंस सिस्टम' सैन्य निगरानी तंत्र बना दिया है। वहाँ रडार स्थापित कर चीन ने भारत के पूर्वी तट की पूरी निगरानी करनी प्रारंभ कर दी है।

अभी इंटरनेट के क्षेत्र में 1 लाख नए साइबर योद्धा (Cyber warriers) तैयार किए है। इन 1 लाख साइबर वॉरियर्स के माध्यम से वह विश्व भर में अन्य देशों के इंटरनेट नेटवर्क में सेंध लगाता है। उसके सायबर वॉरियर्स महत्त्वपूर्ण

साइट्स हैक करते हैं और महत्त्वपूर्ण सूचनाएँ प्राप्त करते हैं।

छह-सात वर्ष पूर्व अमेरिका स्थित भारतीय दूतावास की महत्त्वपूर्ण साइट हैकर की चपेट में आई और सारी सूचनाएँ साफ कर ली गईं। इस प्रकार चीन द्वारा सभी मोरचों पर भारत पर दबाव बनाया जा रहा है। अमेरिका के लाकहीड मार्टिन व उसकी सहयोगी कंपनियों के इंटरनेट तंत्र में जाकर अमेरिका के पाँचवीं पीढ़ी के युद्धक विमानों के ब्लूप्रिंट भी इन्हीं साइबर योद्धाओं ने चुरा लिए, ऐसा भी आरोप अमेरिका लगा रहा है। हमारे रक्षा विभाग व अनुसंधान प्रयोगशालाओं की भी अनेक सूचनाएँ ये साइबर वॉरियर्स हड़पकर ले जा रहे है। हमारे इंटरनेट सूचना तंत्र की सुरक्षा व कोई कमान प्रणाली नहीं होने से वह हमारी और भी सूचनाएँ ले जा सकता है। उत्तर भारत के 2012 के ग्रिड फेल्योर जैसे और हमारे रक्षा इंटरनेट सूचना तंत्र को विफल करने जैसे कई कारनामे वह कर सकता है। आज देश में सर्वाधिक टेलीफोन एक्सचेंज व इलेक्ट्रॉनिक संचार सामग्री चीनी है। सर्वाधिक पर्सनल कंप्यूटर (PC) चीनी 'लेनोवो' बिक रहे हैं। उनके माध्यम से हम पर कोई भी साइबर आक्रमण करना उसके लिए अत्यंत सहज होगा। 4132 उसने अभी सीमा क्षेत्र में लगभग पूरी सीमा पर, उसकी आउट-पोस्ट, जो काफी पीछे होती थी, सीमा से, उन सब आउट-पोस्ट को सीमा पर ले आया है, लगभग वैसी ही स्थिति में, ले आया है जैसी 1950 में उसने चौकसी बढ़ाई थी, ठीक वैसी स्थिति उत्पन्न कर दी है, तत्कालीन गृहमंत्री सरदार पटेल ने पंडित नेहरू को पत्र भी लिखा था और गृहमंत्री के नाते कई स्थानों पर पुलिस चौकियाँ उन्होंने स्थापित की थी। उन्हीं पुलिस चौकियों के कारण ही हमें 1962 में चीन के वहाँ आने की जानकारी मिल पाई थी। उस समय भी, उसका, अभी जैसे सरकार ने स्वीकार किया है और रिकॉर्ड पर है कि उसने लेह-लद्दाख में तो कुछ समय पूर्व ही 1.5 किलोमीटर तक उसकी सेना घुस आई और चट्टानों पर 'चाइना' लिख दिया। उसकी घुसपैठ की जो रणनीति है, वही है जो 1962 के आक्रमण से पहले अपनाई थी।

चीनी सैनिकों का बार-बार आना और तत्काल चले जाना, जिससे हमारी सेना और सरकार को यह लगता है कि ये तो आते हैं, चले जाते हैं, कोई खास बात नहीं है और जब हम असावधान हो जाते हैं। तब वे आते हैं और वहीं जम जाते हैं और वापिस नहीं जाते हैं। अक्साई-चिन पर जो कब्जा किया उसकी

रणनीति यही रही थी। चीन वहाँ बार-बार घुसपैठ करता रहा, आता रहा, जाता रहा, वहाँ सड़क बना ली और फिर उसने भांप लिया कि हम असावधान हैं, तो कब्जा कर लिया और जब हमने अपना टूप-मूवमेंट शुरू किया तो कुछ क्षेत्रों में पीछे भी हट गया। दूसरी ओर, आज चीन ब्रह्मपुत्र नदी का पानी मोड़ने की कोशिश कर रहा है। ब्रह्मपुत्र सहित तिब्बत से 10 बड़ी नदियाँ निकलती हैं और जिनसे 11 देशों को जलापूर्ति होती है, चीन उन नदियों के जल को मन चाहे ढंग से मोड़ रहा है। यदि तिब्बत पर चीन का अधिकार नहीं होने दिया होता तो यह जल संकट नहीं उपजता।

तिब्बत सांस्कृतिक व राजनैतिक भारत का अंग : तिब्बत सन् 1913 के बाद तो कभी भी चीन के अधीन नहीं रहा है। यह भिन्न बात है कि मध्य युग में थोड़े समय तिब्बत और चीन, दोनों ही कभी मंगोल साम्राज्य में रहे हैं और मंगोलिया से जिस समय चिंगीज हान जिसको कुछ इतिहासकार कह देते हैं, चंगेज खान और यह भ्रांति हो जाती है कि वह एक मुसलमान था, जबकि चिंगीज हान बौद्ध था और उसने बौद्ध होने के कारण भारत के प्रति स्वभाविक सम्मान के कारण तब आक्रमण नहीं किया था और अरब तक वह गया था। दूसरा, पारंपरिक व प्राचीन इतिहास की दृष्टि से देखें तो, तिब्बत यानी कि 'त्रिविष्टप' भारत का अंग ही रहा है। तिब्बत स्थित कैलाश-मानसरोवर भारत के अभिन्न अंग रहे हैं।

कैलाश-मानसरोवर के वर्णन और यहाँ तक कि 'रामायण' और 'महाभारत' में, भी चीन और 'त्रिविष्टप' का वर्णन आता है और शालिवाहन द्वारा प्रवृत्त शक संवत के चलन के समय पहली से तीसरी सदी में कुषाणों के काल में भारत की सीमा अर्थात् उस समय भारत के साम्राज्य की सीमा, उत्तर में त्रिविष्ट 4 अर्थात् तिब्बत एवं चीन के 'सिंकियांग' प्रांत तक थी और इधर अफगानिस्तान से उत्तर में आगे उज्बेकिस्तान, तजाकिस्तान, कजाकिस्तान, तुर्कमिनस्तान, ये सब भारतीय साम्राज्य के भाग थे और तब देश की राजधानियों में एक पुरुषपुर या पेशावर (अब पाकिस्तान) में थी। वहाँ सम्राट कनिष्क द्वारा बनाया 13 मंजिल का स्तूप भी था, उसके अवशेषों को, मुहम्मद गौरी के साथ आए मुसलिम इतिहासकार अल-बेरूनी ने देखे थे और उसने ही अपने दसवीं शताब्दी में लिखी तवारीख 'अल हिंद' ग्रंथ में यह वर्णन लिखा है कि पहली सदी के पेशावर में

भारत की राजधानी के उन अवशेषों को तब 10वीं सदी में भारत आने के समय उसने देखे हैं। दक्षिण एशिया से रोम को जोड़नेवाले सिल्क रूट पर भारत का नियंत्रण था। तब भारत का विस्तार तिब्बत व चीनी प्रांत सिंकियांग तक रहा है। लेकिन चीन का कभी भी, जो हिमालय की 'वाटर-फाल लाइन' हिमालय की सर्वोच्च चोटियों से जहाँ से पानी इधर गिरता है, वह भारतीय हिस्सा कहलाता है। इस भारतीय क्षेत्र पर चीन का कभी भी साम्राज्य नहीं रहा। तिब्बत के स्वतंत्र राज्य की अवधि में तिब्बत का भी नहीं रहा है।

कश्मीर में भारी गलती : कश्मीर पर 1947 में पाकिस्तान के आक्रमण के बाद भारत की सेना तेजी से आगे बढ़कर कश्मीर को खाली कराती जा रही थी। तब आगे बढ़ती सेनाओं को रोककर युद्ध विराम घोषित कर देने से ही आज पाक अधिकृत कश्मीर के रूप में देश की 68 हजार वर्ग किलोमीटर भूमि पाकिस्तान के अधिकार में है। इसमें से 5,139 वर्ग किलोमीटर पाक अधिकृत कश्मीर का क्षेत्रफल पाकिस्तान ने चीन को दे दिया है। चीन को दिए इसी क्षेत्र में से निकल रहे कारकोरम राजमार्ग के माध्यम से ही चीन व पाक के बीच सीधे धरातलीय संपर्क एवं सड़क मार्ग का निर्माण संभव हुआ है। यदि जवाहरलाल नेहरू ने अदूरदर्शितापूर्वक राष्ट्रीय हित की अनदेखी करके जम्मू-कश्मीर का यह पाक अधिकृत क्षेत्र पाकिस्तान के अधिकार में नहीं छोड़ा होता तो पाकिस्तान व चीन के बीच यह धरातलीय संबंध व सड़क संपर्क कदापि संभव नहीं होता। इसके विपरीत, भारत व अफगानिस्तान के बीच सीधा धरातलीय व सड़क मार्ग से सीधा संपर्क हो सकता था। तब अफगानिस्तान के रास्ते भारत का मध्य एशियाई गणराज्यों यथा तुर्कमेनिस्तान, किर्गिजस्तान, उज्बेकिस्तान, कजाखिस्तान, आर्मेनिया व रूस पर्यंत व पश्चिम में ईरान व इराक तक के साथ सीधे सड़क मार्ग से संपर्क भी संभव था। वहाँ से आगे भारत अरब, अफ्रीका व यूरोप से सीधे सड़क मार्ग से संपर्क जोड़ सकता था।

स्मरण रहे कि 1947 में जब भारतीय सेना द्रुत गति से पाकिस्तानी सेना को कश्मीर से खदेड़ रही थी और पीछे हटते पाक सैनिकों के प्राण भी संकट में थे, तब अंग्रेज गर्वनर जनरल लॉर्ड माउंटबेटन के बहकावे में आकर हमारे तत्कालीन प्रधानमंत्री जवाहरलाल नेहरू ने अपने मंत्रिमंडलीय सहयोगियों की राय की भी अनदेखी कर, देश की वह अत्यंत महत्त्व की 68,000 वर्ग

किमी. भूमि पाकिस्तान के नियंत्रण में ही छोड़कर युद्ध विराम की घोषणा कर दी थी। माउंटबेटन जम्मू-कश्मीर पाकिस्तान को दिलाना चाहते थे और जवाहरलाल नेहरू स्वाधीनता के बाद भी अकारण ही माउंटबेटन की आज्ञा में चलते रहे। इसलिए जवाहरलाल नेहरू की अदूरदर्शिता और उनके माउंटबेटन के जम्मू-कश्मीर भारत विरोधी षड्यंत्रों का शिकार बन जाने के कारण गिलगिट, बालटिस्तान सहित जम्मू-कश्मीर का इतना बड़ा भाग पाकिस्तान के नियंत्रण में छोड़ देने के कारण ही चीन के लिए वहाँ से सीधे ग्वादर बंदरगाह तक पहुँचना संभव हुआ है, जहाँ चीन ने अपना नौसैनिक अड्डा बनाकर अरब सागर में भारत के लिए सुरक्षा चुनौतियाँ खड़ी कर रहा है, अन्यथा चीन कभी भी अरब सागर में भारत के लिए सुरक्षा चुनौतियाँ खड़ी नहीं कर सकता था। माउंटबेटन के दबाव में ही जवाहरलाल नेहरू ने जम्मू-कश्मीर का मुद्दा संयुक्त राष्ट्र संघ में संयुक्त राष्ट्र संघ के चार्टर के सातवें अध्याय में पाकिस्तान को एक आरोपी न बनाकर छठे अध्याय में उठाकर पाकिस्तान को जम्मू-कश्मीर विवाद में भारत के विरुद्ध एक पक्षकार का सम्मानजनक स्थान किया। छठे अध्याय में दो राष्ट्रों के बीच ऐसे विवाद के शांतिपूर्ण हल का आग्रह किया जाता है, जिसका समाधान उन्हें ही स्पष्ट न हो। चूँकि पाकिस्तान आक्रमणकर्ता देश था और उसने शांति भंग की थी। शांति के लिए संकट उपजाने वाले, शांति भंग करने वाले और आक्रमण के दोषी है ऐसे आरोपी देशों के मामले चार्टर के सातवें अध्याय में उठाये जाते हैं। नेहरूजी ने यह मामला सातवें के स्थान छठे अध्याय में उठवाकर अकारण पाकिस्तान को एक पक्षकार का स्थान दे भारत का पक्ष कमजोर किया। यहाँ पर इस विषय का विस्तार तो हो रहा है।

सरदार पटेल के स्थान पर माउंटबेटन को भेजना अनुचित : यहाँ पर यह भी स्पष्ट कर देना अप्रासंगिक नहीं है कि जम्मू-कश्मीर के विलय का प्रस्ताव लेकर, अन्य 550 रियासतों की तरह वहाँ सरदार पटेल व वी.पी. मेनन को नहीं भेज कर माउंटबेटन की जिद पर भारत की और से विलय प्रस्ताव लेकर माउंटबेटन को कश्मीर के महाराजा के पास भेजा, जो स्वयं जम्मू-कश्मीर का विलय पाकिस्तान में कराने का वचन जिन्ना को दे चुके थे। इसलिए उन्होंने (माउंटबेटन ने) तब जाते ही कश्मीर के महाराजा हरिसिंह को जम्मू-कश्मीर का विलय सीधे में पाकिस्तान में करने का सुझाव दे दिया। महाराजा के इससे पूरी

तरह मना कर देने पर दूसरे विकल्प के रूप में भारत के विलय को कहा, पर साथ ही भारत में विलय की दशा में उनके जीवन को खतरे का भय दिखाया। उस बात पर महाराजा हरिसिंह ने स्वतंत्र रहने का निर्णय किया था, अन्यथा सरदार पटेल को विलय प्रस्ताव लेकर कश्मीर जाने दिया होता तो कश्मीर का विलय पहले ही भारत में हो जाता। 15 अगस्त, 1947 को स्वाधीनता के बाद भी जम्मू-कश्मीर के भारत से अलग रहने की सरदार पटेल को गंभीर वेदना थी। शीघ्र ही वहाँ सितंबर में ही मुजफ्फराबाद, पुंछ, मीर आदि कुछ मुसलिम बहुल क्षेत्रों में तो जिन्ना की पहल व उकसाने पर कुछ अलगाववादी तत्त्व भी सक्रिय हो गए थे। तब सरदार पटेल ने राष्ट्रीय स्वयंसेवक संघ के प.पू. द्वितीय सरसंघचालक श्री गुरुजी माधवराव सदाशिव गोलवलकर को संदेश भेजकर कश्मीर के महाराजा श्री हरिसिंह से भेंटकर भारत में विलय का आग्रह करने हेतु आग्रह किया। श्री गुरुजी 17 अक्तूबर, 1947 को विमान से दिल्ली से श्रीनगर पहुँचे व 18 अक्तूबर को महाराजा से भेंट की, जहाँ तत्कालीन राजकुमार कर्ण सिंह भी उपस्थित थे व कश्मीर के प्रधानमंत्री मेहरचंद दीवान भी थे। 19 अक्तूबर, 1947 को श्री गुरुजी ने लौटकर महाराजा के भारत में विलय की सहमति की सूचना भी सरदार पटेल को सूचना दे दी, लेकिन तत्काल ही 24 अक्तूबर, 1947 को तो पाकिस्तानी सेना ने दशहरे की मध्यरात्रि में कश्मीर पर एक बड़ा आक्रमण कर दिया था। पूंछ आदि क्षेत्रों में मंत्री मंडल के सहयोगियों के विरोध के बाद भी माउंटबेटन के अनुचित दबाव में 22 अक्तूबर से ही छुट-पुट हिंसा प्रारंभ हो ही गई थी।

तब महाराजा हरिसिंह ने 26 अक्तूबर, 1947 को वैसे ही विलय-पत्र पर हस्ताक्षर कर दिए, जैसे विलय-पत्र पर अन्य रियासतों ने हस्ताक्षर किए थे। उसके बाद भारतीय सेना ने हस्तक्षेप कर पाकिस्तानी सेना को खदेड़ना प्रारंभ कर दिया। जवाहरलालजी ने पहली गलती तो विलय के बाद यही थी कि विलय-पत्र का हस्ताक्षर हो जाने के बाद माउंटबेटन की जिद पर उन्होंने माउंटबेटन को मंत्रिमंडल के विरोध के बाद भी कश्मीर रियासत को यह पत्र लिखकर देने की अनुमति दे दी कि 'यह विलय जिन असाधारण परिस्थितियों में हुआ है, उनके कारण तदर्थ है व स्थायी विलय तब होगा जब कश्मीर की जनता इस का अनुमोदन करेगी।' दूसरी गलती पूरा कश्मीर खाली होने के पहले

युद्ध विराम की घोषणा कर के की थी। तीसरी गलती शेख अब्दुल्ला पर अनुग्रह कर उन्हें विशेष दर्जा देने हेतु संविधान में धारा 370 जोड़ी, जिसका बाबा साहब अंबेडकर, सरदार पटेल आदि कई लोगों ने विरोध किया।

एक राष्ट्र विरोधी कदम धारा 370 : यह एक अत्यंत दुर्भाग्यपूर्ण स्थिति ही थी कि देश में संविधान निर्माण के समय से आज तक सभी स्तरों पर बुद्धिजीवी व राजनैतिक क्षेत्र में सभी वर्ग इस अनुच्छेद 370 के विरुद्ध रहे हैं। केवल हमारे प्रथम प्रधानमंत्री ने केवल शेख अब्दुल्ला से निजी मैत्री और किसी छद्म ठहराव के अधीन यह व्यवस्था राष्ट्रहित व नैतिकता के सभी मानदंडों के विरुद्ध आरोपित कराई थी। जब जवाहरलाल नेहरू के सुझाव पर संविधान में धारा 370 बनाकर जोड़ने के आग्रह को लेकर शेख अब्दुल्ला संविधान निर्मात्री समिति के अध्यक्ष बाबा साहब अंबेडकर के पास गए थे। तब बाबा साहब अंबेडकर ने तो इस अनुच्छेद 370 को बनाने व प्रस्तुत करने से स्पष्ट मना कर दिया था। उन्होंने ही मना किया था, यह कह दिया कि मैं देश से इतना बड़ा धोखा नहीं कर सकता। तब नेहरूजी ने गोपाल स्वामी आयंगर के माध्यम से इस धारा का प्रारूप बनवाकर 27 दिसंबर की संविधान सभा की बैठक में रखवाया। तब सरदार पटेल अत्यंत क्रुद्ध हो गए। उन्होंने कहा कि राज्यों व रियासतों का प्रभार उनके पास है। गोपाल स्वामी उनके कार्यक्षेत्र के विषय पर बिना उनकी जानकारी के कैसा प्रस्ताव ला सकते हैं। सरदार पटेल के भारी विरोध के बाद उनसे इसका समर्थन करवाया था। एक बार तो 27 दिसंबर, 1947 की बैठक के बाद सरदार पटेल ने पद त्याग तक की धमकी दे दी थी। तब दोनों में सुलह की जिम्मेदारी महात्मा गांधी पर आ गई थी। बाबा साहब तो इस धारा पर चर्चा के समय उस दिन वहाँ उपस्थित भी नहीं रहे। वे सिद्धांततः इस धारा के सर्वथा विरुद्ध थे।

जवाहरलालजी ने माउंटबेटन के दबाव में ही एक बड़ी गलती, जैसा पूर्व में कहा जा चुका है, कश्मीर मुद्दे को संयुक्त राष्ट्र चार्टर के सातवें अध्याय के स्थान पर छठे अध्याय में उठाकर की और देश का भारी अहित किया। एक बड़ी गलती, शेख अब्दुल्ला से व्यक्तिगत मैत्री व अन्य अज्ञात कारणों से, जवाहरलालजी ने संविधान की धारा 370 के अंतर्गत राष्ट्रपति से 1954 में अधिसूचना जारी करवाकर संविधान में एक नई धारा 35 ए जुड़वा दी। इस

धारा के अंतर्गत जम्मू-कश्मीर विधानसभा को जम्मू-कश्मीर में नागरिकता के भेदभावपूर्ण नियम बनाने का अधिकार देती है। संविधान में कोई धारा बिना संविधान संशोधन प्रक्रिया जिसमें संसद् के दोनों सदनों में 2/3 बहुमत चाहिए, के जोड़ना भी असंवैधानिक है। इस धारा 35 ए को धारा 35 के पास या धारा 370 के साथ न लिखकर इसे चालाकी पूर्वक परिशिष्ट में उद्धृत कर दिया, जिससे उस पर 60 वर्ष तक किसी का ध्यान ही नहीं गया। अब इसे सर्वोच्च न्यायालय में चुनौती दी जा चुकी है।

अनुच्छेद 35 ए : एक चालाकीपूर्ण दुष्कृत्य

भारत के संविधान में 35 ए (35 A) क्रमांक का कोई अनुच्छेद नहीं था और न ही कभी निर्धारित संविधान संशोधन प्रक्रिया से इसे जोड़ा गया। संविधान में कोई भी धारा जोड़ने या हटाने का अधिकार केवल संसद् को है, वह भी दो तिहाई बहुमत द्वारा ही ऐसा कर सकती है, परंतु 35 ए एक ऐसा असंवैधानिक अनुच्छेद है, जिसे संसद् ने पारित नहीं किया, वरन् प्रधानमंत्री नेहरू के परामर्श पर राष्ट्राध्यक्ष द्वारा अधिसूचित किया गया था। यह सर्वथा असंवैधानिक था। इस धारा को 14 मई, 1954 को संविधान की धारा 370 की उपधारा (1) के अंतर्गत पारित किया गया था। यह उपधारा जम्मू और कश्मीर की विधानसभा को यह अधिकार देती है कि वह किसको स्थायी नागरिक माने और किसको न माने। इस उपधारा का शिकार केवल हिंदू (खासकर दलित हिंदू) बने। कई पीढ़ियों से वहाँ रहने के बावजूद वे आजतक वहाँ शरणार्थी ही हैं। पूरे देश में नागरिकता का निर्धारण केंद्र के क्षेत्राधिकार में है। इसे जोड़ने का मार्ग ही असंवैधानिक था। अब इसके खिलाफ सुप्रीम कोर्ट में तीन जनों की संविधान पीठ सुनवाई कर रही है। जब यह धारा 35-ए अवैध घोषित हो जाएगी (जिसकी पूरी संभावना है) तब पाकिस्तान से आए उन हिंदुओं को नागरिकता मिल पाएगी।

देश के बँटवारे के समय देश की बहुत बड़ी हिंदू जनसंख्या पाकिस्तान से भारत आई थी। भारत में आए हुए लोगों को भारत की नागरिकता मिली और ऐसे लोग भारत के प्रधानमंत्री तथा उपप्रधानमंत्री तक भी बन चुके हैं, लेकिन पाकिस्तान से आकर कश्मीर में बसे हिंदुओं, जिनमें बड़ी संख्या दलितों की है को आज तक जम्मू-कश्मीर की नागरिकता नहीं मिली है। नेहरूजी के शेख

अब्दुल्ला प्रेम की इस धारा 370 के कारण जम्मू-कश्मीर के नागरिकों की दो नागरिकताएँ हैं। इसके कारण वहाँ हिंदुओं को न तो सरकारी नौकरी मिल सकती है और न ही सरकारी योजनाओं का लाभ मिल सकता है। उनको विधानसभा चुनावों में वोट डालने का अधिकार भी नहीं है। वे केवल लोकसभा चुनाव में वोद दे सकते हैं। पंचायत से लेकर विधानसभा तक किसी भी चुनाव में इन्हें वोट डालने का अधिकार नहीं हैं।

जम्मू-कश्मीर में ये ऐसे हिंदू हैं जो भारत के नागरिक तो हैं और लोकसभा चुनाव में वोट डाल सकते हैं, परंतु जम्मू-कश्मीर राज्य के नागरिक नहीं हैं और वहाँ के विधानसभा चुनाव में वोट नहीं डाल सकते। इस विसंगति की जड़ यही अनुच्छेद 35 ए है।

उसके बाद कश्मीर के भारत में विलय के बाद वह अन्य 551 रियासतों की तरह भारत का क्षेत्र था और जब भारतीय सेना तेजी से आगे बढ़ रही थी, तब भी देश की शेष 68,000 वर्ग किमी. कश्मीर की भूमि पाकिस्तान के नियंत्रण में छोड़कर जवाहरलाल नेहरू ने युद्ध विराम घोषित कर दिया। वहीं पाक अधिकृत कश्मीर आज कश्मीर विवाद का बड़ा कारण है। इसके अतिरिक्त, पाकिस्तान व चीन के बीच काराकोरम राजमार्ग, चीन पाक आर्थिक कारीडोर व ओबोर का निर्माण भी आज उसी पाक अधिकृत जम्मू-कश्मीर में से ही संभव हुआ है। यदि पाक अधिकृत जम्मू-कश्मीर हमारे नियंत्रण में होता तो भारत के लिए वहाँ से अफगानिस्तान व संपूर्ण मध्य एशिया के देशों यथा तुर्कमेनिस्तान, किर्गिजिस्तान, उज्बेकिस्तान, कजाखस्तान, आर्मेनिया व रूस पर्यंत एवं पश्चिम में ईरान व ईराक तक सीधे सड़क मार्ग से जुड़ना संभव था। आज हमारा अफगानिस्तान से सीधे संपर्क ही नहीं है। वहाँ हम पाकिस्तान या ईरान के माध्यम से ही पहुँच सकते हैं।

इस प्रकार उस समय के भारतीय नेतृत्व की गलतियों का परिणाम हम आज सह रहे हैं। वैसी ही गलती हम आज देश में चीनी वस्तुओं की भरमार से देश में उद्यमबंदी, भारी विदेशी व्यापार घाटे, उसके कारण रुपए के अवमूल्यन और देश से अनेक क्षेत्रों में प्रौद्योगिकी विलोपन की कीमत पर चीन की अर्थव्यवस्था का आर्थिक सशक्तीकरण कर रहे हैं। देश में अधिकारिक रूप से 4 लाख करोड़ रुपयों का चीनी माल व अनाधिकृत से भी लगभग इतना ही माल देश में चीन से आकर हमारे उद्योगों व हमारी अर्थव्यवस्था को चौपट

कर रहा है।

आज चीन व पाकिस्तान परस्पर तालमेल के साथ षड्यंत्र रचकर भारत के लिए अनेक प्रकार से सुरक्षा समस्याएँ खड़ी कर रहे हैं। पाकिस्तान एक प्रकार से चीन का एवजी युद्ध अर्थात् प्रॉक्सी वार लड़ रहा है। पाकिस्तान के साथ मिलकर चीन के द्वारा जिस प्रकार के षड्यंत्रों से भारत की सामरिक, आर्थिक व राजनैतिक घेराबंदी की जा रही है, उसे देखते हुए भारत के नागरिकों को चीनी उत्पाद का पूर्ण बहिष्कार कर, चीन की अर्थव्यवस्था को क्षति पहुँचाने में सन्नद्ध हो जाना चाहिए। चीन जिस प्रकार से विश्व शांति में बाधक, मानवाधिकारों के हनन और पर्यावरण संकट का पर्याय बनता जा रहा है, उसे देखते हुए भारत के जागरूक नागरिकों को संपूर्ण विश्व में भी चीनी वस्तुओं के बहिष्कार का आह्वान करना चाहिए। चीन जिस प्रकार से मानवता व पर्यावरण के विरुद्ध इन सभी दुष्चक्रों में लिप्त है, उन्हें देखते हुए भारत का आम नागरिक चीनी उत्पादों के विश्व व्यापी बहिष्कार का आह्वान करके विश्व मानवता के लिए संकट का कारण बननेवाले चीन के षड्यंत्रों से विश्व समुदाय को बचा सकता है। चीन के द्वारा तिब्बत, नामीबिया, इक्वेटोरियल गिनी, दक्षिण अफ्रीका, जांबिया, श्रीलंका, सूडान, अंगोला आदि में मानवाधिकारों के हनन या ऐसे हनन में सक्रिय संलिप्तता व पर्यावरण विनाश के कृत्य अत्यंत गंभीर हैं। इन पर संपूर्ण विश्व जनमत को जागरूक करना होगा।

□

10

चीन के विरुद्ध प्रभावी रणनीति आवश्यक

चीनी उत्पादों का बहिष्कार : भारत के विरुद्ध सीमा पर घुसपैठ व अतिक्रमण के साथ-साथ चीन ने एक व्यापारिक युद्ध भी छेड़ रखा है। वह एक-एक कर हमारे सुस्थापित उद्योगों को समाप्त करने के लिए लागत से भी अल्प मूल्य पर वह उन वस्तुओं की भरमार कर देता है। उसके बाद देश में उन उद्योगों के चौपट हो जाने पर, उन वस्तुओं के ऊँचे दाम लेकर हमारा शोषण प्रारंभ कर देता है। आज चीनी आयातों से स्टेशनरी उद्योग, खिलौना उद्योग, साइकिल उद्योग व काँच के सामानों के उद्योगों से लेकर इस्पात, सोलर पैनल, इलेक्ट्रॉनिक्स, कृषि रसायन व औषधि उद्योग पर्यंत अनगिनत उद्योग समाप्त होते जा रहे हैं। इसलिए हमें देश के उद्योग, उनकी प्रौद्योगिक, रोजगार व उनमें निवेशित पूँजी की सुरक्षा हेतु चीनी उत्पादों का पूर्ण बहिष्कार करना ही चाहिए। आजकल कई उत्पाद, चीन से उसके हिस्से पुरजे लाकर हमारे यहाँ असेंबल कर उन पर 'मेड इन इंडिया' लिख रहा है। इसलिए चाहे चीनी ब्रांडों पर 'मेड इन इंडिया' लिखा हो, हमें उनका परित्याग करना ही है। इसलिए आज हम संकल्प लें कि चाहे हमें किसी भी वस्तु के उपभोग से वंचित रहना पड़े, तो भी कोई चीनी उत्पाद नहीं खरीदेंगे। समाज में भी अभियान चलाकर सभी देशवासियों से आग्रह करें कि वे भी कोई चीनी सामान नहीं खरीदें। आजकल चीन कई वस्तुओं का उत्पादन भारत में ही कर रहा है। इसलिए उन पर 'मेड इन इंडिया' भी लिखा होता है। इसलिए चीनी ब्रांडों की पहचान करने हेतु कुछ चीन के सामानों व मोबाइल फोनों के ब्रांडों के नाम यहाँ दिए जा रहे है। **लेनोवो, ओपो, हुवाई, क्जोमी, एमआई 4, एल्काटेल, अमोई, बीबीके, कूलपेड, कबोट, जी 5, जियोनी, हेयर, हिसेंस, कोंका, मोटा, जेडटीई, लिईको, मैजु, वनप्लस,**

क्हु 360 आदि इसलिए इन ब्रांडों एवं अन्य भी चीनी उत्पादों का बहिष्कार करना चाहिए। अंग्रेजी में इन ब्रांडों की स्पेलिंग अग्रानुसार है—Lenovo, Oppo, Huawei, Xiomi, mi4, Alcatel, Amoi, BBK, Coolpad, Cubot, Gfive, Gionee, Haier, Hisense, Konka, Motto, ZTE, LeEco, Meizu, OnePlus, Qihoo360, QiKU, Ningbo Bird, Smartisan, Technology Happy Life, Vivo, Vsun, Wasam, Xiomi, Zopo Mobile, Zuk Mobile. ऐसे अनगिन ब्रांड हैं। उन सबको चिह्नित कर उन्हें छोड़ना होगा।

चाहे पेन व स्टेशनरी के सामान हो, थाली या प्लेट अथवा क्रॉकरी हो, मोबाइल फोन व कंप्यूटर हो, एल.इ.डी. बल्ब या विद्युतीय सजावटी समान हो, काँच के सामान हो या ट्रकों के टायर, हमें सभी चीनी उत्पादों व ब्रांडों का संपूर्ण परित्याग कर देना चाहिए। चीनी ब्रांड व उत्पाद, चाहे चीन में बने हो या भारत में, न मेड इन चाइना करें या मेक इन इंडिया करें, सारे चीनी उत्पादों व ब्रांडों का पूर्ण बहिष्कार करना ही होगा।

इसी प्रकार, चाहे टेलीफोन में 2जी, 3जी, व 4जी सेवाओं के उपकरण या रेलों का आधुनिकीकरण हमें स्वदेशी सेवा प्रदाताओं व उपकरणों का ही उपयोग करना चाहिए। अतएव सौर ऊर्जा हो या स्मार्ट सिटी विकास या रेलों के आधुनिकीकरण का प्रस्ताव, उनमें यदि विदेशी निवेश या चीनी निवेश लाएँगे, आयात करेंगे या विदेश भू-संपदा विकास-कर्त्ताओं (foreign real estate developers) व विदेशी सेवा प्रदाताओं को अपने देश में उत्पादन के लिए निमंत्रित करते चले जाएँगे तो उसके लाभों व अन्य भुगतानों की इतनी अधिक राशि देश से बाहर जाएगी कि हमारी आगामी पूरी पीढ़ी उनके भुगतानों में ही चुक जाएगी। इसके कारण देश से इतनी विदेशी मुद्रा प्रतिवर्ष देश से बाहर जाएगी कि हम एक बड़ी सीमा तक और हम आर्थिक दृष्टि से पंगु हो जाएँगे। आज देश में जो उच्च आयातों और 1993 से 2017 के बीच हुए विदेशी निवेश पर देश से वाहर ले जाए जा रहे लाभों के कारण तेजी से बढ़ रहे विदेशी मुद्रा में भुगतानों का संकट और भी भयावह रूप में सामने आएगा। तब हमें उस भुगतान संकट से उबरने के लिए और नए-नए अवसंरचना क्षेत्र के व लोक कल्याण के अधिष्ठानों में विदेशी निवेश आमंत्रित कर उस संकट से उबरना पड़ेगा। इसलिए, विदेशी निवेश पर हमारी बढ़ती ही जा रही निर्भरता के इस संकटकारी

दुष्चक्र से बाहर निकलने की पहल हमें कभी तो करनी ही होगी। ऐसे में सौर ऊर्जा, स्मार्ट सिटी, औद्योगिक पार्क व रेल विकास आदि को हम अभी प्रारंभ से ही विदेशी निवेश व आयात आधारित कर लेंगे तो, उस पर होनेवाले लाभों व आयातों के रूप में विदेशी मुद्रा के बाह्य-प्रवाह (out-flow) के संकट से हम मध्यमावधि तो क्या, दीर्घावधि में भी कदाचित ही उबर पाएँगे। वस्तुतः यह विदेशी निवेश हमारे लिए विदेशी कर्ज से भी अधिक घातक सिद्ध हो सकता है।

अतएव, देश के विकास के लिए उपभोक्ता उत्पादों, मशीन टूल, औषधियाँ, निर्माण परियोजनाओं और आधारित रचनाओं यथा, दूर संचार, सौर व पवन ऊर्जा सहित स्मार्ट शहरों के विकास से लेकर बुलेट ट्रेन पर्यंत सभी क्षेत्रों में 'मेड बाई भारत' को छोडकर कोई भी अन्य मार्ग नहीं है। हम सभी देशभक्त हैं। देश के लिए आवश्यक है कि ऊर्जा व सौर ऊर्जा ही नहीं, हम अपनी सभी प्रकार की खरीददारी में रोजगार प्रधान स्थानीय उद्योगों की वस्तुओं को प्राथमिकता प्रदान करें। देश में उत्पादन वृद्धि विकेंद्रित उत्पादन व मेड बाई इंडिया उत्पादों व ब्रांडों के चलन से ही समावेशी विकास संभव है। लघु उद्योगों के उत्पाद व ब्रांड उपलब्ध नहीं होने पर ही रोजगार विस्थापक बड़े उद्योगों के उत्पाद खरीदें। स्वदेशी उत्पादों की तुलना में विदेशी बहुराष्ट्रीय कंपनियों के एवं विदेशों से आयातित उत्पादों से यथा संभव बचें। यदि विदेशी कंपनियों के उत्पाद देश में नहीं बिकेंगे तो वे कुछ माह भी यहाँ नहीं टिक पाएँगी। स्वदेशी भाव जागरण से ही देश में स्वदेशी एक सशक्त मुद्दा बनेगा। स्वदेशी जागरण मंच 1991 से देश में वैश्वीकरण की शुरुआत के समय से ही यह आह्वान करता रहा है एवं भारत को उन्नत व सशक्त राष्ट्रों की अग्र पंक्ति में स्थापित करने हेतु इस मुद्दे पर जन जागरण करता रहा है। आइए, हम सब स्वेदशी भाव जगाकर स्वावलंबी राष्ट्र बनाएँ। यदि अमेरिका जैसा देश (Be American-Buy American)का उद्घोष (Slogan) लगाता है तो हम भारत में 'मेड बाई इंडिया' और स्वदेशी की बात क्यों नहीं करें? यदि एक सैनिक देश की राजनैतिक संप्रभुता के संरक्षण के लिए सीमा पर अपने प्राण तक न्योछावर कर देता है, तब हम भी देश की आर्थिक संप्रभुता के लिए सौर ऊर्जा ही नहीं, एक उपभोक्ता के रूप में अपनी छोटी-बड़ी खरीद में भी आर्थिक राष्ट्रनिष्ठा व्यक्त करते हुए विदेशी व चीनी वस्तुओं के स्थान पर मेड बाई इंडिया को बढ़ावा क्यों नहीं दें? हम सामान्य

उपभोक्ता उत्पादों से लेकर सभी प्रकार के स्वदेशी साज सामान खरीदेंगे, तब ही देश में उत्पादन, रोजगार, आय, माँग व निवेश में वृद्धि होगी और हमारी प्रौद्योगिकी समुन्नत होगी।

सौर ऊर्जा में देश में फोटो वाल्टॉइक सेल उद्योग अपनी 25–35 प्रतिशत क्षमता का ही उपयोग कर पा रहा है। यदि विद्यमान घरेलू उद्योगों को काम नहीं मिला तो देश का इस क्षेत्र में विगत 20 वर्षों इस उद्योग में हुआ 20,000 करोड़ रुपयों का निवेश व्यर्थ जाएगा। आयातों व विदेशी पूँजी के कारण सभी उद्योग श्रेणियों में हमारे पहले से चले आ रहे उत्पादक उद्योग भी बंद हुए हैं। विदेशी कंपनियाँ अपने वैश्विक श्रम विभाजन के सिद्धांत पर कुछ पुरजें देश में बनाकर शेष हिस्से पुरजें बाहर से लाकर यहाँ पर केवल उन्हें जोड़ने या असेंबल करने का ही काम करती हैं। वे अपनी तकनीक को सुरक्षित रखने हेतु ही यह करती हैं। इससे प्रौद्योगिकी का विकास (टेक्नोलॉजी डेवलपमेंट) भी वहाँ पर उनके देश में ही होती है और हम एक प्रकार से पूरी तरह से उन पर अवलंबित हो जाएँगे। विदेशी कंपनियाँ, विशेषकर उच्च प्रौद्योगिकी वाले साज–सामान बाहर से ही लाएँगी। दूसरी ओर देश के सौर ऊर्जा संयंत्र, बुलेट ट्रेन या रेल्वे आदि के सभी साज–सामानों का उत्पादन देश में होगा और औद्योगिक पार्कों व स्मार्ट शहरों का विकास भी देश के उद्यमों द्वारा किया जाएगा तो निम्नवर्ती मूल्य श्रृंखला (downstream value chain) में साज–सामान बनाने वाले उद्यमों को कई गुना काम मिलेगा। उस अनुभव से देश के उद्यमी विश्वभर में अपने कारोबार के विस्तार में समर्थ होंगे। इन सब कामों के देश में होने पर उनमें कार्यरत कार्मिकों को मिलनेवाले वेतन से जो बाजार में खरीददारी करेंगे, उससे कई क्षेत्रों में कारोबार व उत्पादन बढ़ेगा। वहाँ कार्मिकों को वेतन भुगतान से और माँग, कारोबार उत्पादन, निवेश व रोजगार बढ़ेगा और इससे एक स्वतः स्फूर्त व अनवरत माँग, उत्पादन, रोजगार आय, कारोबार निवेश वृद्धि का चक्र चलता व बढ़ता ही जाएगा। इसलिए 'मेड बाई इंडिया' को बढ़ावा देने के अतिरिक्त विकास का अन्य कोई मार्ग ही संभव नहीं है। विश्व के सभी औद्योगिक व धनी देश केवल 'मेड बाई इंडिया' जैसे स्वावलंबन के मार्ग पर चल कर ही विकसित हुए है। विदेशी निवेश व आयात उदारता केवल पराश्रयता व परावलम्बन के अधोगामी मार्ग पर ही ले जाएगी। इसलिए सौर ऊर्जा का यह

6.5–7.0 लाख करोड़ रुपए व पवन ऊर्जा का 3.0–3.5 लाख करोड़ रुपए का काम भारतीय उद्यमों के हाथ में जाए, यह अति आवश्यक है। यह दस लाख करोड़ रुपए के कारोबार का सृजन करेगा। इससे देश में उत्पादन, निवेश रोजगार को kickstart करने का हमें जो अवसर मिलेगा, वह हमने खो दिया तो आगामी दस वर्ष तक इतने बड़े घरेलू निवेश से विकास को kickstart करने का दूसरा अवसर कठिन है।

वस्तुतः चाहे पेन व स्टेशनरी का सामान हो अथवा मोबाइल फोन, चाहे सजावटी सामान व फर्नीचर हो या कंप्यूटर व कार, हमें चीनी या अन्य भी विदेशी ब्रांड छोड़कर स्वदेशी उत्पाद व ब्रांड ही खरीदने चाहिए। चीन निर्मित वस्तु तो कदापि नहीं खरीदनी चाहिए। इसी देश में चाहे सौर ऊर्जा उपकरण हो या स्मार्ट सिटी विकास के उपकरण या रेलों के आधुनिकीकरण व बुलट ट्रेन के प्रस्ताव, उनमें यदि चीनी या विदेशी निवेश लाएँगे या विदेशी निर्माण कंपनियों व विदेशी सेवा प्रदाताओं (foreign real estate developers) को अपने देश में उत्पादन के लिए निमंत्रित करेंगे तो उसके लाभों व अन्य भुगतानों की इतनी अधिक राशि देश से बाहर जाएगी कि हमारी आगामी पूरी पीढ़ी उनके भुगतानों में ही चुक जाएगी। इसके कारण देश में इतनी विदेशी मुद्रा प्रतिवर्ष देश से बाहर जाएगी कि हम एक बड़ी सीमा तक और हम आर्थिक दृष्टि पंगु हो जाएँगे। आज देश में जो उच्च आयातों और वर्ष 1993 से 2017 के बीच हुए विदेशी निवेश पर देश से बाहर ले जाए जा रहे लाभों के कारण तेजी से बढ़ रहे विदेशी मुद्रा में भुगतानों का संकट और भी भयावह रूप में सामने आएगा। तब हमें उस भुगतान संकट से उबरने के लिए और नए-नए अवसंरचना क्षेत्र के व लोक कल्याण के अधिष्ठानों में विदेशी निवेश आमंत्रित कर उस संकट से उबरना पड़ेगा। इसलिए, विदेशी निवेश पर हमारी बढ़ती ही जा रही निर्भरता के इस संकटकारी दुष्चक्र से बाहर निकलने की पहल हमें कभी तो करनी ही होगी। ऐसे में सौर ऊर्जा, स्मार्ट सिटी, औद्योगिक पार्क व रेल विकास आदि को हम अभी प्रारंभ से ही विदेशी निवेश व आयात आधारित कर लेंगे तो उस पर होनेवाले लाभों व आयातों के रूप में विदेशी मुद्रा के बाह्य-प्रवाह (out-flow) के संकट से हम मध्यावधि तो क्या, दीर्घावधि में भी कदाचित ही उबर पाएँगे। वस्तुतः यह विदेशी निवेश हमारे लिए विदेशी कर्ज से भी अधिक घातक सिद्ध हो सकता है।

यदि देश में रोजगार सृजन करना है एवं विद्यमान रोजगार को बचाना है तो देश में विद्यमान उद्योगों को बंद होने से बचाना होगा एवं देश में घरेलू निवेश बढ़ाना होगा। देश के उद्यमी निवेश करना चाहते हैं, लेकिन चीन द्वारा की जा रही सस्ती डंपिंग के कारण निवेश का साहस नहीं कर पा रहे हैं। इसलिए चीनी व अन्य विदेशी उत्पादों व ब्रांडों पर निर्भरता समाप्त कर अपनी क्षमताओं का आकलन कर स्वदेशी भाव से देश को धारणक्षम व समावेशी विकास के पथ पर ले जाना होगा।

हमारा स्वरूप व सामर्थ्य : चीन को पीछे छोड़ेंगे हम

आज देश के हम 132 करोड़ लोग हैं। देश में 6 लाख से अधिक गाँव हैं, विश्व का सर्वाधिक पशुधन है, विश्व में सर्वाधिक कृषि योग्य भूमि भारत के पास है, 127 प्रकार के विविध कृषि+जलवायु क्षेत्र हैं और 400 से अधिक विविध प्रकार के संगठित लघु उद्योग संकुल (SSI clusters) व 7,000 से अधिक असंगठित सूक्ष्म उद्योगों के संकुल हैं। इसी क्रम में देश में 3 करोड़ 10 लाख लघु व सूक्ष्म उद्यम है, जिनमें 7 करोड़ 30 लाख लोग नियोजित हैं और इन लघु उद्यमों के द्वारा 6,000 से अधिक प्रकार के उत्पाद या वस्तुओं का उत्पादन व कारोबार किया जाता है। इनमें से एक करोड़ 24 लाख ग्रामीण उद्यम है। इन उपरोक्त कुल 3 करोड़ 10 लाख लघु व सूक्ष्म उद्यमों में से 1 करोड़ 90 लाख सेवाप्रदाता उद्यम है। शिक्षा की दृष्टि से देखें, तो देश के 13 लाख विद्यालयों में 32 करोड़ छात्र और 800 विश्वविद्यालय व तत्सम डिग्री प्रदाता संस्थानों सहित 45,000 महाविद्यालयों में 3.2 करोड़ छात्र नामांकित हैं। यूरोप के 28 देशों की कुल जनसंख्या ही हमारी कुल जनसंख्या के दो-तिहाई से भी कम है। ऐसे में, हमारे देश की विशाल जनसंख्या व उपरोक्त वर्णित विविधताओं को देखते हुए हमें विकेंद्रित नियोजन व समावेशी विकास का मार्ग अपनाना चाहिए।

ऐसे में हम स्वदेशी अर्थात् 'मेड बाई भारत' या भारतीयों अर्थात् भारतीय उद्यमों द्वारा उत्पादित वस्तुएँ ही क्रय करेंगे तो देश में उत्पादन, निवेश, रोजगार, प्रौद्योगिकी विकास, आय वृद्धि, माँग वृद्धि, पुनः निवेश व उत्पादन वृद्धि का विकास चक्र गतिमान होगा। यदि विदेशी ब्रांड अपनाएँगे तो इसका लाभ उन देशों को जाएगा। विकेंद्रित नियोजन के अंतर्गत हमें विकेंद्रित उत्पादन, लघु

उद्योग संकुलों के विकास, उसके लिए उत्पादक सहयोग संघों (Industry Consortium) के गठन की ओर भी तेजी से बढ़ना चाहिए। इसके लिए चीन की भाँति तकनीकी राष्ट्रवाद एवं फ्रांसिसी आर्थिक राष्ट्रवाद अर्थात् राष्ट्र निष्ठा या स्वदेशी की रीति-नीति पर बल देना ही होगा। इसमें हमारी मितव्ययी प्रौद्योगिकी विकास (Frugal Engineering Development) की परंपरा को भी यथेष्ट बल प्रदान कर देश में उद्योग, व्यापार वाणिज्य व कृषि के विकास को बढ़ावा देना होगा।

विकेंद्रित नियोजन व समावेशी विकास : चीन से चुनौती के अलावा भी हमें केंद्रीकृत नियोजन के स्थान पर हमें विकेंद्रित नियोजन की नीति भी अपनानी होगी। विकास का लाभ देश के प्रत्येक नागरिक तक पहुँचे, इस हेतु समावेशी विकास व समावेशी आर्थिक वृद्धि ही स्वदेशी के केंद्र बिंदु होने चाहिए। विकेंद्रित नियोजन पर विचार करें तो कोई एक तहसील, तालुका या मंडल है, वहाँ कितना पशुधन है, वहाँ कितने लोग काम करने योग्य हैं, वहाँ पर किस प्रकार के प्राकृतिक संसाधन (Raw Materials) हैं, वहाँ की कृषि सामर्थ्य (Agriculture Potential) किस तरह की है, किस प्रकार के कुटीर, सूक्ष्म, लघु व बड़े उघोग हैं, वहाँ कितने विद्यालय-महाविद्यालय हैं, लोगों में किस प्रकार का तकनीकी, व्यावसायिक या शिल्प ज्ञान है? इन सबके आधार पर वहाँ पर किस प्रकार के उद्यमों व कार्यों पर आधारित विकास की रचना होनी चाहिए? यह सभी विचार करके वैसी योजना विकसित करनी होगी। फिर पूरे देश के ग्रामों तहसीलों, जिलों व प्रदेशों की इन विकेंद्रित स्थानीय योजनाओं को जोड़कर ही राष्ट्रीय योजनाओं में उन्हें समेकित (integrate) करना चाहिए। हम चीन से अधिक प्रभावशाली व विश्व मंगलकारी राष्ट्र के रूप में विश्व कल्याण का मार्ग प्रशस्त करेंगे। इसलिए हमें चीनी वस्तुओं व चीनी निवेश पर निर्भरता छोड़कर स्वावलंबी विकास के मार्ग पर आगे बढ़ना चाहिए।

चीन के विरुद्ध रणनीतिक सोच आवश्यक

चीन के बढ़ते भू-राजनैतिक, आर्थिक व तकनीकी वर्चस्व, सीमा पर बढ़ते दबाव एवं देश के अंदर बढ़ते चीनी कंपनियों के जाल के आलोक में भारत को प्रभावी प्रतिकार की रीति-नीति विकसित करनी चाहिए। अब तो चीन ने उच्च

प्रौद्योगिकी व सामरिक तैयारी के क्षेत्र में भी अमेरिका को पीछे छोड़कर क्रमांक एक पर आने के लिए सशक्त पहल की है। इस दृष्टि से भी हमको उपयुक्त व्यूह रचना पर विचार करना होगा।

सर्वप्रथम, भारत-तिब्बत सीमा की रक्षा व उसका प्रबंध गृह मंत्रालय के स्थान पर सीधे सेना को सौंप देना चाहिए। इस हेतु भारत-तिब्बत सीमा पुलिस का दैनंदिन संचालकीय नियंत्रण सेना को दे देना चाहिए। भारत-पाक सीमा पर सीमा सुरक्षा बल व बाँग्ला सीमा पर आसाम राइफल्स पर भी नियंत्रण सेना का रहता है। तब फिर भारत-चीन सीमा, जहाँ अधिक तनाव है, वहाँ पर गृह मंत्रालय का क्या औचित्य है? इस सीमा पर प्रभावी पेट्रोलिंग के लिए यह आवश्यक है।

हमारी रक्षा तैयारियाँ चीन व पाक से बेहतर होनी चाहिए। आज हमारी 1.06 लाख वर्ग किमी. भूमि पर पाक व चीन ने अतिक्रमण कर रखा है। इसे मुक्त कराने के लिए हमें सशक्त बनना होगा। शेष सीमावर्ती क्षेत्र में भी चीन की बार-बार की घुसपैठ रोकने के लिए भी सीमा पर अवसंरचना विकास, पर्याप्त सैन्य बल की तैनातगी एवं उन्नत शस्त्रास्त्रों का विकास कर उनको सेना में सम्मिलित करना भी आज की अनिवार्य आवश्यकता है। चीन के पास 6 नाभिकीय पनडुब्बियाँ, जहाज भेदी प्रक्षेपास्त्र, उपग्रह भेदी प्रक्षेपास्त्र, एक से अधिक नाभिकीय बम ले जाने वाले इंटरकांटिनेंटल बैलिस्टिक मिसाइलें आदि हैं। उनके प्रतिकार की भी हमारी तैयारी आवश्यक है। चीन (J-20 व J-31) दो पाँचवीं पीढ़ी के ऐसे युद्धक विमानों का परीक्षण कर चुका है, जो रडार से नहीं देखे जा सकते हैं (Fifth Generation Stealth Fighter Aircraft)। इसमें से एक को वह अपनी वायुसेना में सम्मिलित कर भी चुका है। चीन अपने विमानवाही जहाजों पर भी पाँचवीं पीढ़ी के J-31 को तैनात कर रहा है। भारत अभी तीसरी पीढ़ी के 'तेजस' पर ही काम कर रहा है और राफेल्स जो खरीद रहा है, वहीं भी पाँचवीं पीढ़ी का नहीं है। F-16 जो अब हम असेंबल करनेवाले हैं, वह भी चौथी पीढ़ी के ही हैं। वस्तुतः F-35 व F-22पाँचवीं पीढ़ी के रडार से नहीं देखे जा सकनेवाले अमेरिकी युद्धक विमान हैं। इस दिशा में भी हमारी प्रभावी पहल होनी चाहिए। चीन ने हाल ही में टेराहाट्र्ज रेडिएशन रडार का भी परीक्षण कर लिया है, जो स्टील्थ (रडार से नहीं देखे जा सकने या चिह्नित किए जा सकने योग्य) विमानों को भी चिह्नित कर सकेगा। ऐसे में

अब अमेरिकी पाँचवीं पीढ़ी के स्टील्थ युद्धक विमान एफ-35 (F-35)एवं एफ-22 (F-22), दोनों ही बेकार सिद्ध होंगे।

दौलत बेग ओल्डी, चूमार व सिटी जेप सहित लद्दाख, उत्तराखंड, अरुणाचल व सिक्किम आदि के सभी सीमावर्ती क्षेत्र में समुचित सुरक्षा व्यवस्था करनी चाहिए। तब ही हम आए दिन की घुसपैठ रोक पाएँगे। इस हेतु देश को अपना रक्षा व्यय बढ़ाना चाहिए। हम रक्षा पर अपने जी.डी.पी. का 2 प्रतिशत ही व्यय कर पा रहे हैं, 1987-88 में हमारा व्यय 3.8 प्रतिशत था। चार वर्ष पूर्व हुए दौलत बेग ओल्डी जैसे अतिक्रमणों का तत्काल सैन्य प्रत्युत्तर देकर, घुसपैठ करने वाले सैन्य बल को बलपूर्वक निकाल बाहर करने का सिद्धांत व नीति निर्धारित करनी चाहिए।

चीन ने सभी क्षेत्रों में अपनी टेक्नोलॉजी के समुन्नयन के लिए 1.5 ट्रिलियन डॉलर (75 लाख करोड़ रुपए, जो आज हमारे देश के जी.डी.पी. के बराबर है) का अनुसंधान व विकास (आर. एंड डी.) के लिए प्रावधान किया है, जिससे वह प्रौद्योगिकी की दृष्टि से अमेरिका से आगे निकले। इसलिए भारत को चीन की इस संपूर्ण बढ़त को ध्यान में रखते हुए अपनी तैयारी करनी चाहिए। दूरसंचार के क्षेत्र में चीन पाँचवीं पीढ़ी की टेक्नोलॉजी के विकास की दिशा में आगे बढ़ रहा है। हमें भी पाँचवीं पीढ़ी की दूर संचार प्रौद्योगिकी के विकास की पहल करनी चाहिए। चीन ने 1.5 ट्रिलियन डॉलर के निवेश से कृत्रिम बुद्धिमत्ता (आर्टिफिशियल इंटेलिजेंस) में विश्व नेतृत्व का भी संकल्प व्यक्त किया है। ऐसे में, हमें अपने देश में उसके उत्पादों को बाजार व निवेश सुविधाएँ सुलभ कराकर उसे हमारे लिए नए-नए संकट खड़े करने की आर्थिक सामर्थ्य नहीं प्रदान करनी चाहिए।

इसके साथ ही हमें तत्काल पहल करते हुए सबसे पहले तो चीन के उत्पादों का संपूर्ण बहिष्कार करने पर विचार करना चाहिए। उसके लैंप, खिलौने, मोबाइल फोन से लेकर, उसके कंप्यूटर पर्यंत जितनी आम उपभोक्ता चीजे खरीदते उनके ऊपर हम अंकुश लगा ही सकते हैं। साथ ही, यदि जन चर्चाओं, सार्वजनिक कार्यक्रमों और व्यक्तिगत बातचीत, साक्षात्कार आदि में लोगों को चीन के इन खतरों के प्रति आगाह करते हैं। तब एक ऐसा वातावरण बनेगा कि सरकार भी चीनी निर्यातकों व कंपनियों को मिल रही सुविधाएँ बंद

करने के बारे में सोचेगी। बड़ी संख्या में चीन के कर्मचारी और टैक्नोक्रेट्स, जो अवैधानिक रूप से देश में रह रहे है, उनको भी डीपॉर्ट करना चाहिए। चीनी कंपनियों को बड़ी मात्रा में जो विविध परियोजनाएँ दी जा रहीं हैं, उन पर भी अंकुश लगाया ही जाना चाहिए। हाल ही में वर्ष 2017 में चीनी उत्पादों के बहिष्कार से देश में चीनी स्मार्टफोन की बिक्री में कमी होने से ओप्पो व विवो के लिए भारत में कार्यरत 400 चीनी कर्मचारियों व अधिकारियों को भारत से वापस चीन भेजना पड़ा है।

इंटरनेट पर फेसबुक से लेकर सभी प्रकार के सोशल नेटवर्क्स हैं, उनके माध्यम से चीन के द्वारा जो मानवाधिकारों का हनन किया जा रहा है और अबोध रूप से जो प्रदूषण फैलाया जा रहा है, उसके आलोक में चीनी उत्पादों के बहिष्कार का आह्वान अंतरराष्ट्रीय स्तर पर भी किया जाना चाहिए।

यह चीन को अपने वैश्विक व मानवोचित दायित्वों के प्रति संवेदनशील बनाएगा। चीन ने तो आज एक लाख साइबर योद्धा नियुक्त कर रखे हैं, जो इंटरनेट पर जाते हैं और हमारी सुरक्षा संबंधी व अन्य संवेदनशील सूचनाएँ हड़पकर ले जाते हैं। हमारे रक्षा मंत्रालय के कंप्यूटर सिस्टम से भी बड़ी मात्रा में सूचनाएँ उसने चुराई हैं। अमेरिका स्थित भारतीय दूतावास के कंप्यूटर से सारी की सारी संवेदनशील जानकारियाँ चीन के साइबर योद्धा चुराकर ले गए हैं। चीन ने जिस प्रकार का साइबर युद्ध भारत के विरुद्ध छेड़ रखा है, हमें भी वैसा ही साइबर युद्ध और चीनी उत्पादों में बहिष्कार का अभियान छेड़ना चाहिए। चीन का आज जो कुल सकल घरेलू उत्पाद (जी.डी.पी.) है, उसका 60 प्रतिशत निर्यात आधारित है, अगर चीन के उत्पादों की अंतरराष्ट्रीय बाजारो में खपत बंद हो जाती है तो उसके सारे के सारे कारखाने तीन गुना ओवर कैपेसीटी के शिकार होकर बंद होंगे और वहाँ के बैंकों का ऋण डूबने का शिकार होकर, अर्थव्यवस्था चौपट हो सकती है। वर्ष 2008 की जो आर्थिक मंदी थी, उस आर्थिक मंदी के दौर में चीनी अर्थव्यवस्था बिल्कुल धूल-धूसरित होने की स्थिति में हो गई थी। चीन के बैंकों को 1.2 ट्रिलीयन डॉलर (60 लाख करोड़ रुपए) के कर्जे बाँटने पड़े थे, ताकि लोगों की घरेलू खपत बढ़े और उसके कारखाने चालू रह सकें और वह बेरोजगारी, मंदी व उद्यमबंदी का शिकार न हो। उन ऋणों में से आज 400 अरब डॉलर के ऋण नॉन परफॉर्मिंग एसेट (डूबते हुए

कर्जो) में बदल गए हैं। चीन के बैंकों के कुल ऋणों का अनुमानतः 17 प्रतिशत आज नॉन परफॉर्मिंग एसेट की श्रेणी में हैं। हमारे देश में यह ऋण दो प्रतिशत से कम है। इसलिए दीर्घकालिक दृष्टि से चीन की अर्थव्यवस्था की तुलना में भारतीय अर्थव्यवस्था इस दृष्टि से सुदृढ़ है। बस, यह बहिष्कार अभियान ही भारत को क्रमांक एक की आर्थिक शक्ति बनाएगा।

आज चीन और भारत को हम तुलनात्मक दृष्टि से देखें तो भारत विश्व की खाद्य शक्ति की सामर्थ्य रखता है। हमारे पास साढ़े सोलह करोड़ हैक्टेयर कृषि योग्य भूमि है। चीन के पास 9 करोड़ हैक्टेयर कृषि योग्य भूमि ही है। उसके पास 11 करोड़ हैक्टेयर कृषि युक्त भूमि थी, लेकिन इंफ्रास्ट्रक्चर डेवेलपमेंट के चक्कर में उसकी 2 करोड़ हैक्टेयर कृषि योग्य भूमि नष्ट हो गई और वह खेती करने के योग्य नहीं रही। सिंचित क्षेत्रफल की दृष्टि से भी भारत आज विश्व में क्रमांक एक पर है। भारत जितनी (5 करोड़ 70 लाख हैक्टेयर) सिंचित कृषि योग्य भूमि किसी भी देश के पास नहीं है। चीन भी दूसरे स्थान पर है। प्रौद्योगिकी की दृष्टि से आज भी भारत कई क्षेत्रों में चीन की तुलना में बेहतर स्थिति रखता है। चीन के प्रोडक्ट्स, आज हम भी अपने देश में देखते हैं कि टिकाऊ नहीं है। इस प्रकार चाहे हमारी प्रौद्योगिकी हो या कृषि सामर्थ्य अथवा चाहे हमारा अंतरराष्ट्रीय प्रभाव हो या विश्वसनीयता, भारत की अपनी छवि है।

भारत को विश्व के अधिकांश देश एक विश्वसनीय सत्ता के रूप में देखते हैं व चीन को एक निरंकुश शक्ति के रूप में आँकते हैं। इसके अतिरिक्त बौद्ध जगत् में भारत अच्छा प्रभाव बना सकता है। चीन के इन वक्तव्यों कि 'बौद्ध पंथ की विरासत चीन के पास है न कि भारत के पास' को बौद्ध जगत् गंभीरता से नहीं लेता है। आज बौद्ध जगत् के साथ अपने संबंधों को प्रगाढ़ करने की बात हो या साइबर युद्ध, चीन के उत्पादों के बहिष्कार से चीनी विकास को शिथिल करना हो अथवा चाहे हमारी प्रौद्योगिकी का जो स्तर है और हमारी जो कृषि सामर्थ्य है, उस सब दृष्टि से भारत आज बहुत द्रुत गति से चीन से आगे बढ़ने की स्थिति में है। चीन में आनेवाले समय में वृद्धों के बढ़ते अनुपात का संकट आनेवाला है। वहाँ प्रति एक कार्यशील व्यक्ति पर 6 वृद्धों का जो अनुपात होगा, वह भी उनके विकास में बाधक सिद्ध होगा। दूसरी ओर 2020 तक दुनिया की 28 प्रतिशत श्रम शक्ति भारत की होगी। विश्व के सारे ज्ञान आधारित क्षेत्रों में

भारतीय होंगे। ऐसे में हमको चीन के उपभोक्ता उत्पादों की जो भारत में बाढ़ आई हुई है, हमारे देश में सारी निर्माण परियोजनाओं से लेकर टेलिफोन, विद्युत् संयंत्र स्थापना के कार्य जो चीन को दिए जा रहे हैं और चीन के उत्पादों की जो विश्व में बिक्री हो रही है, विश्व बाजारों में यदि मानवाधिकारों के हनन व पर्यावरण क्षरण आदि के आधार पर चीनी उत्पादों का बहिष्कार होता है, जिसकी पहल हम कर सकते हैं तो शायद एक या दो वर्ष में ही चीन की अर्थव्यवस्था अपने ही बोझ के तले दबकर पिछड़ सकती है। आज उसके सकल घरेलू अनुपात में 60 प्रतिशत निर्यातों का अनुपात है। उसकी अत्यधिक निर्यात निर्भरता उसकी सबसे बड़ी कमजोरी सिद्ध होगा। चीन उत्पादों को यदि भारतीय उत्पाद प्रतिस्थापित करते हैं, तो भारत की आर्थिक वृद्धि दर चीन से अधिक व विश्व में सर्वोच्च हो सकती है।

इसलिये यदि भारत में चीन निर्मित वस्तुओं का उपयोग बंद होता है तो चीन को, भारत से जो 4–5 लाख करोड़ रुपए की विदेशी मुद्रा व उस पर चीन की सरकार को जो 50 से 60 हजार करोड़ रुपयों की कर राजस्व (टेक्स) की आय मिल रही है, उसमें भी कमी आएगी और देश का धन देश में रहेगा। यदि भारत सरकार पर चीन के विरुद्ध प्रभावी जन दबाव बनता है, तो सरकार चीन के देने वाली व्यापारिक सुविधाओं में कटौती के लिए बाध्य होगी और सीमा विवाद पर भी कठोर रुख अपनाएगी। इसके साथ ही यदि चीन द्वारा किए जा रहे मानवाधिकारों के हनन, तिब्बती जनता के दमन और संयुक्त राष्ट्र संघ के प्रतिबंधों की अह्वहेलना कर कई देशों में जन आंदोलनों को कुचलने हेतु छोटे हथियारों की आपूर्ति और पर्यावरण को विनष्ट करने में अग्रणी होने के तथ्य इंटरनेट आदि के माध्यम से विश्व जन समुदाय में प्रसारित होते हैं, तो चीन निर्मित वस्तुओं का उपभोग संपूर्ण विश्व में घटेगा। चीन भारत के निर्यात बाजारों पर कब्जा करने में सफल नहीं हो सकेगा। इसके अतिरिक्त चीन की अर्थव्यवस्था निर्यातों पर अवलंबित है। उसके गैर कृषि क्षेत्र का लगभग दो तिहाई उत्पादन निर्यात आधारित है। यदि चीन के निर्यात घटते हैं और उसकी आर्थिक वृद्धि दर में कमी आती है, तो भारत की आर्थिक वृद्धि तो क्रमांक एक पर होगी। चीनी आर्थिक वृद्धि दर नियंत्रण में रहेगी तो उसकी सामरिक बढ़त व महात्वाकांक्षाएँ भी सीमा में रहेंगी। अस्तु देश, समाज व विश्व–मानवता के

प्रति संवेदनशील जन–मानस को चीन की बढ़त को नियंत्रित रखने हेतु सक्रियता दिखलानी चाहिए। विश्व–मानवता के हितार्थ भारत को अपने वैश्विक दायित्व निर्वहन हेतु आर्थिक, सामाजिक व सांस्कृतिक क्षेत्रों में विश्व नेतृत्व के अपने वैश्विक दायित्व के प्रति सजगता बढ़ानी होगी।

संक्षेप में, देशवासियों को चीन में बनी वस्तुओं का संपूर्ण बहिष्कार करना चाहिए। सरकार पर भी इस बात के लिए दबाव बनाना चाहिए कि वह चीनी आयातों को नियंत्रित करे और चीनी कंपनियों को देश की परियोजनाओं में काम नहीं दे। भारत–तिब्बत सीमा पर नियंत्रण गृह मंत्रालय के स्थान पर सेना को सौंप दिया जाना चाहिए। चीन की सामरिक सामर्थ्य से बेहतर रक्षा सामर्थ्य विकसित करना आवश्यक है। विदेश नीति को प्रभावशाली बनाते हुए भारत के मित्र देशों पर बढ़ते चीनी प्रभाव को परिमित करने की पहल करनी चाहिए। उन सभी देशवासियों को इंटरनेट व सोशल मीडिया पर चीनी उत्पादों के वैश्विक बहिष्कार का वातावरण बनाना चाहिए, जो इन साधनों का उपयोग करते हैं। चीन द्वारा किए जा रहे मानवाधिकारों के हनन व विश्व में सर्वाधिक प्रदूषण फैलाने के इतिवृत्त को देखते हुए इसमें अत्यंत अच्छी सफलता मिलेगी। चीनी अर्थव्यवस्था निर्यातों पर अवलंबित होने से इस प्रकार के आर्थिक बहिष्कार से उसका पराभव अवश्यंभावी है।

चीन की सभी शत्रुतापूर्ण कार्रवाइयों उत्तर चीनी वस्तुओं के बहिष्कार से बहुत आसानी से दिया जा सकता है। इस संबंध में निम्न कार्य विशेष रूप से हमें करने हैं—

1. भारत में चीनी वस्तुओं का पूरी तरह से बहिष्कार।
2. सभी व्यापारियों एवं उद्यमियों से भी चीनी वस्तुओं को आयात नहीं करने का आग्रह करना।
3. चीनी वस्तुओं पर तकनीकी आधार पर यथासंभव रोक लगाने के लिए सरकार से आग्रह करना।
4. चीन को स्पष्ट चेतावनी देना कि उसके द्वारा विविध अंतरराष्ट्रीय मंचों पर भारत का विरोध जारी रहा और उसके द्वारा सीमा का अतिक्रमण भी जारी रहेगा तो भारत सरकार चीन से आयात पर पूर्ण प्रतिबंध लगा देगी।.

5. यदि तब भी चीन की सरकार नहीं माने तो पहले सीमित अवधि के लिए और बाद में पूरी तरह से चीनी आयात पर प्रतिबंध लगा देना। भारत के लोगों को सोशल मीडिया पर संपूर्ण विश्व समुदाय पर चीनी उत्पाद का बहिष्कार करने का आग्रह करना चाहिए।
6. चीन जिस प्रकार से विश्व के अनेक भागों में मानवाधिकार के हनन में लिप्त है, उसने तिब्बत में भी व्यापक स्तर पर मानवाधिकारों का हनन किया है। इसके साथ ही उसने पर्यावरण विनाश की दृष्टि से सर्वाधिक ग्रीन हाउस गैसों का उत्सर्जन भी कर रहा है। अतएव संपूर्ण विश्व में ही चीनी वस्तुओं के बहिष्कार का आह्वान किया जाना चाहिए।
7. चीन के इन सभी दुष्कृत्यों का ठीक-ठाक प्रसार करने पर संपूर्ण विश्व में चीनी वस्तुओं का बहिष्कार प्रारंभ हो जाएगा और इससे ही चीन सही मार्ग पर आएगा।

विश्व में बढ़ रही उत्पादकीय विषमता, व्यापार घाटे एवं वित्तीय असंतुलन को दूर करने के लिए विश्व बाजारों पर फैलते चीन के एकाधिकार को रोकना होगा। विश्व में एक नई औपनिवेशिक सत्ता नहीं उभरे, इस हेतु विश्व भर में फैलते चीनी सैन्य अड्डे भी बंद होने चाहिए। चीन जिस प्रकार से पर्यावरण विनाश का पर्याय बन रहा है, विश्व की आधी से अधिक ग्रीन हाउस गैसे वायुमंडल में चीन छोड़ रहा है, उस पर भी रोक लगाना आवश्यक है। तिब्बत से लेकर श्रीलंकाई तमिलों, सूडान व अन्य अफ्रीकी देशों में मानवाधिकारों का हनन स्वयं कर रहा है या उनके हनन को बल दे रहा है। उन सब पर अंकुश चीनी उत्पादों के बहिष्कार से सहज संभव है। इसके साथ ही हमें अपने यहाँ कृषि, लद्यु उद्योग, अवसंरचनाओं के विकास एवं उच्च प्रौद्योगिकी विकास पर बल देना होगा। यह सब आंतरिक संसाधनों से होने पर ही हम आगे बढ़ पाएँगे। अस्तु: आज हमें चीनी उत्पादों को छोड़ भारत को एक स्वावलंबी व सर्वाधिक समर्थ बनाने हेतु, स्वदेशी, मेड बाई भारत उत्पादों व ब्रांडों के प्रवर्तन व प्रसार, उच्च आर्थिक राष्ट्रनिष्ठा अर्थात् आर्थिक राष्ट्रवाद और तकनीकी राष्ट्रवाद के मार्ग का अनुसरण करने के मार्ग का अनुसरण करना होगा। तब भारत पुन: होगा विश्व मंगल का प्रेरक विश्व गुरु।

□

परिशिष्ट-1

चीन के संबंध में सरदार पटेल का पत्र

Sardar Vallabhbhai Patel's letter to Jawaharlal Nehru on 7 November, 1950 not only deploring Indian Ambassador K.M. Panikkar's action but also warning about dangers from China—

My dear Jawaharlal,

Ever since my return from Ahmedabad and after the cabinet meeting the same day, which I had to attend at practically fifteen minutes' notice and for which I regret I was not able to read all the papers, I have been anxiously thinking over the problem of Tibet and I thought I should share with you what is passing through my mind.

I have carefully gone through the correspondence between the External Affairs Ministry and our Ambassador in Peking and through him, the Chinese Government. I have tried to peruse this correspondence as favourably to our Ambassador and the Chinese Government as possible, but I regret to say that neither of them comes out well as a result of this study. The Chinese Government has tried to delude us by professions of peaceful intention. My own feeling is that at a crucial period, they managed to instill into our Ambassador a false sense of confidence in their so-called desire to settle the Tibetan problem by peaceful means. There can be no doubt that during the period covered by this correspondence, the Chinese must have been concentrating for an onslaught on Tibet.

The final action of the Chinese, in my judgement, is little short of perfidy. The tragedy of it is that the Tibetans put faith in us; they chose to be guided by us; and we have been unable to get them out of the meshes of Chinese diplomacy or Chinese malevolence. From the latest position, it appears that we shall not be able to rescue the Dalai Lama. Our Ambassador has been at great pains to find an explanation or justification for Chinese policy and actions. As the External Affairs Ministry remarked in one of their telegrams, there was a lack of firmness and unnecessary apology in one or two representations that he made to the Chinese Government on our behalf. It is impossible to imagine any sensible person believing in the so-called threat to China from Anglo-American machinations in Tibet. Therefore, if the Chinese put faith in this, they must have distrusted us so completely as to have taken us as tools or stooges of Anglo-American diplomacy or strategy. This feeling, if genuinely entertained by the Chinese in spite of your direct approaches to them, indicates that even though we regard ourselves as the friends of China, the Chinese do not regard us as their friends. With the Communist mentality of "whoever is not with them being against them", this is a significant pointer, of which we have to take due note. During the last several months, outside the Russian camp, we have practically been alone in championing the cause of Chinese entry into UN and in securing from the Americans assurances on the question of Formosa. We have done everything we could to assuage Chinese feelings, to allay its apprehensions and to defend its legitimate claims in our discussions and correspondence with America and Britain and in the UN. Inspite of this, China is not convinced about our disinterestedness; it continues to regard us with suspicion and the whole psychology is one, at least outwardly, of scepticism perhaps mixed with a little hostility. I doubt if we can go any further than we have done already to convince China of our good intentions, friendliness and goodwill. In Peking, we have an Ambassador who is eminently suitable for putting across the friendly point of view. Even he seems to have failed to convert the Chinese. Their last telegram to us is an act of gross discourtesy not only in the summary way it disposes of our protest against the entry of Chinese forces into Tibet, but also in the wild insinuation that our attitude is determined by foreign influences. It looks as though it is not a friend speaking in that language but a potential enemy.

In the background of this, we have to consider what new situation now faces us as a result of the disappearance of Tibet, as we knew it, and the expansion of China almost up to our gates. Throughout history, we have seldom been worried about our north-east frontier. The Himalayas have been regarded as an impenetrable barrier against any threat from the north. We had a friendly Tibet which gave us no trouble. The Chinese were divided. They had their own domestic problems and never bothered us about frontiers. In 1914, we entered into a convention with Tibet which was not endorsed by the Chinese. We seem to have regarded Tibetan autonomy as extending to independent treaty relationship. Presumably, all that we required was Chinese counter-signature. The Chinese interpretation of suzerainty seems to be different. We can, therefore, safely assume that very soon they will disown all the stipulations which Tibet has entered into with us in the past. That throws into the melting pot all frontier and commercial settlements with Tibet on which we have been functioning and acting during the last half a century. China is no longer divided. It is united and strong. All along the Himalayas in the north and north-east, we have on our side of the frontier a population ethnologically and culturally not different from Tibetans and Mongoloids. The undefined state of the frontier and the existence on our side of a population with its affinities to the Tibetans or Chinese have all the elements of the potential trouble between China and ourselves. Recent and bitter history also tells us that Communism is no shield against imperialism and that the communists are as good or as bad imperialists as any other. Chinese ambitions in this respect not only cover the Himalayan slopes on our side, but also include the important part of Assam. They have their ambitions in Burma also. Burma has the added difficulty that it has no McMahon Line round which to build up even the semblance of an agreement. Chinese irredentism and communist imperialism are different from the expansionism or imperialism of the western powers. The former has a cloak of ideology which makes it ten times more dangerous. In the guise of ideological expansion lie concealed racial, national or historical claims. The danger from the north and north-east, therefore, becomes both communist and imperialist. While our western and north-western threat to security is still as prominent as before, a new threat has developed from the north and north-east. Thus, for the first time, after centuries, India's defence has to concentrate itself on two fronts simultaneously. Our defence measures have so far been based on the calculations of superiority over Pakistan. In our calculations, we shall now have to reckon with communist China in the north and in the north-east, a communist China which has definite ambitions and aims and which does not, in any way, seem friendly disposed towards us.

Let us also consider the political conditions on this potentially troublesome frontier. Our northern and north-eastern approaches consist of Nepal, Bhutan, Sikkim, Darjeeling and the tribal areas in Assam. From the point of view of communication, there are weak spots. Continuous defensive lines do not exist. There is almost an unlimited scope for infiltration. Police protection is limited to a very small number of passes. There, too, our outposts do not seem to be fully manned. The contact of these areas with us is by no means close and intimate. The people inhabiting these portions have no established loyalty or devotion to India. Even Darjeeling and Kalimpong areas are not free from pro-Mongoloid prejudices. During the last three years, we have not been able to make any appreciable approaches to the Nagas and other hill tribes in Assam. European missionaries and other visitors had been in touch with them, but their influence was, in no way, friendly to India or Indians. In Sikkim, there was political ferment some time ago. It is quite possible that discontent is smouldering there. Bhutan is comparatively quiet, but its affinity with Tibetans would be a handicap. Nepal has a weak oligarchic regime based almost entirely on force. It is in conflict with a turbulent element of the population as well as with enlightened ideas of the modern age.

In these circumstances, to make people alive to the new danger or to make them defensively strong is a very difficult task indeed and that difficulty can be got over only by enlightened firmness, strength and a clear line of policy. I am sure the Chinese and their source of inspiration, Soviet Union, would not miss any opportunity of exploiting these weak spots, partly in support of their ideology and partly in support of their ambitions. In my judgement, the situation is one which we cannot afford either to be complacent or to be vacillating. We must have a clear idea of what we wish to achieve and also of the methods by which we should achieve it. Any faltering or lack of decisiveness in formulating our objectives or in pursuing our policies to attain those objectives is bound to weaken us and increase the threats which are so evident.

Side by side with these external dangers, we shall now have to face serious internal problems as well. I have already asked Iengar to send to the External Affairs Ministry a copy of the Intelligence Bureau's appreciation of these matters. Hitherto, the Communist Party of India has found some difficulty in contacting communists abroad, or in getting supplies of arms, literature, etc. from them. They had to contend with the difficult Burmese and Pakistani frontiers on the east or with the long seaboard. They shall now have a comparatively easy means of access to Chinese communists and through them to other foreign communists. Infiltration of spies, fifth columnists and communists would now be easier. Instead of having to deal with isolated communist pockets in Telangana and Warrangal, we may have to deal with communist threats to our security along our northern and north-eastern frontiers, where, for supplies of arms and ammunition, they can safely depend on communist arsenals in China. The whole situation, thus, raises a number of problems on which we must come to an early decision so that we can, as I said earlier, formulate the objectives of our policy and decide the method by which those objectives are to be attained. It is also clear that the action will have to be fairly comprehensive, involving not only our defence strategy and state of preparations, but also problem of internal security to deal with which we have not a moment to lose. We shall also have to deal with administrative and political problems in the weak spots along the frontier to which I have already referred.

It is, of course, impossible to be exhaustive in setting out all these problems. I am, however, giving below some of the problems which, in my opinion, require early solution and round which we have to build our administrative or military policies and measures to implement them.

(a) A military and intelligence appreciation of the Chinese threat to India both on the frontier and to internal security.
(b) An examination of military position and such redisposition of our forces as might be necessary, particularly with the idea of guarding important routes or areas which are likely to be the subject of dispute.
(c) An appraisement of the strength of our forces and, if necessary, reconsideration of our retrenchment plans for the Army in the light of the new threat.
(d) A long-term consideration of our defence needs. My own feeling is that, unless we assure our supplies of arms, ammunition and armour, we would be making our defence perpetually weak and we would not be able to stand up to the double threat of difficulties both from the west and north-west and north and north-east.
(e) The question of China's entry into the UN. In view of the rebuff which China has given us and the method which it has followed in dealing with Tibet, I am doubtful whether we can advocate its claim any longer. There would probably be a threat in the UN virtually to outlaw China, in view of its active participation in the Korean war. We must determine our attitude on this question also.
(f) The political and administrative steps which we should take to strengthen our northern and north-eastern frontier. This would include the whole of the border, i.e., Nepal, Bhutan, Sikkim, Darjeeling and the tribal territory in Assam.
(g) Measures of internal security in the border areas as well

as the states flanking those areas, such as Uttar Pradesh, Bihar, Bengal and Assam.

(h) Improvement of our communication, road, rail, air and wireless in these areas and with the frontier outposts.

(i) The future of our mission at Lhasa and the trade posts at Gyangtse and Yatung and the forces which we have in operation in Tibet to guard the trade routes.

(j) The policy in regard to the McMahon Line.

These are some of the questions which occur to my mind. It is possible that a consideration of these matters may lead us into wider question of our relationship with China, Russia, America, Britain and Burma. This, however, would be of a general nature, though some might be basically very important, e.g., we might have to consider whether we should not enter into closer association with Burma in order to strengthen the latter in its dealings with China. I do not rule out the possibility that, before applying pressure on us, China might apply pressure on Burma. With Burma, the frontier is entirely undefined and the Chinese territorial claims are more substantial. In its present position, Burma might offer an easier problem to China, and, therefore, might claim its first attention.

I suggest that we meet early to have a general discussion on these problems and decide on such steps as we might think to be immediately necessary and direct, quick examination of other problems with a view to taking early measures to deal with them.

November 7, 1950
Sd

—**Sardar Patel**

□

परिशिष्ट 2

इस भारत-चीन समझौते के अंतर्गत 'नोट्स एक्सचेंज्ड' वाले भाग को भारत की सुरक्षा चौकियाँ एवं डाकघर व तारघर, कैलाश मानसरोवर मार्ग पर थे, उनको हटाना भारत सरकार ने स्वीकार किया।

AGREEMENT BETWEEN THE REPUBLIC OF INDIA AND THE PEOPLE'S REPUBLIC OF CHINA ON TRADE AND INTERCOURSE BETWEEN TIBET REGION OF CHINA AND INDIA, 29 APRIL, 1954*

The Government of the Republic of India and the Central People's Government of the People's Republic of China.

Being desirous of promoting trade and cultural intercourse between Tibet Region of China and India and of facilitating pilgrimage and travel by the people of China and India.

Have resolved to enter into the present Agreement based on the following principles :

(1) Mutual respect for each other's territorial integrity and sovereignty,

(2) Mutual non-aggression,

(3) Mutual non-interference in each other's internal affairs,

(4) Equality and mutual benefit, and

(5) Peaceful co-existence.

And, for this purpose, have appointed as their respective Plenipotentiaries:

The Government of the Republic of India, H.E. Nedyam Raghvan, Ambassador Extraordinary and Plenipotentiary of India accredited to the People's Republic of China;

The Central People's Government of the People's Republic of China, H.E. Chang Han-fu, Vice-Minister of Foreign Affairs of the Central People's Government, who, having examined each other's credentials and finding them in good and due form, have agreed upon the following:

Article I

The High Contracting Parties mutually agree to establish Trade Agencies:

(1) The Government of India agrees that the Government of China may establish Trade Agencies at New Delhi, Calcutta and Kalimpong.

---

*Notes Exchanged given with this agreement and given hereafter are worth attention.

---

(2) The Government of China agrees that the Government of India may establish Trade Agencies at Yatung, Gyantse and Gartok.

The Trade Agencies of both the parties shall be accorded the same status and same treatment. The Trade Agents of both the parties shall enjoy freedom from arrest while exercising their functions, and shall enjoy in respect of themselves, their wives and children who are dependent on them for livelihood freedom from search. The Trade Agencies of both the parties shall enjoy the privileges and immunities for couriers, mail-bags and communications in code.

Article II

The High Contracting Parties agree that traders of both the countries known to be customarily and specifically engaged in trade between Tibet Region of China and India may trade at the following places:

(1) The Government of China agrees to specify (1) Yatung, (2) Gyantse and (3) Phari as markets for trade. The Government of India agrees that trade may be carried on in India, including places like (1) Kalimpong, (2)

Siliguri, and (3) Calcutta, according to customary practice.

(2) The Government of China agrees to specify (1) Gartok, (2) Pulanchung (Taklakot), (3) Gyanima-Khargo, (4) Gyanima-Chakra, (5) Ramura, (6) Dongbra, (7) Puling-Sumdo, (8) Nabra, (9) Shangtse and (10) Tashigong as markets for trade; the Government of India agrees that in future, when in accordance with the development and need of trade between the Ari District of Tibet Region of China and India, it has become necessary to specify markets for trade in the corresponding district in India adjacent to the Ari District of Tibet region of China, it will be prepared to consider on the basis of equality and reciprocity to do so.

Article III

The High Contracting Parties agree that pilgrimage by religious believers of the two countries shall be carried on in accordance with the following provisions :

(1) Pilgrims from India of Lamaist, Hindu and Buddhist faiths may visit Kang Rimpoche (Kailas) and Mavam Tso (Mansarovar) in Tibet Region of China in accordance with custom.

(2) Pilgrims from Tibet Region of China of Lamaist and Buddhist faiths may visit Banaras, Sarnath, Gaya and Sanchi in India in accordance with custom.

(3) Pilgrims customarily visiting Lhasa may continue to do so in accordance with custom.

Article IV

Traders and pilgrims of both countries may travel by the following passes and route:

(1) Shipki La pass, (2) Mana pass, (3) Niti pass, (4) Kungri Bingri pass, (5) Darma pass, and (6) Lipu Lekh pass.

Also, the customary route leading to Tashigong along the valley of the Shangatsangpu (Indus) River may continue to be traversed in accordance with custom.

Article V

For travelling across the border, the High Contracting Parties agree that diplomatic personnel, officials and nationals of the two countries shall hold passports issued by their own respective countries and visaed by the other party except as provided in Paragraphs 1, 2, 3 and 4 of this Article.

(1) Traders of both the countries known to be customarily and specifically engaged in trade between Tibet Region of China and India, their wives and children who are dependent on them for livelihood and their attendants will be allowed entry for purposes of trade into India or Tibet Region of China, as the case may be, in accordance with custom on the production of certificates duly issued by the local government of their own country or by its duly authorised agents and examined by the border check-posts of the other party.

(2) Inhabitants of the border districts of the two countries who cross the border to carry on petty trade or to visit friends and relatives may proceed to the border districts of the other party as they have customarily done heretofore and need not be restricted to the passes and route specified.

(3) Porters and mule-team drivers of the two countries who cross the border to perform necessary transportation services need not hold passports issued by their own country, but shall only hold certificates good for a definite period of time (three months, half a year or one year) duly issued by the local government of their own country or by its duly authorised agents and produce them for registration at the border check-posts of the other party.

(4) Pilgrims of both the countries need not carry documents of certification but shall register at the border check-posts of the other party and receive a permit for pilgrimage.

(5) Notwithstanding the provisions of the foregoing

paragraphs of this Article, either Government may refuse entry to any particular person.

(6) Persons who enter the territory of the other party in accordance with the foregoing paragraphs of this Article may stay within its territory only after complying with the procedures specified by the other party.

Article VI

The present Agreement shall come into effect upon ratification by both Governments and shall remain in force for eight (8) years. Extension of the present Agreement may be negotiated by the two parties if either party requests for its six (6) months prior to the expiry of the Agreement and the request is agreed to by the other party.

Done in duplicate in Peking on the twenty-ninth day of April, 1954, in the Hindi, Chinese and English languages, all texts being equally valid.

(Sd.) NEDYAM RAGHAVAN,	(Sd.) CHANG HAN-FU
Plenipotentiary of the Government of the Republic of India	Plenipotentiary of the Central People's Government, People's Republic of China

NOTES EXCHANGED

देखें, हमने 1954 के इस समझौते में तिब्बत में कैलाश–मानसरोवर के मार्ग से अपनी सुरक्षा चौकियाँ एवं 12 अतिथि गृह, डाकघर व तारघर हटाए हैं।

Peking
29 April, 1954

Your Excellency Mr. Vice-Foreign Minister

In the course of our discussions regarding the Agreement on Trade and Intercourse Between the Tibet Region of China and India, which has been happily concluded today, the Delegation of the Government of Republic of India and the Delegation of the Government of the People's Republic of China agreed that certain matters be regulated by an exchange of Notes. In pursuance of this understanding, it is hereby agreed between the two Governments as follows :

(1) The Government of India will be pleased to withdraw completely within six (6) months from date of exchange of the present notes the military escorts now stationed at Yatung and Gyantse in Tibet Region of China. The Government of China will render facilities and assistance in such withdrawal.

(2) The Government of India will be pleased to hand over to the Government of China at reasonable price the postal, telegraph and public telephone services together with their equipment operated by the Government of India in Tibet Region of China. The concrete measures in this regard will be decided upon through further negotiations between the Indian Embassy in China and the Foreign Ministry of China, which shall start immediately after the exchange of the present notes.

(3) The Government of India will be pleased to hand over to the Government of China at a reasonable price the twelve (12) rest houses of the Government of India in Tibet Region of China. The concrete measures in this regard will be decided upon through further negotiations between the Indian Embassy in China and the Foreign Ministry of China, which shall start immediately after the exchange of the present notes. The Government of China agrees that they shall continue as rest houses.

(4) The Government of China agrees that all buildings within the compound walls of the Trade Agencies of the Government of India at Yatung and Gyantse in Tibet Region of China may be retained by the Government of India. The Government of India may continue to lease the land within its Agency compound walls from the Chinese side. And the Government of India agrees that the Trade Agencies of the Government of China at Kalimpong and Calcutta may lease lands from the Indian side for the use of the Agencies and construct buildings thereon. The Government of China will render every possible assistance for housing the Indian Trade Agency at Gartok. The Government of India will also render every possible assistance for housing the Chinese Trade Agency at New Delhi.

(5) The Government of India will be pleased to return to the Government of China all lands used or occupied by the Government of India other than the lands within its Trade Agency compound walls at Yatung. If there are godowns and buildings of the Government of India on the above-mentioned lands used or occupied and to be returned by the Government of India and if Indian traders have stores, godowns or buildings on the above-mentioned lands so that there is need to continue leasing lands, the Government of China agrees to sign contracts with the Government of India or Indian traders, as the case may be, for leasing to them those parts of the land occupied by the said godowns, buildings or stores and pertaining thereto.

(6) The Trade Agents of both parties may, in accordance with the laws and regulations of the local governments, have access to their nationals involved in civil or criminal cases.

(7) The Trade Agents and traders of both the countries may hire employees in the locality.

(8) The hospitals of the India Trade Agencies at Gyantse and Yatung will continue to serve personnel of the Indian Trade Agencies.

(9) Each Government shall protect the person and property of the traders and pilgrims of the other country.

(10) The Government of China agrees, so far as possible, to construct rest houses for the use of pilgrims along the route from Pulan-chung (Taklakot) to Kang Rimpoche (Kailas) and Mavam Tso (Mansarovar); and the Government of India agrees to place all possible facilities in India at the disposal of pilgrims.

(11) Traders and pilgrims of both the countries shall have the facility of hiring means of transportation at normal and reasonable rates.

(12) The three Trade Agencies of each Party may function throughout the year.

(13) Traders of each country may rent buildings and godowns in accordance with local regulations in places under the jurisdiction of the other party.

(14) Traders of both the countries may carry on normal trade in accordance with local regulations at places as provided in Article II of the Agreement.

(15) Disputes between traders of both the countries over debts and claims shall be handled in accordance with local laws and regulations.

On behalf of the Government of the Republic of India, I hereby agree that the present Note along with Your Excellency's reply shall become an agreement between our two Governments which shall come into force upon the exchange of the present Notes.

I avail myself of this opportunity to express to Your Excellency Mr. Vice-Foreign Minister, the assurances of my highest consideration.

CHANG HAN-FU,	**N RAGHAVAN**
Vice-Minister of Foreign Affairs, Central People's Government, People's Republic of China.	Ambassador, Extraordinary and Plenipotentiary of the Republic of India.

Source: www.tpprc.org.1954-pdf

This document "Notes Exchanged" is a must to be read. It reveals the kind of stake India had in independent Tibet even before 1954, which was unduly surrendered, and constituted the traditional privileges for Kailash-Mansarovar pilgrimage and trade in Tibet.

□

परिशिष्ट-3

"किस प्रकार बल प्रयोग व आतंक के माध्यम से 1951 का 17-सूत्री समझौता चीन ने तिब्बत पर थोपा, इसे 'फ्रेंड्स ऑफ तिब्बत' नामक तिब्बत की स्वतंत्रता के लिए कार्यरत जन-आंदोलन ने स्पष्ट किया है। यहाँ पर उनके द्वारा उनकी वेबसाइट पर उद्धृत इस आलेख को यथावत दिया गया है।"

A Truce by Force: Reality behind the 17-Point Agreement

Two years after Tibet participated as an independent country in an Asian Relations Conference held to discuss the role of Asia in the post-war and post-colonial period, the Communist Chinese declared its intention to 'liberate' Tibet. And when on October 1, 1949, the Communists rose to power and established the new People's Republic of China, no time was lost in achieving assimilation of Tibet into the Chinese mainland. Till then, Tibet had, to all purposes and intents, been an independent state.

Historical Background

Though Tibet's historical relations with China were marked at times by mutual recognition of authority and at other times by bid for military superiority, the fact that the two were distinctly independent countries finds expression in the inscriptions of a stone pillar erected as a treaty between the Tibetan Emperor Trisung Detsen Ralpachen and the Tang Emperor Mu-Zong in 821 AD.

The agreement, meant as a peace treaty to end almost two centuries of fighting, pronounced, 'Both Tibet and China shall keep the country and frontiers of which they now are in possession. The whole region to the east of that being the country of Great China and the whole region to the west being assuredly the country of Great Tibet, from either side of that frontier, there shall be no warfare, no hostile invasions, and no seizure of territory.' One of at least seven such bilateral treaties with China, this stone pillar still stands in front of the Jokhang cathedral in Lhasa, Tibet's capital.

The premises of relations between Tibet and China changed from that of military hostility and strategic one-upmanship to mutual interdependence in the early 13th century when, under the patronage of the Mongol king, Godan Khan, one Buddhist school achieved predominance and with that secular power over a unified Tibet. In return, the Tibetan Buddhist Lama presided as an official priest over the Mongol king's court, besides exerting his religious influence to his patron's political advantage over the people living within, and also outside, China's territorial boundaries. This basis of co-existence known as 'Chos-yon' or Priest-Patron relationship endured throughout the Yuan Dynasty, the Ming Dynasty, and the Qing dynasty. The subsequent decline of the Manchu dynasty and a growing threat from Nationalist Chinese to the eastern Tibetan frontier, however, led to the 13th Dalai Lama declaring Tibet's independence and the Tibetan troops successfully driving away the last of the Chinese from the Tibetan soil.

Elaborating on the 'Chos-yon' relationship, Tsering Shakya, the noted Historian, writes in his celebrated book, 'Dragon in the Land of Snow'—'This traditional relationship between Tibet and China was set within the political culture of the Sino-Tibetan world, where the meaning of the relationship was well understood by the participants. When this socio-cultural and political environment was altered first by the arrival of Western colonial powers in Asia; and second by the transformation of the traditional Chinese Confucian-dominated polity towards a more occidental type of political system which produced a Republican China and the growth of Chinese nationalism, the traditional and established relationship became problematic.'

Following the 13th Dalai Lama's declaration of Tibet's independence in 1913, Tibet enjoyed three decades of total independence until the Communist Chinese once again stoked the embers of hostility and set in motion a series of military skirmishes along Tibet's border to the east. All this while, realising that Tibet's interest lied in opening up to the world order and possessing a strong military built-up, the 13th Dalai Lama had been making efforts to strengthen Tibet. But his vision of a strong and open Tibet was cut short by the Communist Chinese full-scale invasion of Tibet in 1950.

Communist Invasion and Global Indifference

In a two-pronged tactic, Communists stepped up pressure on the weak Tibetan defence system in Kham and Amdo in the east, besides pretending to be working towards a negotiated solution for incorporating Tibet into Chinese territory. While the former was meant to intimidate the Tibetan government from even trying to militarily resist their aggression, the latter was a diplomatic facade designed to render a certain degree of legitimacy to their aggressive intentions.

But when it transpired to Beijing that the Tibetan government in Lhasa was unwilling to compromise on Tibet's independence, it resorted to full-scale invasion to whip the Lhasa government into submission. The Government of India's hesitation in allowing the Tibetan delegation led by Shakabba to proceed towards Beijing to hold negotiations with the Communists only hastened the military aggression. In the face of Chinese show of might on October 6, 1950, the primitive defence systems in Chamdo collapsed with little resistance. Soon after, more than 40,000 Chinese troops were stationed in Chamdo, fully poised to march into Lhasa, the Tibetan capital.

Faced with indifference from India and Britain, despite its repeated appeals for help, the only way out for Tibet now was to seek the UN intervention. But lack of initiative on the part of India, Britain and the US in placing Tibet's appeal on the UN agenda, coupled with the Indian government's misplaced hope that China was really eager on a peaceful solution to Tibet issue, resulted in the UN hearing on Tibet issue being postponed. As Tsering Shakya put it, 'As the Korean issue took over the United Nations' agenda, Tibet's appeal faded into obscurity. This dispelled the hopes that the Tibetans had placed in international support; there was no alternative but to seek negotiations with China.'

The Ill-fated Agreement

It was around this time that the 15-year-old Dalai Lama, who had just assumed power and moved to southern Tibet in case developments warranted his escape into India, delegated two Tibetan officials to negotiate with the Communists. Ngabo Ngawang Jigme, the governor of Chamdo who had been forced to surrender, was to head the Tibetan negotiating team. The delegation had been given strict instruction not to accept Chinese sovereignty over Tibet and that it should refer all important points back to Dromo for consultation. For that purpose, a direct wireless communication was to be established between Beijing and Dromo.

Soon after the Tibetan team's arrival in Beijing, the Chinese government presented them a proposal, which was the same as the one issued by the South-West Military Command soon after the fall of Chamdo. This proposal was later to become the basis of what is today known as '17-Point Agreement'.

Finding the Chinese government uncompromising on demanding Tibetan acceptance of Chinese sovereignty, the Tibetan delegation refused to sign the 'agreement'. This was, however, met with threats of personal harm and a full-scale takeover of Tibet by PLA. When the Tibetan delegation expressed hesitation in complying with the demands of the Agreement, they were warned by the Chinese, 'It is up to you to choose whether Tibet would be liberated peacefully or by force. It is only a matter of sending a telegram to PLA group to recommence their march into Tibet.'

It was under such an atmosphere of coercion that the Tibetan delegation was forced to sign the 'Agreement' on 23 May, 1951. The delegation warned the Chinese that they were signing only in their personal capacity and had no authority to bind either the Dalai Lama or the Tibetan government to the 'agreement'. None of this deterred the Chinese government from proceeding with a signing ceremony and announcing to the world that an 'agreement' had been concluded for the 'peaceful liberation of Tibet'. Even the seals affixed to the document were forged by the Chinese government to give it the necessary semblance of authenticity.

A clear shock and alarm awaited the Tibetan government when the Tibetan delegation dispatched a telegram to Dromo. The Dalai Lama described his initial reaction to the announcement in his autobiography 'My Land and My People': 'We first came to know of it from a broadcast which Ngabo made on Peking Radio. It was a terrible shock when we heard the terms of it. We were appalled at the mixture of Communist cliches, vainglorious assertions which were completely false, and bold statements which were only partly true and the terms were far worse and more oppressive than anything we had imagined.'

Two months later, the Dalai Lama and his retinue left Dromo for Lhasa, still hopeful of convincing China to agree to re-negotiation on the issue of Tibet's independence. But having already made its military control over Tibet virtually complete, China refused to reopen negotiations and the Dalai Lama had effectively lost the ability to either accept or reject any Tibet-China 'agreement'.

However, once the Tibetan leader had escaped to India and was in a position to express himself freely again, the Dalai Lama on 20 June, 1959 formally repudiated the 'Seventeen-Point Agreement', as having been 'thrust upon Tibetan Government and people by the threats of arms'.

Source : http://www.friendsoftibet.org/articles/china.html

□

परिशिष्ट-4

चीन-तिब्बत समझौता-1951

Sino-Tibetan Agreement, Agreement on Measures for the Peaceful Liberation of Tibet [17-Point Agreement of May 23, 1951].

The Tibetan nationality is one of the nationalities with a long history within the boundaries of China and, like many other nationalities, it has done its glorious duty in the course of the creation and development of the great Motherland. But, over the last 100 years or more, imperialist forces penetrated into China and, in consequence, also penetrated into the Tibetan region and carried out all kinds of deceptions and provocations. Like previous reactionary Governments, the Kuomintang reactionary Government continued to carry out a policy of oppression and sowing dessension among the nationalities, causing division and disunity among the Tibetan people. The local government of Tibet did not oppose the imperialist deception and provocation and adopted an unpatriotic attitude towards the great Motherland. Under such conditions, the Tibetan nationality and people were plunged into the depths of enslavement amd sufferings. In 1949, basic victory was achieved on a nation-wide scale in the Chinese people's war of liberation; the common domestic enemy of all nationalities—the Kuomintang reactionary Government—was overthrwon and the common foreign enemy of all nationalities the aggressive imperialist forces was driven out. On this basis, the founding of the People's Republic of China (CPR) and of the Chinese Government (CPG) was announced.

In accordance with the Common Programme passed by the Chinese People's Political Consultative Conference (CPPCC), the CPG declared that all nationalities within the boundaries of the CPR are equal and that they shall establish unity and mutual aid and oppose imperialism and their own public enemies, so that the CPR will become a big family of fraternity and cooperation, composed of all its nationalities. Within the big family of all nationalities of the CPR, national regional autonomy shall be exercised in areas where national minorities shall have freedom to develop their spoken and written languages and to preserve or reform their customs, habits and religious beliefs, and the CPG shall assist all national minorities to develop their political, economic, cultural and educational construction work. Since then, all nationalities within the country—with the exception of those in the areas of Tibet and Taiwan have gained liberation. Under the unified leadership of the CPG and the direct leadership of the higher levels of people's governments, all national minorities have fully enjoyed the right of national equality and have exercised, or are exercising, national regional autonomy.

In order that the influences of aggressive imperialist forces in Tibet might be successfully eliminated, the unification of the territory and sovereignty of the CPR accomplished, and national defence safeguarded, in order that the Tibetan nationality might be freed and return to the big family of the CPR to enjoy the same rights of national equality as all other nationalities in the country and develop their political, economic, cultural and educational work, the CPG, when it ordered the People's Liberation Army (PLA) to march into Tibet, notified the local government of Tibet to send delegates to the central authorities to conduct talks for the conclusion of an agreement on measures for the peaceful liberation of Tibet. In the latter part of April 1951, the delegates with full powers of the local government of Tibet arrived in Peking. The CPG appointed representatives with full powers of the local government of Tibet. As a result of the talks, both the parties agreed to establish this agreement and ensure that it be carried into effect.

(1) The Tibetan people shall unite and drive out imperialist aggressive forces from Tibet; the Tibetan people shall return to the big family of the Motherland—the People's Republic of China.

(2) The local government of Tibet shall actively assist the PLA to enter Tibet and consolidate the national defences.

(3) In accordance with the policy towards nationalities laid down in the Common Programme of the CPPCC, the Tibetan people have the right of exercising national regional autonomy under the unified leadership of the CPG.

(4) The central authorities will not alter the exisiting political system in Tibet. The central authorities also will not alter the established status, functions and powers of the Dalai Lama. Officials of various ranks shall hold office as usual.

(5) The established status, functions and powers of the Panchen Ngoerhtehni shall be maintained.

(6) By the established status, functions and powers of the Dalai Lama and of the Panchen Ngoerhtehni are meant the status, functions and powers of the thirteenth Dalai Lama and of the ninth Panchen Ngoerhtehni when they were in friendly and amicable relations with each other. The policy of freedom and religious belief laid down in the Common Programme of the CPPCC shall be carried out. The religious beliefs, customs and habits of the Tibetan people shall be respected and Lama monasteries shall be protected. The central authorities will not effect a change in the income of the monasteries.

(8) Tibetan troops shall be reorganised step by step into the PLA and become a part of the national defence forces of the CPR.

(9) The spoken and written language and school education of the Tibetan nationality shall be developed step by step in accordance with the actual conditions in Tibet.

(10) Tibetan agriculture, livestock-raising, industry and commerce shall be developed step by step and the people's livelihood shall be improved step by step in accordance with the actual conditions in Tibet.

(11) In matters related to various reforms in Tibet, there will be no compulsion on the part of the central authorities. The local government of Tibet should carry out reforms of its own accord, and, when the people raise demands for reform, they shall be settled by means of consultation with the leading personnel of Tibet.

(12) Insofar as former pro-imperialist and pro-Kuomintang officials resolutely sever relations with imperialism and the Kuomintang do not engage in sabotage or resistance, they may continue to hold office irrespective of their past.

(13) The PLA entering Tibet shall abide by all the above-mentioned policies and shall also be fair in all buying and selling and shall not arbitrarily take a needle or thread from the people.

(14) The CPG shall have centralised handling of all external affairs of the area of Tibet; and there will be peaceful co-existence with the neighbouring countries and establishment and development of fair commercial and trading relations with them on the basis of equality, mutual benefit and mutual respect for territory and sovereignty.

(15) In order to ensure the implementation of this agreement, the CPG shall set up a Military and Administrative Committee and a Military Area HQ in Tibet and apart from the personnel sent there by the CPG—shall absorb as many local Tibetan personnel as possible to take part in the work. Local personnel taking part in the Military and Administrative Committee may include

patriotic elements from the local government of Tibet, various district and various principal monasteries; the name-list shall be set forth after consultation between the representatives designated by the CPG and various quarters concerned and shall be submitted to the CPG for appointment.

(16) Funds needed by the Military and Administrative Committee, the Military Area HQ and the PLA entering Tibet shall be provided by the CPG. The local government of Tibet should assist the PLA in the purchase and transport of food, fodder and other daily necessities.

(17) This agreement shall come into force immediately after signature and seals are affixed to it.

Signed and sealed by delegates of the CPG with full powers:

Chief Delegate : Li Wei-Han (Chairman of the Commission of Nationalities Affairs)

Delegates : Chang Ching-wu, Chang Kuo-hua, Sun Chih-yuan

Delegates with full powers of the local government of Tibet:

Chief Delegate : Kaloon Ngabou Ngawang Jigme (Ngabo Shape)

Delegates : Dazasak Khemey Soanm Wangdi, Khentrung Thupten Tenthar, Kenchung Thupten Lekmuun, Rimshi Samposey Tenzin Thundup.

Peking, 23rd May, 1951.

Source: Pradyumna P. Karan, The Changing Face of Tibet (Kentucky: The University Press of Kentucky, 1976), 89-91

□

परिशिष्ट-5

तिब्बत-चीन समझौता-821-822

(यह समझौता सिद्ध करता है कि 9वीं शताब्दी में भी तिब्बत स्वतंत्र राष्ट्र था)

TREATY BETWEEN TIBET AND CHINA A.D. 821-822

(Translation from the Tibetan text)

The Great King of Tibet, the Miraculous Divine Lord, and the Great King of China, the Chinese Ruler Hwang-ti, being in the relationship of nephew and uncle, have conferred together for the alliance of their kingdoms. They have made and ratified a great agreement. Gods and men all know it and bear witness so that it may never be changed; and an account of the agreement has been engraved on this stone pillar to inform future ages and generations.

The Miraculous Divine Lord Thri-tsug De-tsen and the Chinese King Wen Wu Hsia-te Hwang-ti, nephew and uncle, seeking in their far-reaching wisdom to prevent all causes of harm to the welfare of their countries now or in the future, have extended their benevolence impartially over all. With the single desire of acting for the peace and benefit of all their subjects, they have on the high purpose of ensuring lasting good; and they have made this great treaty in order to fulfil their decision to restore the former ancient friendship and mutual regard and the old relationship of friendly neighbourliness.

Tibet and China shall abide by the frontiers of which they are now in occupation. All to the east is the country of Great China; and all to the west is, without question, the country of Great Tibet. Henceforth on neither side shall there be waging of war, nor seizing of territory. If any person incurs suspicion, he shall be arrested; his business shall be inquired into and he shall be escorted back.

Now that the two kingdoms have been allied by this great treaty, it is necessary that messengers should once again be sent by the old route to maintain communications and carry the exchange of friendly messages regarding the harmonious relations between the Nephew and Uncle. According to the old custom, horses shall be changed at the foot of the Chiang Chun pass, the frontier between Tibet and China. At the Suiyung barrier, the Chinese shall meet Tibetan envoys and provide them with all facilities from there onwards. At Ching-shui, the Tibetans shall meet Chinese envoys and provide all facilities. On the sides, they shall be treated with customary honour and respect in conformity with the friendly relations between Nephew and Uncle.

Between the two countries, neither smoke nor dust shall be seen. There shall be no sudden alarms and the very word 'enemy' shall not be spoken. Even the frontier guards shall have no anxiety, nor fear and shall enjoy land and bed at their ease. All shall live in peace and share the blessing of happiness for ten thousand years. The fame of this shall extend to all places reached by the sun and the moon.

This solemn agreement has established a great epoch when Tibetans shall be happy in the land of Tibet, and Chinese in the land of China. So that it may never be changed, the Three Precious Jewels of Religion—the Assembly of Saints, the Sun and Moon, Planets and Stars have been invoked as witnesses. An oath has been taken with solemn words and with the sacrifice of animals; and the agreement has been ratified.

If the parties do not act in accordance with this agreement or if they violate it, whichever it be, Tibet or China, nothing that the other party may do by way of relation shall be considered a breach of the treaty on their part.

The Kings and Ministers of Tibet and China have taken the prescribed oath to this effect and the agreement has been written in detail. The two Kings have affixed their seals. The Ministers specially empowered to execute the agreement have inscribed their signatures and copies have been deposited in the royal records of each party.

The treaty is carved in Tibetan and Chinese on one side of a stone pillar near the Jhokhang, the Catheral of Lhasa. On another side is a historical introduction in Tibetan only; and on the other two sides are bilingual lists of the names of the ministers who witnessed it. The texts have been edited in Ancient Historical Edict at Lhasa. (H.E. Richardson Vol-XIX of the Prize Publication Fund of the Royal Asiatic Society).

The king of Tibet named in the treaty is better known as Ralpachen (815-841); and the Chinese Emperor is Mu Tsung of T'sang dynasty (821-825).

Two translations of the Chinese text of the treaty can be seen in G. Timkowsky's Travels of the Russian Mission through China, etc., London 1827 and one by S.W. Bushell in JRAS 1880.

Source : www.tpprc.org/documents/......../821-822.pd.....

□

परिशिष्ट-6

प्रधानमंत्री जवाहर लाल नेहरू द्वारा 1950 के दशक में कम्युनिस्ट चीन की कीमत पर संयुक्त राष्ट्र संघ में स्थायी सदस्यता लेने से मना करने संबंधी समाचारों व लेखों के कुछ अंश

(i) The Hindu : Nehru declined offer of permanent U.N. Seat

By Mahesh Vijapurkar

MUMBAI, JAN. 9 Jawaharlal Nehru 'declined a United States offer' to India to 'take the permanent seat on the United Nations Security Council' around 1953 and suggested that it be given to China, according to the United Nations Under-Secretary General, Sashi Tharoor.

In his latest book, 'Nehru — The Invention of India', Mr. Tharoor writes that Indian diplomats who have seen files swear that Nehru declined the offer about the same time as he turned down 'with scorn' John Foster Dulles' support for an Indian Monroe Doctrine.

Nehru had suggested that the seat, till then held by Taiwan, be offered to Beijing instead. He wrote that 'the seat was held with scant credibility by Taiwan'.

Rafiq Zakaria, historian and scholar, and Murli Deora, MP, highlighted the disclosure at a function organised here to release the book. Manmohan Singh, Leader of Opposition in the Rajya Sabha, handed over the first copy to the Maharashtra Chief Minister, Sushilkumar Shinde."

Source: http//thehindu.com/2004/01/10/stories/200401004021200.htm

(ii) दी वायर (THE WIRE) में एंटॉन हार्डर का 30.8.2016 का लेख

....

"Noorani also referred to a note penned by Nehru while still touring the USSR in June 1955, which provided more detail on the earlier offer from the US:

Informally, suggestions have been made by the United States that China should be taken into the United Nations but not in the Security Council and that India should take her place in the Security Council. We cannot, of course, accept this as it means falling out with China and it would be very unfair for a great country like China not to be in the Security Council. We have, therefore, made it clear to those who suggested this that we cannot agree to this suggestion. We have even gone a little further and said that India is not anxious to enter the Security Council at this stage, even though as a great country she ought to be there. The first step to be taken is for China to take her rightful place and then the question of India might be considered separately.

Noorani drew attention to the fact that volume 29 of the Selected Works not only clarified the nature of the Soviet offer of 1955, but unearthed tantalising evidence of a previously little known earlier offer by the Americans to similarly assist India assume a permanent seat at the UNSC."

वर्ष 1950 के प्रस्ताव पर नेहरूजी व अमेरिका में भारतीय राजदूत डॉ. विजय लक्ष्मी पंडित के पत्र व्यवहार का श्री एंटॉन हार्ड के उदहरणों का सारांश

"The 1950 American offer:

What was the context of the US offer for India to join the UN Security Council? Nehru's reference to the USA's offer is frustratingly vague with no hint of the circumstances or timing in which it was made. However, research done in the correspondence of Vijaya Lakshmi Pandit, Nehru's sister, and holder of various major diplomatic positions in the late 1940s and early 1950s, illuminates the subject. In late August 1950, Pandit wrote to her brother from Washington, DC, where she was then posted as

India's Ambassador to the United States."

डॉ. विजय लक्ष्मी पंडित के इस पत्र के उत्तर में नेहरूजी के उत्तर के संबंध श्री एंटॉन हार्डर निम्नानुसार उद्धृत करते—

"Nehru's response within the week was unequivocal:

In your letter, you mention that the State Department is trying to unseat China as a Permanent Member of the Security Council and to put India in her place. So far as we are concerned, we are not going to countenance it. That would be bad from every point of view. It would be a clear affront to China and it would mean some kind of a break between us and China. I suppose the state department would not like that, but we have no intention of following that course. We shall go on pressing for China's admission in the UN and the Security Council. I suppose that a crisis will come during the next sessions of the General Assembly of the UN on this issue. The people's government of China is sending a full delegation there. If they fail to get in, there will be trouble, which might even result in the USSR and some other countries finally quitting the UN. That may please the State Department, but it would mean the end of the UN as we have known it. That would also mean a further drift towards war.

India, because of many factors, is certainly entitled to a permanent seat in the security council. But we are not going in at the cost of China."

Source:https://thewire.in/58802/when-nehru-refused-american-bait-on-a-permanent-seat-for-india-at-the-un

(iii) टाइम्स ऑफ इंडिया के ब्लॉग में अशाली वर्मा के लेख के कुछ उदाहरण

....

In 1955, with the Cold War at its peak, it is believed that America offered Nehru the possibility of India getting a seat in the UN Security Council. The UN Security Council began with four members: USA, Russia, France and Great Britain. These countries were the allied forces that had won World War II. India too had a rightful place in the council, since it was providing treasure and more than two million men in the warfront. Certainly, more than China had done.

But India was not an independent country when the UN was started, so the offer of membership came soon after it became independent. The US did not want Mao's Communist China as a member and initially thought of giving it to Formosa (Taiwan) where Chiang Kai Shek and his National Army had moved after being defeated by Mao in the mainland.

Nehru is said to have told the Parliament that a firm offer was not made. Perhaps he did not want to alienate Russia but since he believed in non-alignment, this should not really have been an issue.

In 2004, Shashi Tharoor released a book 'Nehru—The Invention of India'. In a subsequent interview in 'The Hindu' on January 10, 2004, it reported: Jawaharlal Nehru declined a United States offer to India to take the permanent seat on the United Nations Security Council around 1953 and suggested that it be given to China, according to the United Nations Under-Secretary General, Shashi Tharoor.

March 11, 2015, Anton Harder, in a report titled "Not at the Cost of China" for the Wilson Center, gave new evidence that as early as August 1950, the US wanted to assist India in assuming a permanent seat at the UN Security Council.

Harder writes: "Nehru's rejection of the US offer underlined the consistency of his conviction that the PRC's (China) legitimate interests must be acknowledged in order to reduce international tensions. Integrating the PRC into the international community by conceding its right to the Chinese seat at the Security Council was, in fact, a central pillar of Nehru's foreign policy."

Nehru was soft on China as is revealed by his later 'Hindi-Chini-Bhai-Bhai' diplomacy while China only had its own best interests at heart.

Nehru wrote, "Informally, suggestions have been made by the

United States that China should be taken into the United Nations but not in the Security Council and that India should take her place in the Security Council. We cannot, of course, accept this as it means falling out with China and it would be very unfair for a great country like China not to be in the Security Council. We have, therefore, made it clear to those who suggested this that we cannot agree to this suggestion. We have even gone a little further and said that India is not anxious to enter the Security Council at this stage, even though, as a great country, she ought to be there. The first step to be taken is for China to take her rightful place…"

Harder goes on to write: "That Nehru so adamantly made clear that India did not want to replace China in the UN Security Council, and furthermore, that the issue of China's representation in the UN must take priority over any possible consideration of India gaining a permanent seat in that body underlines the centrality of China to Nehru's foreign policy.

source:https://blogs.timesofindia.indiatmes.com/no-freelunch/a-seat-for-india-on-un-security-council-what-modi-is-asking-for-is-what-nehru-lost

□

परिशिष्ट-7

संयुक्त राष्ट्र महासभा में तिब्बत पर चर्चा

Tibet at the UN General Assembly

1950

A month after the People's Libcration Army pierced the Eastern frontier of Central Tibet in October 1950, El Salvador responded to Tibet's plea, submitting a draft resolution to the UN titled "Invasion of Tibet by Foreign Forces". Its consideration, however, was suspended on the erroneous belief that Communist China would halt its advance and seek a peaceful accord with the Tibetans. That was not to happen.

1959

By the time of the Tibetan National Uprising in March 1959, it was clear that China had no intention of abating its aggression. The Uprising and the Dalai Lama's dramatic escape to India once again focussed the world's attention on Tibet. Later that July, the International Commission of Jurists (ICJ) published 'The Question of Tibet and the Rule of Law', the first of several reports. It found that "evidence points to a prima facie case of systematic intention…to destroy in whole or in part the Tibetans as a separate nation and the Buddhist religion in Tibet." Concern by the international community finally moved the General Assembly to act, and the first resolution on Tibet was passed in October of that year.

1961

In 1961, Malaya, and Ireland, sponsors of the 1959 resolution, were joined by El Salvador and Thailand, in their request to include "The Question of Tibet" once again for consideration by the United Nations. Speaking before the General Assembly, Ireland's representative asked, "How many benches would be empty here in this hall if it had always been agreed that when a small nation or a small people fell into the grip of a major Power, no one could ever raise their case here; that once they were a subject nation, they must always remain a subject nation."

Tibet's case was bolstered by the ICJ's second report Tibet and the Chinese People's Republic. Upon examining Tibet's legal status, and violations of human rights there, the report concluded that "acts of genocide had been committed", and that "Tibet was at the very least a de facto independent State" before its annexation by the Chinese government in 1951. With the support of 56 member states, Resolution 1723 (XVI) was passed in the General Assembly on December 20.

1965

By 1965, conditions in Tibet remained bleak. A third ICJ report, 'Continued Violations of Human Rights in Tibet', was published the previous December. Based on accounts from Tibetan refugees fleeing to India, the report disclosed "a continuance of ill-treatment of many monks, Lamas, and other religious figures, resulting in death through excessive torture, beatings, starvation and forced labour…" Following the report and the Dalai Lama's appeal, the issue was reintroduced at the UN yet again by the 1961 sponsors, joined this time by Nicaragua and the Philippines.

India, speaking out for the first time, reminded the General Assembly that "ever since Tibet came under the stranglehold of China, the Tibetans have been subjected to a continuous and increasing ruthlessness which has few parallels in the annals of the world". The Philippines pointed out that 15 years after the "mock liberation of Tibet", the People's Republic of China had still "not identified the 'aggressive imperialist forces in Tibet'", and Thailand noted that the majority of states refuted "the contention that Tibet is a part of China." Following these and other remarks, Resolution 2079 (XX) on the Question of Tibet was passed on December 18, 1965.

□

परिशिष्ट-8

लेखक का चीन से चेतावनी संबंध में वर्ष 2008 का एक लेख

लेखक का 2008 में नई दिल्ली से प्रकाशित मासिक पत्रिका 'Swadeshi' के नवंबर 2008 के अंक में प्रकाशित लेख। इस लेख से यह स्पष्ट हो जाता है कि लेखक 2008 के प्रारंभ से ही इस विषय पर अग्रिम चेतावनी देने में संलग्न रहा है।

Copy of the article on China, published in the 'Swadeshi' Patrika in November 2008. It reveals that the author has been cautioning the Nation on China since 2008.

Sino-Indian Economic Relations : Need for Caution

Dr. Bhagwati Prakash Sharma

Indo-China trade is growing at an accelerated pace and China would soon emerge as the number one trade partner of India, as it has already become the second largest trade partner after the U.S. Sino-Indian trade was earlier envisaged to reach at $ 20 billion by 2008, when the bilateral trade liberalisation treaty was signed four years back. But, it has grown beyond $ 40 billion with a deficit of more than $ 10 billion in 2007-08 and this deficit might reach to $ 15 billion by the end of this fiscal. Moreover, the Indian exports are largely of raw materials and 60 percent of it is Iron ore alone, while the Chinese exports are all finished products. Unaccounted imports from China are also huge in quantum, as we see lot of uninvoiced and under-invoiced goods, finding access in the Indian markets. So, the combined (i.e., official and unaccounted) imports may be around $ 35 billion. Thus, we have been empowering the Chinese economy by providing a market access to the tune of more than ₹ 1,47,000 crores per annum, while China is explicitly threatening our territorial integrity, and is a potential threat for the national security as well.

It is needless to say, as it is already well known that China had earlier occupied 42,000 sq. km. of our territory in 1962 by aggression, and is still claiming over 90,000 sq. km. of additional territory of Sikkim and Arunachal Pradesh. Recently, when the Indian Prime Minister Manmohan Singh visited Arunachal Pradesh and asserted that Arunachal Pradesh is India's land of rising sun, China lodged a very strong protest over this, by calling our ambassador at 2 a.m. Indian ambassador in China is a lady and calling her at 2 a.m. was altogether unwarranted. Moreover, she was asked to convey the Chinese warning to New Delhi that the Prime Minister should not enter Tawang district in his Arunachal trip. Unfortunately, Dr. Manmohan singh could not dare to visit Tawang, which he should have visited. China wants to occupy Tawang as this district borders Tibet and Bhutan on its two sides. China has long been pressurising India to hand over Tawang district to it. Our minister for external affairs, Pranav Mukherjee too has agreed on February 27, 2008 that China has claimed 90,000 sq. km. of Indian territory including Tawang in Arunachal Pradesh. Earlier, China had even denied a visa to an IAS officer from Arunachal Pradesh, when around 100 IAS officers were officially visiting China, on the pretext that Arunachal Pradesh is a Chinese territory, so he doesn't need a visa. Unfortunately, the Indian side is docile over all such assertions of China over the India territory.

This policy of buying peace at the cost of territorial integrity, being pushed, while emulating the Nehruvian approach of 50s, is seriously detrimental to the national interests. Persistent silence of our government over frequent border violations by Chinese forces is even more deplorable. In November 2007, MPs from Arunachal Pradesh brought into the notice of the government of India that Chinese incursions into the state are becoming more frequent. The government then conceded that the official figures of incursions by Chinese into Arunachal Pradesh in 2007 had been as high as 146. It is even more shameful for the Manmohan government that the Chinese are even preventing locals from going up to regions, where they had been going for years since time immemorial. China is pursuing the same policy it followed in capturing Aksai Chin, which it occupied in 1962. It was "claim the territory, repeat the claim, frequently intrude the area, suddenly grab and hold and then let the time pass". China has captured Tibet, the abode of Kailash-Mansarovar as well, with the same tactics, which had been an integral part of India in the prehistoric period and an independent state thereafter till 1959. But it was Nehru who sacrificed Tibet in an unsuccessful attempt to buy peace with China. In doing so, Nehru betrayed Tibetans, as they were treating India as their patron in their dealings with China.

The pre-historic record of the Sino-Indian relations goes back to the Ramayan Period as the Valmiki Ramayan has a mention of China. China also figures in Mahabharat at more than one place. Kailash Mansarovar located in Tibet, the erstwhile 'Trivishtap', is also presently under the domain of China, had been part of India since pre-historic age. Transmission of Buddhism from India, since 1st century AD, has extended the cultural frontiers of India throughout China. The great Mongol Warrier Chingiz Hann who annexed the entire China and conquered up to west Asia, did not adventure, to attack India out of his respect for India. Though, the Islamic writers have misspelt his name as Changez Khan and described him as a Muslim, but he never embraced Islam, and his name, throughout his life, was Chingiz Hann. He had nothing to do with Islam except that his second name Hann was phonetically identical with Khan and he conquered scores of Islamic empires in West Asia. Moreover, the empire of Kanishka, a Buddhist ruler of India, extended in North up to Sinkiyang in China and up to central Asian republics in the west. Thus, India ruled in China beyond

Tibet upto Xingiang, but China had never been towards the south of Himalaya, where it had captured Aksai Chin in Laddakh in 1962 and is now claiming the Arunachal and Sikkim.

Tibet, where the Kailash-Mansarovar are located, had a been part of India, also has a history of at least 1,300 years of independent existence. In 821 A.D., China and Tibet had signed a treaty recognising each other as a sovereign nation. In 1914, China claimed Tibet but Tibet continued as a fully sovereign nation till it was invaded by China in 1959 with the implied blessings of our late Prime Minister Nehru. Tibet was a signatory to a tripartite treaty signed among China, India and Tibet and the Mcmahon Line or the highest waterfall line was defined as the boundary between India and Tibet. But, when communists took over China in the name of People's Liberation Army (PLA) in the civil war, Mao Zedong, the commander of the Liberation Army tried to establish its control over Tibet. Tibet, a buffer state between India and China, had relied more upon India and sought Nehru's counsel and help. Nehru, out of his weakness against communists, mediated for a treaty between China and Tibet, with bias against Tibetans and counseled the Tibetans to unduly accept the sovereignty of the People's Republic of China, under the misnomer of buying internal autonomy and peace with China. It would not be out of place to mention that Tibetans were more eager to be a protectorate of India and relied more on the Indian counsel. But Nehru ill-advised Tibetans and unduly offered this protective buffer as a gift to China in the name of Hindi-Chini-Bhai-Bhai. Thus, in May 1951, Tibetan delegates with an active Indian support and counsel signed an agreement, recognising the Chinese sovereignty, in return for the guarantee of internal autonomy assuring that the existing political and social system of Tibet would continue. Tibetans relied upon Nehru's mediation coupled with an explicit assurance that the Tebetaus then would enjoy full internal autonomy. Soon the communist China stepped up its military ambitions in Tibet and started uprooting Lamaism in Tibet. India remained a silent spectator to it while it assured the Tibet of its internal independence in 1951. Soon after capturing Tibet, China began betraying Nehru as well, and started publishing controversial maps, showing parts of the Indian territories on the Chinese side. Up until 1959, till it could fully integrate Tibet and destabilise the Lamaism in Tibet, despite border skirmishes and discrepancies between Indian and newly cast Chinese maps, Chinese leaders had amicably assured India that there was no territorial controversy on the border. In January 1959, Chinese premier Zhou Enlai wrote to Nehru, rejecting Nehru's contention that the border was based on treaty and custom and pointing out that no government in China had accepted as legal the McMahon Line, which in the 1914 Simla Convention, defined the eastern section of the border between India and Tibet. The Dalai Lama, spiritual and temporal head of the Tibetan people, sought sanctuary in Dharmsala, Himachal Pradesh, in March 1959, and thousands of Tibetan refugees settled in north-western India, particularly in Himachal Pradesh. The People's Republic of China accused India of expansionism and imperialism in Tibet and throughout the Himalayan region. China claimed 1,04,000 km^2 of the territory over which India's maps showed clear sovereignty, and demanded "rectification" of the entire border.

As on date, China is supporting Pak's nuclear and missile ambitions to pressurise India. It is building a naval base at Gwadar in Pakistan and at Chittagong in Bangladesh. Its defense experts are deeply involved in Myanmar and are installing its radar at Cocco island for surveillance of India. It has expanded its influence through Maoists in Nepal and is now obstructing Indian access to the Nepalese markets. It is supporting armed aggression of Maoists in India spread into 164 districts of India. It has based its nuclear submarines at Hannan, close to India.

It is also pinpointedly snatching export markets of Indian textiles and several other products. It is also keeping an eye on our energy and food security. For instance, in the post-reforms era, India has reduced outlay on agriculture, which has made us fully dependent upon Myanmar for our requirement of pulses. Chinese companies have shown interest in taking over the pulses trade in Myanmar solely with the motive to catch hold of this one of the operating levers of food security of India.

China is bidding for all such Indian projects which fall in the vicinity of critical or sensitive installations. It was interested to bid for telecom services, construction of broader roads, ports and airports. But our national security advisor always raised a caution. The communist cousins in India tried to pressurise the Manmohan government to relent, but it was unmoved. For instance, Chinese companies had bid very aggressively for Vaitarana dam, which is located close to security-sensitive instatllations, like the Bhabha Atomic Power Station, Western Naval Command, defense ministry's fighter plane (MIG) production unit and artillery centre at Deolali. Chinese construction giants such as Chinese Water & Hydro Engineering Corporation, China, Ezhouba Group Corporation, Sino Hydro Corporation, Harbin Engineering Corporation, China International Water & Electric Corporation have bid for the Vaitarna dam.

Earlier this year, home ministry had raised serious security concern against the grant of a contract by ONGC to a Chinese seismic survey company, which was later scrapped due to non-compliance of agreement by that Chinese Company. Liaohe Petroleum Exploration Bureau (LPEB), a subsidiary of Chinese exploration and production (E&P) giant CNPC, was awarded the ₹ 240-crore contract by the ONGC in February 2007 for 3D data acquisition in three sectors of the K-G basin. The home ministry and security agencies had objected to the patrolling done by the Chinese vessels close to the Indian shoreline for the collection of sensitive data. In a similar incidence in 2006, the government had refused to approve the award of a contract to a consortium consisting of two Chinese companies—Kaidi Electric Power Company, China Harbour Engineering Company and Zoom Developers of Mumbai for the development of the ₹ 4,360 crore Vizhinjam Deep Water International Transhipment Terminal project in Kerala on security concerns. The central government had to ask the Chennai and Mumbai Port Trusts to reject the bid of the Hong Kong-based Hutchison Port Holding for the construction of new container terminals at the two ports.

Earlier this year the National Security Council (NSC), the

apex agency constituted by the NDA government for the first time after independence to look into the political, economic, energy and strategic security concerns, too has raised a serious note of caution after several Chinese companies showed interest to participate in power projects coming up along the national border and security-sensitive areas. Interestingly, very few Chinese companies are bidding for projects in non-sensitive areas, like Andhra Pradesh, Uttaranchal etc. which saw huge construction works in the last few years. For all such projects, China has been flouting many Indian laws and regulations. Earlier, they had insisted to get permission for bringing in their manpower, instead of hiring technocrats and other personnel from India. Leftists had often pressurised the government of India on their behalf to allow them to bring in Chinese engineers and other functionaries in large numbers. But wherever they are denied clearance from the government, they are bringing manpower illegally. Recently, the Chinese telecom company Huawei has been warned of dire consequences for flouting Indian norms. The government has accused the company of serious legal and financial violations, including tax frauds, in India. The labour ministry has charged Huawei with employing a large number of Chinese workers in India without proper work permits, beyond the permissible limits. The ministry has alleged that the Chinese employees have been staying in India illegally in apartments without residence permit. The company has also been charged with non-payment of income tax by its Chinese expatriates working in India. The telco has been given two weeks to repatriate all illegal workers after which the Indian government would have the liberty to 'conduct surprise raids at the company's business premises to enforce compliance', the labour ministry has told Huawei. "It has been strongly recommended that your concern refrains from all such fraudulent acts and complies with applicable labour and employment rules and regulations and repatriate all illegal Chinese expatriate workers immediately in your interest. Failure to comply with this notice will draw contempt and force the authority to 'slap show cause' notice and proceed with deportation and legal options. In the event of non-compliance and continued abuse of government regulations, the directors of the company including the CEO will be reprimanded by financial penalties, imprisonment and closure of business premises", said the labour ministry's communication of Huawei. To the contrary the Indian companies are being strictly denied work permits for their staff by the Chinese government. Therefore, the Indian government should rethink over the policy of granting liberal market access to the Chinese companies. Public should also think prior to buying the Chinese goods. Should we economically empower China by providing them market worth more than ₹ 1,50,000 crores, which is a security threat to us? Moreover, when we are not even able to spend on defence, one-fourth of what China is spending. Moreover, when we are logging far behind China in defence preparedness. They have the Intercontinental Ballistic Missiles and nuclear submarines in active service in their defense forces. We are yet to think of the nuclear submarines and are yet to induct even the intermediatc-range missiles in our defense forces. A comparison of our defense strength vis-à-vis that of Israel has also been given, which is a very small country vis-à-vis India in area and population. Hence, India should take a cue Israel's patriotic zeal for its safety and security.

Table: Our Defence Preparedness vis-à-vis China

Head	India	China	Pakistan	Israel
Active troops ('000)	1325	2255	619	168
Tanks	4781	7180	2368	3950
Fighter aircrafts	738	1450	451	704
Nuclear submarines	Nil	6	Nil	Nil
Conventional submarines	16	25	06	06
Warships	45	131	11	3
Defense expenditure in 2005	$ 19.04b	$ 81.48b	$ 4.26	$ 9.45b

Looking towards the better defence preparedness of China and its threat to our territorial integrity, are we wise enough to give such liberal market access to bear the burden of widening trade deficit and empower the Chinese economy with a market worth ₹ 1,50,000 crores?

□□□